Schmalspur-Ökonomie

Das Buch

Gleich, ob es um Downsizing, marktmächtige Währungsspekulanten, die japanische Dauerkrise, die Regulierung des Arbeitsmarktes oder den Radius der Macht von Alan Greenspan geht – es gibt kaum ein Thema in der Finanzwelt, zu dem nicht aus berufenem Munde Stellung bezogen wird. Viel zu oft bleiben dabei Fakten und logisches Denken auf der Strecke. Paul Krugman nimmt die gängigsten Irrtümer in Fragen rund um die Wirtschaft ins Visier. Mit Witz und Ironie und mit Lust an der Provokation, immer aber auch mit der nötigen Portion Selbstdistanz seiner Profession gegenüber entlarvt er die Denkfallen und Trugschlüsse, die sich hinter den rhetorisch geschickt verpackten Anschauungen und Rezepten von Politikern und Intellektuellen verbergen.

Der Autor

Paul Krugman ist Professor am Massachusetts Institute of Technology (MIT) in Cambridge, USA. 1998 erhielt er die Ehrendoktorwürde der Freien Universität Berlin. Seit der Auszeichnung mit der John-Bates-Clark-Medaille gehört er zu den Anwärtern auf den Nobelpreis für Wirtschaftswissenschaften. Er ist Autor zahlreicher Bücher und schreibt regelmäßig für renommierte Medien wie die *New York Times* oder die *Washington Post*. Seine persönliche Website ist abrufbar unter: http://web.mit.edu/krugman/www

In unserem Hause ist von Paul Krugman bereits erschienen:
Die große Rezession

Paul Krugman

Schmalspur-Ökonomie

Die 27 populärsten Irrtümer über Wirtschaft

Aus dem Amerikanischen
von Herbert Allgeier

Econ Taschenbuch

Econ Taschenbücher erscheinen im Ullstein Taschenbuchverlag,
einem Unternehmen der
Econ Ullstein List Verlag GmbH & Co. KG, München
1. Auflage 2002

Titel der amerikanischen Originalausgabe:
The Accidental Theorist and Other Dispatches from the Dismal Science
(W. W. Norton & Company, New York)
Übersetzung: Herbert Allgeier
Umschlagkonzept: Büro Meyer & Schmidt, München – Jorge Schmidt
Umschlaggestaltung: Thomas Jarzina, Köln
Titelabbildung: Mauritius, Mittenwald
Druck und Bindearbeiten: Ebner Ulm
Printed in Germany
ISBN 3-548-70075-6

Inhalt

TEIL 4
DIE WACHSTUMSILLUSION

TEIL 5
DER TANZ DER SPEKULANTEN

TEIL 6
JENSEITS DES MARKTES

Einleitung

Ökonomen gelten als Langweiler. Dieser Ruf ist nicht ganz unberechtigt. Denn die wenigsten Vertreter unseres Fachs verstehen es, interessant und verständlich über ihre Arbeit zu berichten. Allerdings gilt das für viele andere Menschen – vom Naturwissenschaftler bis zum Supermodel – ja genauso. Warum also trifft er im Besonderen die Ökonomen?

Die Antwort lautet wohl: Unbefriedigte Sehnsucht. Wirtschaftswissenschaftliche Fragen gehen die Menschen eben *direkt* an. Die Ökonomie ist – um mit John Maynard Keynes zu sprechen – »von höchster Relevanz«, und zwar in einer Weise, wie dies etwa bei der Literatur-, ja selbst der Geschichtswissenschaft nicht der Fall ist. Man wendet sich an Ökonomen, weil man emotional oder politisch Rückhalt sucht. Umso enttäuschter, eben unbefriedigt sind die Leute, wenn sie sich mit nichts als Gleichungen, Diagrammen und unverständlichem Fachjargon konfrontiert sehen.

Diese Schwerverständlichkeit hat freilich ihre Gründe. Die Ökonomie, schrieb Keynes einmal, ist »ein schwieriges und hochtechnisches Fachgebiet, obwohl es niemand glauben will«. Die zentralen Ideen der Wirtschaftstheorie allerdings sind keineswegs kompliziert. Sie lassen sich sogar auf die These reduzieren, dass der Mensch Chancen, die sich ihm bieten, in der Regel auch nutzt. Hinzu kommt die Beobachtung, dass die Chancen des einen in der Regel von den Handlungen eines anderen abhängen (und umgekehrt). Schwierig wird es eigentlich erst, wenn man diese abstrakten Vorstellungen auf konkrete Fälle anzuwenden versucht – etwa die Auswirkungen des technischen Fortschritts auf die Beschäftigung, die des internationalen Handels auf die Löhne und Gehälter oder die der Geldmenge auf das Wirtschaftswachstum. Auf dieser Ebene ist ohne intensive Denkarbeit – wobei Mathematik und Fachjargon ausgesprochen hilfreiche Instrumente sein können – nichts zu gewinnen. Damit soll nicht geleugnet werden, dass manche unserer Ökonomen (wie auch andere Akademiker) heutzutage zu Imponiergehabe neigen und allzu gern ihr Wissen zur Schau stellen. Man bemüht die Mathematik für Dinge, die man ebenso gut in verständlicher Sprache präsentieren könnte – und mitunter auch für Dinge, die man in der Tat besser nicht so klar formuliert, weil sonst rasch auffallen würde, was für ein Unsinn dahinter steckt. Doch wie gesagt, nicht immer dient die Fachsprache der modernen Ökonomie der Verschleierung. Mitunter ist dieses Mittel wirklich geeignet, um Sachverhalte klarer, konziser und einfacher darzustellen.

Im Großen und Ganzen aber herrscht zweifellos ein Mangel an verständlichen und dazu auch noch interessanten Artikeln und Büchern zu wirtschaftlichen Themen. Die Astronomie (respektive Kosmologie) zum Beispiel ist ja ebenfalls ein schwieriges, hochtechnisches Sachgebiet. Doch wo bleibt das wirtschaftswissenschaftliche Pendant zum kürzlich verstorbenen Carl Sagan?* (Wussten Sie eigentlich, dass die US-Verbraucher Aberbillionen ausgeben ...? Na, war nur so ein Gedanke von mir.) Tatsächlich nämlich vermag die Ökonomie in vielen Fragen, an denen sich die Gemüter erhitzen, ganz wesentlich zur Klärung beizutragen. All diese Sachverhalte lassen sich zweifellos auch ohne viel Fachjargon darlegen und erläutern, wenn man sich die nötige Mühe

* Carl Sagan (1934–1996), amerikanischer Professor für Astronomie und Raumwissenschaften, Autor mehrerer populärer Bücher, zum Beispiel *The Cosmic Connections* (*Die Nachbarn im Kosmos*) und *Cosmos* (*Unser Kosmos. Eine Reise durch das Weltall*).

gibt. Bisher aber mangelt es an dieser Klarheit leider gewaltig. Wir sind ein Berufsstand ohne Popularisierer.

Aber halt! Was ist denn mit all den einflussreichen Wirtschaftsgurus, deren Bücher die Bestsellerlisten zieren? Habe ich die vielleicht übersehen? Leider nein, denn sie entsprechen überhaupt nicht dem, was ich meine. Sagan zum Beispiel war ein richtiger Populärwissenschaftler. Er schaffte es wirklich, seriöse Kosmologie – die Entdeckungen und Theorien der Berufsastronomen – einem breiten Publikum nahezubringen, und das verständlich und mitreißend. Unsere gefeierten Wirtschaftsautoren indes sind gerade *nicht* in der Lage, den Leser bei der Hand zu nehmen und ihm einen Einblick in die Forschungszusammenhänge des Fachgebiets zu verschaffen. Sie alle veranstalten ausnahmslos lediglich einen Tanz ums Goldene Kalb. Ihre Bücher sind allenfalls ein billiger Abklatsch dessen, was sich in der Wirtschaftswissenschaft wirklich abspielt. Kaum ein ernstzunehmender Ökonom teilt die Ideen, die sie verkünden. Häufig sogar stehen ihre großmäuligen Thesen nicht nur im Widerspruch zum herrschenden Konsens in der Wirtschaftswissenschaft, sondern sind nachweislich dummes Zeug. Leider merkt der unkritische, weil einfach überforderte Leser überhaupt nicht, welch billige Melodie da gespielt wird. So kommt es, dass das breite Publikum – und zwar auch diejenigen, die sich über die Medien auf dem Laufenden und daher für gut informiert halten – Ökonomie mit dem gleichsetzt, was solche falschen Propheten unter die Leute bringen.

Die hier versammelten Aufsätze stellen Versuche dar, an diesem beklagenswerten Zustand etwas zu ändern. Den größten Teil meines Berufslebens verbrachte ich ja als typischer Akademiker: Ich hielt Seminare ab, schrieb Aufsätze für Fachzeitschriften und diskutierte viel, meist mit Kollegen. Im Grunde interessierte mich immer nur eines: zu erkennen, zu verstehen und einen relativ kleinen Kreis von Fachkollegen – die akademische Gemeinde – von der Richtigkeit meiner Einsichten zu überzeugen. Sollten andere doch die Wahrheit in die Welt tragen! Um ehrlich zu sein: Manchmal sehne ich mich nach jenen unschuldigen Tagen zurück; irgendwie fühle ich mich wie ein aus dem Paradies Vertriebener. Doch es gibt kein Zurück. Denn inzwischen weiß ich, dass der Satz, die Wahrheit werde am Ende obsiegen, leider nicht immer zutrifft – dass überzeugend auftretende Scharlatane allzu oft auch die Großen und Guten an der Nase herumführen und sich als Weisheitsapostel präsentieren. Fakt ist eben leider, dass der ungeschulte Leser oder Hörer selbst ökonomisches Geschwätz der haltlosesten Sorte nicht als solches erkennt. Und da ich mich nicht darauf verlassen kann, dass sonst jemand die Aufklärungsarbeit übernimmt und für jene Art von Wirtschaftswissenschaft, die mir am Herzen liegt, eine Lanze bricht, bleibt mir schlicht nichts anderes übrig, als selbst zur Feder zu greifen.

Die Aufgabe ist nicht leicht, aber glücklicherweise auch nicht unlösbar. Wenn man sich intensiv genug bemüht, findet sich fast immer ein Weg – eine Parabel, ein Bild, ein spezifischer Blickwinkel –, um dem Leser auch schwierige Zusammenhänge begreiflich zu machen. Außerdem macht es wirklich viel Spaß, komplizierte Sachverhalte klar und einfach darzulegen.

Vor ein paar Jahren also fand ich mich plötzlich am Beginn einer zweiten Laufbahn: als Verfasser von Aufsätzen der Art, wie sie in diesem Band versammelt sind. Meine Vorgehensweise ist ganz unterschiedlich. Zum Beispiel nehme ich gern ein aktuelles Thema als Aufhänger. Oder ich knöpfe mir eine zwar plausibel klingende, doch irrige Vorstellung vor. Oder ich präsentiere – umgekehrt – eine gar nicht so plausibel klingende, trotzdem aber richtige Sichtweise, um gewisse Dinge geradezurücken. Stets aber möchte ich vor allem zeigen, was es heißt, sich wirklich mit Ökonomie zu beschäftigen und in ökonomischen Zusammenhängen zu denken.

Mit dieser zweiten Karriere habe ich mich freilich nicht immer beliebt gemacht. Viele Menschen haben in Wirtschaftsdingen ziemlich feste Vorstellungen, sei es, weil uns unsere tagtäglichen persönlichen Erfahrungen ein bestimmtes und mitunter leider falsches Bild vom großen Ganzen suggerieren, sei es, weil es so furchtbar leicht ist, Wirtschaftsideologien, die zu unseren politischen Vorurteilen passen, auf den Leim zu gehen. Wie reagieren aber wohl Leute mit klaren Ansichten, wenn ein Wirtschaftswissenschaftler daherkommt und ihnen sagt, dass vieles von dem, was sie für der Weisheit letzten Schluss halten, in Wahrheit grundfalsch ist (so falsch wie etwa die landläufige These, von allzu vielen Sorgen und Ängsten bekomme man Geschwüre*), während manches, was sie für absurd halten, vollkommen der Wahrheit entspricht (denken wir nur an die Theorie der Evolution durch natürliche Auslese)? Eigentlich sollte man ja erwarten dürfen, dass die Welt dankbar dafür ist, endlich aufgeklärt zu werden; seltsamerweise ist das aber meist nicht der Fall. Was zweifellos auch damit zu tun hat, dass sich manch einflussreicher »Wirtschaftsexperte« mit unsauberen Methoden einen Namen gemacht hat – indem er sich die Dinge individuell zurechtzimmerte, »kreativ« mit Fakten umging und logische Brüche mit cleverer Rhetorik übertünchte. Begreiflicherweise sind dann weder diese Herrschaften noch ihre Anhänger über eine Bloßstellung sonderlich erfreut. Ganz zu schweigen von jenen Zeitgenossen, die schon wütend werden, wenn man sich nur den Hinweis erlaubt, die Ökonomie sei ein Gegenstand, der logisches Denken verlange und damit möglicherweise auch die Bereitschaft, liebgewonnene Vorurteile in Frage zu stellen – dieser implizite »Denkschwächevorwurf«, so einmal ein verärgerter Kolumnist, sei eine unverzeihliche Publikumsbeschimpfung. Genau diese Haltung hatte Keynes wohl im Sinn, als er feststellte, die Ökonomie sei ein ziemlich schwieriges Fachgebiet, auch wenn das »niemand glauben wolle«.

---

* Die neuere Forschung hat gezeigt, dass bei der großen Mehrzahl aller Geschwüre eine bakterielle Infektion die Ursache ist.

In diesem Zusammenhang sei noch ein spezieller Punkt erwähnt. Mitunter halte ich es für nötig, Namen zu nennen. Ich tue das zum Beispiel, um eine besonders irrige Ansicht deutlich genug ins Rampenlicht zu rücken, indem ich einen berühmten Autor zitiere, der diesen Standpunkt vertritt. Dies mag böswillig erscheinen (»Warum denn persönlich werden?«), ist aber keineswegs so gemeint. Vielmehr geht es mir dabei allein um die Sache. Immer wieder nämlich muss ich die Erfahrung machen, dass die Distributoren des ökonomischen Schwachsinns ein falsches Spiel treiben, indem sie Tiefsinn versprechen und ihr Publikum dann mit Banalitäten abspeisen. Argumentiert man dagegen und reibt ihnen ihre geistige Schlichtheit unter die Nase, bekommt man als Antwort in der Regel nur zu hören: »Na ja, was Sie sagen, interessiert sowieso keinen!« – und weiter geht das Spiel. Was soll der gute Kritiker da machen? Nun, wie die Erfahrung lehrt, klopft man dieser kaltschnäuzigen Spezies am besten bei frischer Tat ordentlich auf die Finger. Diese Methode hat jedenfalls zwei große Vorteile. Erstens beweise ich damit, dass ich keine Strohmänner attackiere, sondern dass die kritisierte Ansicht von real existierenden und wichtigen Leuten vertreten wird. Zweitens illustrieren derlei Beispiele sehr nachdrücklich, wie leicht man von einem überzeugend präsentierten Argument verführt werden kann, auch wenn es noch so hohl ist. Beides sollte den Leser bewegen, sich einmal genau anzuhören, was ich ihm zu sagen habe. Oder er schreibt mir einen zornigen Brief, was manche ja offenbar durchaus vorziehen.

Wiewohl ich mir in meinem Zweitberuf als Schriftsteller also nicht nur Freunde erworben habe, so hoffe ich doch, dass meine Bemühungen hin und wieder auch Früchte trugen.

Die folgenden Kapitel basieren auf Aufsätzen, die ich zwischen Herbst 1995 und Sommer 1997 verfasst habe. Dies war eine ereignisreiche Periode (doch für welche Zeit gilt das nicht?), in der auf der Rechten wie auf der Linken mancher Unsinn blühte. Der zuerst entstandene Aufsatz der Sammlung (»Eine seltsame Kontroverse«) war eine Antwort auf die so dreisten wie verlogenen Thesen, die Richard Armey, der neugewählte Führer der republikanischen Mehrheitsfraktion des Repräsentantenhauses, in seinem Buch verbreitete. In einem der neuesten Essays (»Die etwas anderen Gallier«) wiederum befasse ich mich mit den durchaus gut gemeinten, leider trotzdem irrigen Vorstellungen des französischen Premierministers, des Sozialisten Jospin. Dies zeigt schon, dass »links« und »rechts« ziemlich untaugliche Kategorien sind. Bei den meisten der hier behandelten Themen liegen sowohl die Liberalen als auch die Konservativen mit ihrer Ideologie schlicht falsch. Die Wahrheit aber will häufig keiner hören.

Rund die Hälfte der Artikel wurde ursprünglich im Online-Magazin *Slate* veröffentlicht, in dem ich mit einer monatlichen Kolumne unter dem Titel »The Dismal Science« (eine ironische Anspielung auf die unfröhliche Wissenschaft namens Ökonomie)* vertreten bin. Die anderen Artikel erschienen zu einem großen Teil in herkömmlichen Printmedien wie *Washington Monthly*, *Foreign Affairs* und *New York Times*. Ein paar wenige Aufsätze schließlich sind neu. Obwohl viele dieser Arbeiten eine Reaktion auf aktuelle Ereignisse darstellen, bin ich kein journalistischer Berichterstatter. Vielmehr geht es mir bei der Diskussion dieser aktuellen Ereignisse stets um deren Einbettung in einen größeren Zusammenhang und Zeithorizont. Insofern darf ich hoffen, dass meine Themen und Ausführungen nicht allzu zeitgebunden, für den Leser also nach wie vor von Interesse sind.

So ernst es mir mit den aufgegriffenen Themen war, so vergnüglich war dennoch das Schreiben selbst – wenngleich sich wieder

---

* Der Terminus »Dismal Science« geht zurück auf den englischen Schriftsteller Thomas Carlyle (1795-1881). Er begründete diese Rede von der (dismal) Ökonomie damit, dass sie sich auf die Analyse der Beziehung zwischen Angebot und Nachfrage beschränke, sich im Grunde aber weder den Fragen der Regulierung des Verhaltens der Individuen am Markt noch – damit verbunden – den Fragen sozialer Verantwortung stellt.

einmal bestätigt hat, dass ein einfach und allgemeinverständlich geschriebener, für die breite Öffentlichkeit gedachter fünfseitiger Artikel mehr Mühe und Zeitaufwand erfordert als ein mit Formeln gespickter 20-seitiger Beitrag für eine Fachzeitschrift. Ich hoffe sehr, dass mein Schreibvergnügen für den Leser spürbar wird, dass ihm die Aufsätze dieses Bandes also nicht nur neue Einsichten, sondern auch Lesespaß bescheren werden. Aber machen Sie sich nun selbst ein Bild!

TEIL 1
JOBS, JOBS, JOBS

Die Unmenschlichkeit des Kapitalismus – und kein vernünftiger Mensch wird bestreiten, dass der Markt ein moralloser und mitunter grausam launischer Geselle ist – zeigt sich vor allem darin, dass er die menschliche Arbeit einfach als eine Tauschware wie jede andere behandelt. Doch wiewohl wirtschaftswissenschaftliche Lehrbücher den Tausch von Arbeitskraft gegen Geld als eine simple Transaktion darstellen, vergleichbar einem Kilo Äpfel, das über die Theke hinweg den Besitzer wechselt, so wissen (und spüren) wir doch alle, dass aus menschlicher Sicht ein riesiger Unterschied besteht. Ein Händler verkauft vieles, während der Mensch in der Regel nur einen einzigen Arbeitsplatz hat, von dem nicht nur die Existenz abhängt, sondern in hohem Maße auch das eigene Selbstverständnis und Selbstwertgefühl. Wenn sich eine Ware nicht verkauft, mag das ärgerlich sein; ein Mensch ohne Arbeit aber, das ist eine Tragödie. Es ist furchtbar ungerecht, dass sich solche Tragödien Tag für Tag abspielen – erzeugt durch neue Technologien, Geschmacksänderungen und einen Welthandel, der permanent in Bewegung ist. Es gäbe in der Tat nicht die leiseste Rechtfertigung für ein System, das Menschen wie Gegenstände behandelt, wäre da nicht der berühmte Satz Winston Churchills über die Demokratie, der sich sinngemäß auch auf den Markt ummünzen lässt: Der Kapitalismus ist zwar ein beklagenswert schlechtes System – nur haben wir eben nichts Besseres. Am Ende des 20. Jahrhunderts ist kaum jemand der Meinung, dass es eine brauchbare Alternative zur Marktwirtschaft gibt. Hoffen lässt sich höchstens, dass es uns gelingt, zumindest die schlimmsten und unmenschlichsten Auswirkungen der Marktmechanismen einigermaßen abzufedern.

Doch während die meisten Menschen – ob nun freudig oder weniger freudig – prinzipiell einräumen, dass die Arbeitsplätze in der Mehrzahl aus privaten, dem Eigeninteresse folgenden Initiativen resultieren müssen, besteht weit weniger Klarheit und Einigkeit bei der Frage, was das denn konkret bedeutet. Ein zentraler Konfliktpunkt liegt darin, dass viele es noch immer ablehnen, den

Arbeitsmarkt als einen Markt wie jeden anderen zu betrachten: ihn also am besten weitgehend sich selbst zu überlassen. Überraschen kann diese Haltung freilich nicht – denn wer versteht schon wirklich etwas von der Logik der Märkte! Die wenigsten haben eine Vorstellung davon, wie der Mechanismus von Angebot und Nachfrage funktioniert, oder davon, wie beide Elemente in der Regel (wiewohl nicht immer) zur Balance tendieren, ohne dass irgendjemand in besonderer Weise nachhelfen müsste. Und gleichermaßen scheint bei den Menschen eine natürliche Tendenz zu der Meinung zu herrschen, dass in all den Fällen, in denen der Arbeitsmarkt versagt – wenn etwa die Wirtschaft in eine Rezession gerät –, der Fehler gleich bei den Wurzeln des Systems gesucht werden muss. Viele halten es für unsinnig, ja sogar für unanständig, wenn man darauf hinweist, dass die Ursache für so viel Leid schlicht und einfach mit einem technischen und folglich reparierbaren Versagen zu tun hat, nämlich damit, dass der Staat nicht genug Geld druckt. Ich weiß, dass man diese These leicht für einen schlechten Scherz halten mag – nur ist es eben keiner.

Bei so viel Unverständnis wundert es nicht, dass auch auf höchster staatlicher Ebene die Argumente mitunter ziemlich durcheinander geraten. Was aber jeden, der auf geistigen Fortschritt setzt, wirklich deprimieren muss, ist die Tatsache, dass jahrzehnte-, ja jahrhundertealte Irrtümer und Trugschlüsse immer wieder als Erklärungen herhalten müssen. Was gestern intellektuell ein- für allemal begraben schien, wird morgen schon wieder als der Weisheit letzter Schluss verkündet. Diese Propheten erheben sich wie Ikarus über das Wissen ganzer Epochen und beweisen damit nur, dass sie nichts, aber auch gar nichts begriffen haben.

Der Titelaufsatz dieser Sammlung resultiert aus dem Versuch, mit einem alten Irrtum aufzuräumen, dem in letzter Zeit wieder häufig zu begegnen ist – der These nämlich, dass es weltweit nur ein begrenztes Volumen an Arbeit gebe und dass daher bei steigender Produktivität die Zahl der Arbeitsplätze abnehmen müsse (so genannter »lump of labor«-Trugschluss). Diese Vorstellung scheint ja vordergründig plausibel zu sein, wenn man sich einzelne Industrien ansieht. Es stimmt natürlich, dass die amerikanischen Eisenbahnen heute mehr Fracht transportieren als noch 1980, während andererseits die Zahl der Beschäftigten in diesem Sektor auf ein Drittel zurückgegangen ist. Daraus wird flugs gefolgert, dass das gleiche Schicksal auch andere Arbeitsplätze erwarte, dass mit steigender Produktivität der Arbeitskräfte demnach auch weniger von ihnen gebraucht würden. Aber stimmt das denn wirklich? Es ist für manche offenbar schwer zu begreifen, dass hier ein Ebenenwechsel und damit ein unzulässiger Vergleich stattfindet. Denn die Auswirkungen eines Produktivitätsanstiegs *in einer bestimmten Industrie* auf die Arbeitsplätze in eben dieser Branche sind keineswegs vergleichbar mit den Auswirkungen eines *gesamtwirtschaftlichen* Produktivitätsanstiegs auf die *Gesamtzahl* der Arbeitsplätze! In meinem Aufsatz habe ich versucht, dies möglichst einfühlsam klarzumachen und dem Leser dabei auch eine ungefähre Vorstellung davon zu vermitteln, was es mit der Wirtschaftstheorie auf sich hat und was es wirklich heißt, in ökonomischen Zusammenhängen zu denken.

Dabei muss man zur Kenntnis nehmen, dass Amerika es trotz großer Produktivitätssteigerungen in manchen Bereichen der US-Wirtschaft – und trotz stagnierender Beschäftigung in der verarbeitenden Industrie, hauptsächlich infolge dieser Produktivitätszuwächse – in der Tat recht gut geschafft hat, eine zunehmende Erwerbsbevölkerung in Lohn und Brot zu halten, ganz so übrigens, wie es die Wirtschaftstheorie erwarten lässt. Dennoch beherrschten 1995/96 Berichte über Entlassungen die Schlagzeilen, und zwar in einem solchen Ausmaß, dass man völlig aus dem Blick verlieren konnte, in welch rasantem Tempo die US-Wirtschaft tatsächlich Arbeitsplätze schuf. Im zweiten Kapitel dieses ersten Teils (»Der Mythos vom Arbeitsplatzabbau«) beschäftige ich mich eingehender mit dieser Diskrepanz zwischen Wahrnehmung und

Realität. (Nur als Randnotiz: Meine Bemerkung über »emotional befriedigende Fiktionen« stammt aus einer Zeit, als Robert Reich noch Arbeitsminister war.)

Während also die Vorstellung, das Hauptproblem des Kapitalismus sei seine allzu große Produktivität, vor allem zeigt, wie unfähig man ist, die Dinge logisch zu Ende zu denken, haben es einige Kommentatoren und Vertreter dieser Sichtweise gleichwohl geschafft, sich als kühne und progressive Denker zu präsentieren. Dabei berufen sie sich – wie ich im Kapitel »Vulgärkeynesianismus« ausführe – ausgerechnet auch noch auf den großen Ökonomen John Maynard Keynes, der sich bestimmt im Grab herumdrehen würde, wenn er das wüsste.

Manche Länder tun sich zugegebenermaßen schwer mit der Schaffung von Arbeitsplätzen. Ich schließe daher diesen Teil mit einem Kapitel über den traurigen Fall Frankreich ab. Traurig deshalb, weil dort angeblich moderne, gleichwohl irrige Denkweisen Mitverursacher der Massenarbeitslosigkeit sind – und weil die politische Elite des Landes fest entschlossen scheint, aus dieser bitteren Erfahrung auch noch die falschen Konsequenzen zu ziehen.

Der exemplarische Schmalspur-Ökonom

Stellen wir uns eine Volkswirtschaft vor, in der nur zwei Dinge produziert werden: Würstchen und Brötchen. Nehmen wir zweitens an, dass beide Produkte immer gemeinsam verkauft werden. Außerdem soll Arbeit der einzige Produktionsfaktor sein.

So weit, so gut. Ich möchte Sie, lieber Leser, nun zunächst fragen, was Sie von diesem Einstieg halten. Kommt er Ihnen blödsinnig vor? Wollten Sie schon umblättern, weil Sie sich sagten, daraus könne sowieso nicht viel Gescheites werden?

In diesem Kapitel geht es mir vor allem darum, ein Paradox zu illustrieren: Ökonomie lässt sich ernsthaft nur spielerisch betreiben! Die Wirtschaftstheorie besteht eben nicht aus einer Sammlung von Lehrsätzen, die von arroganten Leuten zu Papier gebracht wurden. Vielmehr ist sie, richtig verstanden, ein Spielfeld für Gedankenexperimente (oder Parabeln, wenn Sie so wollen), mit deren Hilfe sich die Logik wirtschaftlicher Prozesse in einfacher Form darstellen und auf den Punkt bringen lässt. Danach freilich müssen die gewonnenen Vorstellungen an den Fakten überprüft werden. Doch dafür muss man zunächst einmal wissen, welche Fakten eigentlich von Belang sind. Auch um das herauszufinden, braucht man Szenarien, mit denen man seine theoretischen Vorstellungen auf ihre Implikationen hin durchspielen kann. Das Wort »spielen« benutze ich hier ganz bewusst. Innovative Denker – in der Ökonomie wie anderswo – besitzen häufig einen ausgesprochenen Hang zum »Eigensinn«. So erklärt sich auch mein Würstchen-Brötchen-Beispiel, an dem ich verschiedene Dinge im Zusammenhang mit Technologie, Arbeitsplätzen und der Zukunft des Kapitalismus klarmachen möchte. Dabei geht es also zweifellos um sehr ernsthafte Dinge – um Einsichten allerdings, die man nur gewinnt, wenn man sich für das eine oder andere Gedankenspiel nicht zu schade ist.

Zurück also zu unserem Szenario. Nehmen wir an, in unserer Volkswirtschaft sind anfänglich 120 Millionen Arbeitnehmer beschäftigt, wobei dies mehr oder weniger Vollbeschäftigung bedeuten soll. Nehmen wir ferner an, dass zwei Personentage erforderlich sind, um ein Würstchen oder ein Brötchen herzustellen. (Ihr Protest in Ehren, aber auf Realitätsnähe kommt es hier nicht an!) Unter der Annahme, dass sich Angebot und Nachfrage die Waage halten, müssen pro Tag 30 Millionen Würstchen und 30 Millionen Brötchen produziert werden. Dies wiederum setzt in jedem Sektor 60 Millionen Beschäftigte voraus.

Nehmen wir nun an, eine verbesserte Technologie führt dazu, dass ein Arbeiter für die Herstellung eines Würstchens nur noch einen statt früher zwei Tage benötigt. Und gehen wir ferner davon aus, dass die Verbraucher diese Produktivitätssteigerung auch honorieren, so dass sich der tägliche Verbrauch auf 40 Millionen Würstchen und ebenso viele Brötchen erhöht. Was folgt daraus? Klar, eine Verschiebung in der Beschäftigung. Es arbeiten nun 40 Millionen Beschäftigte in der Würstchenproduktion, während 80 Millionen zur Herstellung der Brötchen gebraucht werden.

Da aber tritt ein bekannter Journalist auf den Plan. Er wirft einen kurzen Blick auf diese Entwicklung und erklärt, es sei etwas Furchtbares passiert: *In der Würstchenherstellung wurden 20 Millionen Arbeitsplätze vernichtet!* Auf den zweiten Blick stellt er gar fest, dass der Würstchenausstoß um ein Drittel zugenommen, die Beschäftigung in diesem Sektor aber um ein Drittel abgenommen hat. Für ihn Erkenntnis genug, um ein großes Projekt zu starten, bei dem er mit Wirtschaftsbossen, Regierungsvertretern und Gewerkschaftsführern in aller Welt ernste Gespräche über das Problem führt. Dabei wird für ihn immer klarer: Das Angebot wächst in so rasantem Tempo, dass die Verbrauchernachfrage nicht mehr Schritt zu halten vermag. Klar, sagt er sich, noch entstehen im Brötchensektor neue Arbeitsplätze, doch über kurz oder lang wird auch dort der technische Fortschritt seine Opfer fordern. Die Quintessenz ist für ihn sonnenklar: Der globale Kapitalismus strebt der Krise zu. Der Mann beeilt sich also, seine alarmierenden Erkenntnisse in einem dickleibigen Epos zu Papier und der Öffentlichkeit zu Gehör zu bringen. Das Buch präsentiert aufsehenerregende Fakten über die Veränderungen, die im Technologiesektor wie auch im globalen Markt Platz greifen. Es ist gespickt mit Verweisen auf Japan, Deutschland, China, ja sogar Malaysia, und glänzt überdies durch gelegentliche spitze Bemerkungen über das Scheuklappendenken der Schulökonomen, an denen die Zeit offenbar spurlos vorbeigegangen sei. Das Buch wird weithin gelobt für seine scharfsinnige Gelehrsamkeit, und der Autor entwickelt sich rasch zum Talkshow-Löwen.

Die Ökonomen ihrerseits wundern sich indes nur. Natürlich hat der technologische Wandel zu Veränderungen in der industriellen Beschäftigungsstruktur geführt. Doch per Saldo hat ja keineswegs ein Arbeitsplatzabbau stattgefunden. Und es besteht auch keinerlei Grund, einen solchen für die Zukunft zu befürchten. Denn nehmen wir einmal an, die Produktivität verdoppelt sich sowohl im Würstchen- als auch im Brötchensektor. Was hindert die Volkswirtschaft denn daran, sich das zunutze zu machen, das heißt, den Konsum auf ebenfalls 60 Millionen Würstchen und ebenso viele Brötchen zu erhöhen – was ja bedeuten würde, dass in jedem der beiden Sektoren 60 Millionen Arbeitskräfte gebraucht werden?

Oder formulieren wir es anders: Die Produktivitätssteigerung in Sektor X kann *in diesem Sektor* natürlich einen Arbeitsplatzabbau nach sich ziehen. Doch die Schlussfolgerung, dieses Produktivitätswachstum gehe zu Lasten der Beschäftigung *in der Volkswirtschaft insgesamt*, steht auf einem völlig anderen Blatt. An unserer hypothetischen Volkswirtschaft ist ja klargeworden (oder sollte zumindest klargeworden sein), dass die Verringerung der zur Herstellung eines Würstchens benötigten Zahl an Beschäftigten zwar in diesem Sektor einen Arbeitsplatzabbau bewirkt, gleichzeitig aber im Brötchensektor eine gleich große Zahl an Arbeitsplätzen schafft (und umgekehrt). Natürlich erfährt man so etwas nicht, indem man sich mit den Würstchenherstellern unterhält, auch wenn man noch so viele Länder bereist. Ja nicht einmal die Brötchenproduzenten werden einen zu dieser Einsicht bringen. Es handelt sich vielmehr um eine Erkenntnis, die man nur über die spielerische Beschäftigung mit hypothetischen Volkswirtschaftsmodellen gewinnt – durch Gedankenspiele eben.

Aber ist unser obiges Gedankenspiel vielleicht nicht doch allzu simpel, um uns etwas über die reale Welt zu sagen? Mitnichten. Denn zum einen brauchen wir nur die »Würstchen« durch »Industriewaren« und die »Brötchen« durch »Dienstleistungen« zu ersetzen, und das Ganze hat enorm viel Ähnlichkeit mit der Entwicklung der US-Wirtschaft im letzten Vierteljahrhundert. Zwischen 1970 und heute hat sich der Ausstoß an Industrieprodukten etwa verdoppelt; gleichzeitig ist die Beschäftigung in diesem Sektor leicht zurückgegangen, bedingt durch die erzielten Produktivitätszuwächse. Auch der Dienstleistungssektor hat sich ungefähr verdoppelt – mit dem Unterschied allerdings, dass es dort wenig Produktivitätssteigerung gegeben hat, weshalb hier auch die Beschäftigung um zirka 90 Prozent zunahm. Insgesamt entstanden in der US-Wirtschaft im genannten Zeitraum also über 45 Millionen zusätzliche Jobs. Was nichts anderes heißt, als dass in der realen Wirtschaft, ebenso wie in unserer Parabel, die Produktivitätssteigerungen in Sektor X offenbar zu Arbeitsplatzzugewinnen in Sektor Y geführt haben.

Allerdings gibt es da noch einen tiefer reichenden Punkt: Eine simple Erklärung ist nämlich nicht das Gleiche wie eine simplifizierende Erklärung. Selbst in unserer kleinen Parabel liegen Einsichten, die kein noch so investigativer Journalismus zutage fördern könnte. Sie macht zum Beispiel im Nu klar, dass das, was sich dem naiven Beobachter als naheliegende Schlussfolgerung aufdrängen könnte – wenn Produktivitätszuwächse in der Stahlindustrie einen Arbeitsplatzabbau in dieser Branche nach sich ziehen, so führen auch gesamtwirtschaftliche Produktivitätssteigerungen zu einem Beschäftigungsabbau in der Volkswirtschaft insgesamt –, in Wirklichkeit ein klassischer Trugschluss ist, weil hier verschiedene Argumentationsebenen unzulässig vermischt werden.

Doch stopp! Was berechtigt mich eigentlich zu der optimistischen Annahme, dass die Verbrauchernachfrage parallel zur zusätzlichen Produktion hinreichend steigt, um beides im Gleichgewicht zu halten? Darauf lässt sich am besten mit einer Gegenfrage antworten: Warum auch nicht? Denn wenn sich die Produktion verdoppelt und der gesamte Ausstoß abgesetzt werden kann, verdoppelt sich zwangsläufig auch das Gesamteinkommen. Warum also sollte sich der Verbrauch dann nicht ebenfalls verdoppeln? Oder anders gefragt: Warum sollte der Verbrauch hinterherhinken, nur weil die Volkswirtschaft mehr produziert?

Auch hier gibt es jedoch einen tiefer reichenden Aspekt. Grundsätzlich ist ein Gesamtnachfragedefizit natürlich nicht ausgeschlossen – Rezessionen kommen eben vor. Doch solche Konjunktureinbrüche haben in der Regel monetäre, das heißt geldwirtschaftliche Gründe. Sie passieren, weil die Leute tendenziell versuchen, insgesamt mehr Geld zu horten, als sich tatsächlich in Umlauf befindet. (Diese Erkenntnis steht übrigens im Zentrum der keynesianischen Lehre und Wirtschaftspolitik.) Dies heißt aber gleichzeitig auch, dass Rezessionen heilbar sind, indem man mehr Geld in den Kreislauf pumpt – so einfach ist die Sache! Ein eventuell bestehender Überhang an Produktionskapazität (bezogen eigentlich worauf?) hat damit jedoch überhaupt nichts zu tun.

Der heftigste Einwand gegen meine Würstchenparabel könnte sich vielleicht auf die Darstellung des bekannten Journalisten beziehen. Gewiss doch, sagt sich der Leser, wird kein angesehener Mensch ein voluminöses Buch über die Weltwirtschaft schreiben und dabei sein ganzes Werk auf einem so leicht zu durchschauenden Trugschluss aufbauen. Und selbst wenn es so wäre, würde man ihn bestimmt nicht ernst nehmen. Nun, das Würstchen-Brötchen-Szenario ist zugegebenermaßen erfunden, nicht aber der Journalist. Der Auslöser für diesen Aufsatz war nämlich das 1997 erschienene und hoch gelobte Buch *One World, Ready or Not: The Manic Logic of Global Capitalism* (*Endstation Globalisierung: neue Wege in eine Welt ohne Grenzen*) von William Greider, Mitarbeiter des *Rolling Stone*. Es handelt sich dabei genau um die Sorte Buch, die ich oben beschrieben habe: eine voluminöse, alles umfassende Beschreibung der Weltwirtschaft, bei der Fakten auf Fakten gehäuft werden (wiewohl mit einigen kapitalen Fehlern, doch das soll hier nicht das Thema sein). Greider will damit offenbar die These belegen, dass das globale Angebot die globale Nachfrage überschreite. Leider aber gehen all die Fakten an der genannten These völlig vorbei. Denn sie beweisen letztlich nur, dass es viele Industrien gibt, in denen die steigende Produktivität und der Markteintritt neuer Produzenten zu einem Verlust an traditionellen Arbeitsplätzen geführt haben – oder anhand unseres Beispiels ausgedrückt: dass die Würstchenproduktion zugenommen, die Beschäftigung in diesem Sektor aber abgenommen hat. Niemand scheint Greider vor klassischen Denkfehlern gewarnt zu haben; niemand scheint ihn darauf aufmerksam gemacht zu haben, dass die Logik der Gesamtwirtschaft nicht mit der Logik einer bestimmten Branche gleichgesetzt werden kann.

Ich denke, ich weiß, was mir Leute wie Greider entgegenhalten würden: dass ich abstrakt herumtheoretisiere, während ihre Argumente auf harten Fakten beruhen. Fakt ist aber leider, dass die US-Wirtschaft in den letzten 25 Jahren 45 Millionen Jobs geschaffen hat. Es kamen im Dienstleistungssektor also weit mehr Arbeitsplätze hinzu, als in der Industrie verloren gingen. Wenn ich Greider richtig verstehe, würde er mir entgegenhalten, dass dies nichts als eine temporäre Erscheinung – quasi eine Galgenfrist – sei, dass es über kurz oder lang in der gesamten Volkswirtschaft zugehen werde wie derzeit in der Stahlindustrie. Doch das ist reine Spekulation, haltlos und simplifizierend nicht zuletzt deshalb, weil Greider ein Schmalspurtheoretiker ist, der nicht so recht weiß, was er tut. Denn er und seine unkritischen Leser glauben vermutlich wirklich, dass seine Schlussfolgerungen auf Fakten und nichts als Fakten basieren, während sie in Wirklichkeit auf impliziten Annahmen beruhen, die einer objektiven Überprüfung nicht standhalten.

Natürlich haben weder die allgemeine Öffentlichkeit noch die meisten Intellektuellen gemerkt, wie gründlich Greider danebenliegt. Schließlich kommt das Buch ja auch sehr eindrucksvoll daher – profund und enzyklopädisch, dazu in einem seriösen Tonfall geschrieben. Es setzt auf die Gutgläubigkeit, ja Naivität des Lesers, um seine Botschaften an den Mann oder die Frau zu bringen. Was Greider mit seinen vielen Buchseiten daher in allererster Linie beweist, ist, wie leicht ein intelligenter, ernsthafter Mensch gleichsam über die eigenen intellektuellen Schnürsenkel stolpern kann.

Wie aber konnte das geschehen? Ein Grund besteht sicherlich darin, dass Greider sich von jener Art kritischem Rat, der ihn vor sich selbst hätte bewahren können, vollkommen abgeschottet hat. Man braucht sich ja nur seine Danksagungen anzusehen – nicht ein einziger Ökonom von Rang ist erwähnt. Das kann freilich wenig verwundern bei einem Autor, der die Ökonomie »weniger für eine Wissenschaft, vielmehr für eine wertelastige Form von Wahrsagerei« hält. Ich denke aber, dass Greider auch ein Opfer seiner eigenen Ernsthaftigkeit wurde. Er nimmt sein Thema (und sich selbst) bei weitem zu wichtig, um sich intellektuelle Spiele zu erlauben. Er hält es schlicht für unter seiner Würde, mit scheinbar trivialen Gedankenexperimenten, beispielsweise mit vereinfachten volkswirtschaftlichen Modellen wie bei unserem Würstchen-Brötchen-Beispiel, Versuchsszenarien aufzubauen, um seine Vorstellungen einem logischen Test zu unterziehen. Doch gerade weil er so ernsthaft, so wenig »verspielt« ist, taugen seine Ideen so wenig.

Der Mythos vom Arbeitsplatzabbau

Die Clinton-Regierung spielt in Wirtschaftsangelegenheiten durchaus mit offenen Karten. Man kann sogar sagen, dass Wirtschaftsanalysen und -berichte selten so akribisch erarbeitet waren wie unter Clinton. Doch der Präsident hat seine wirtschaftspolitische Meinung leider so oft geändert, dass seine Mitarbeiter inzwischen selbst dann nicht mehr glaubwürdig klingen, wenn sie die volle Wahrheit sagen. Deshalb tat mir Joseph Stiglitz, der exzellente Ökonom, der eine Zeit lang Clintons Wirtschaftssachverständigenrat (dem Council of Economic Advisers) vorsaß, auch ein bisschen leid. Im Frühjahr 1996 gab Stiglitz einen Bericht zur Situation des amerikanischen Arbeitnehmers heraus, in dem er mehr oder weniger bestätigte, was die meisten unabhängigen Ökonomen ebenfalls schon festgestellt hatten: Den amerikanischen Arbeitnehmern ging es keineswegs so schlecht, wie es die Schlagzeilen vermuten ließen. Insbesondere der Stellenabbau in der Wirtschaft wurde in den Medien mächtig übertrieben.

Der Stiglitz-Bericht war zweifellos ein engagierter Versuch, ein realistisches Bild des amerikanischen Arbeitsmarktes zu zeichnen. Doch fast alle Kommentatoren begriffen ihn als rein politisches Dokument, als einen Versuch, im Wahljahr das Positive besonders herauszustreichen.

Natürlich hatten die Beobachter Grund zur Skepsis. Schließlich hatten andere Regierungsmitglieder – allen voran Arbeitsminister

Robert Reich – ständig versucht, eine ganz andere Sichtweise zu verbreiten. In Reichs Vorstellungswelt geht inzwischen selbst bei den gutbezahlten Arbeitnehmern die Angst um. Sie müssen angeblich fürchten, jeden Tag den Stuhl vor die Tür gesetzt zu bekommen und damit möglicherweise aus der Mittelschicht herauszufallen, also sozial abzusteigen. Und selbst wenn sie ihren Job behalten, fühlen sie sich laut Reich aus Furcht vor Entlassung zu Lohnzurückhaltung gezwungen, während gleichzeitig Produktivität und Gewinne immer weiter nach oben klettern.

Wie alles, was Reich sagt, ist auch diese Situationsbeschreibung zwar brillant und überzeugend vorgetragen, doch überwiegend unzutreffend. Stiglitz hingegen verweigert sich solchen emotional befriedigenden Fiktionen und hält es stattdessen mit der allerdings etwas komplizierteren Wahrheit.

Um zu verstehen, warum Reichs Sichtweise (hier wie auch sonst häufig) falsch ist, brauchen wir uns nur an die seltsame Geschichte mit den entführten Kindern zu erinnern. In den achtziger Jahren versuchte der Sensationsjournalismus, mit einer Mischung aus wahren Begebenheiten und statistischen Versatzstücken bei weiten Teilen der Öffentlichkeit den Eindruck zu erwecken, Amerika sei ein Land, in dem jedes Jahr massenhaft Kinder durch mysteriöse Fremde gekidnappt und so dem Schoß glücklicher Familien entrissen werden. Solche Geschichten sind in der amerikanischen Fernsehunterhaltung bis heute gang und gäbe. In Wahrheit jedoch sind solche Vorkommnisse äußerst selten: etwa 300 pro Jahr – und das in einem Land mit 260 Millionen Einwohnern! Natürlich kommen solche Entführungen vor, und in jedem Einzelfall handelt es sich um ein furchtbares Ereignis. Auch wird niemand bestreiten, dass Hunderttausenden amerikanischer Kinder tatsächlich Schlimmes zugefügt wird. In den seltensten Fällen aber handelt es sich bei den Missetätern um Fremde. Auf jede Kindesentführung kommen mindestens tausend sexuelle Missbräuche im Familienkreis. Doch Kidnapping durch unheimliche Fremde lässt sich eben gut verkaufen und errang deshalb einen öffentlichen Stellenwert weit jenseits der wirklichen Bedeutung.

Der Personalabbau in den Unternehmen ist weder so furchtbar noch so selten wie eine Kindesentführung. Dennoch haben die beiden Phänomene manches gemein. Beides lässt sich publikumswirksam zur Tragödie hochstilisieren; beides ist damit ein gefundenes Fressen für die Medien. Doch in beiden Fällen trifft dies nicht den Kern des Problems.

Der Stiglitz-Bericht belegt dies anhand einer Vielzahl statistischer Daten und komplexer Analysen. Gehen wir die Sache jedoch einmal von einer einfacheren Seite her an. Im Februar 1996 veröffentlichte *Newsweek* eine Titelgeschichte unter der Schlagzeile »Corporate Killers« (Totengräber der Wirtschaft). Darin finden sich alle größeren Entlassungen aufgelistet, die von amerikanischen Großunternehmen in den vorausgegangenen fünf Jahren vorgenommen worden waren. Die Zahl der abgebauten Stellen stand in großen Lettern neben dem Foto des jeweils verantwortlichen Unternehmensführers. Der Artikel stellte diese Entwicklung als riesige nationale Katastrophe dar. Doch addiert man all die großlettrigen Zahlen, ergeben sich gerade mal 370 000 abgebaute Stellen. Das entspricht – bezogen auf die Gesamtzahl der Beschäftigten – einem Verhältnis von weniger als 1:300. Selbst gemessen an der Zahl jener Beschäftigten, die sogar in der gesündesten Volkswirtschaft jährlich ihren Job verlieren oder wechseln, ist dies ein verschwindend kleiner Anteil. Hinzu kommt, dass die Mehrzahl der Entlassenen durchaus wieder Arbeit findet, wiewohl häufig zu schlechteren Bedingungen. Jedenfalls bleibt der viel beschworene Abstieg von der komfortablen Mittelschicht in die Unterschicht der Niedrigverdiener den allermeisten erspart. Das deckt sich übrigens vollkommen mit dem, was Stiglitz feststellt: Die Vernichtung guter Arbeitsplätze durch gewinngierige Unternehmen sei ein an den Haaren herbeigezogenes Thema; der amerikanische Arbeitnehmer habe in Wahrheit ganz andere Sorgen.

Der Punkt ist, dass Reichs Art und Weise des Umgangs mit ökonomischen Themen – er arbeitet lieber mit Anekdoten statt Statistiken, zieht Schlagworte einer seriösen Analyse vor – der Vielfalt und schieren Größe dieses Landes einfach nicht Rechnung tragen kann. Alles, was in Amerika passieren kann, passiert auch: Fremde entführen Kinder; Mathematiker werden zu Terroristen; Führungskräfte finden sich hinter der Verkaufstheke wieder. Die entscheidende Frage lautet indes nicht, ob solche Geschichten wahr sind; die entscheidende Frage lautet, ob sie typisch sind. Oder anders ausgedrückt: Wie passen sie ins große Bild?

Nun, das große Bild stellt sich so dar: Sowohl die Zahl der »guten« Arbeitsplätze als auch die damit verbundene Bezahlung steigt ständig. Wer hinreichend qualifiziert und talentiert ist und zudem das nötige Glück hat, kann in der Regel nicht klagen. Nur für eine relative Hand voll dieser Arbeitsplatzbesitzer (konkret gesprochen: ein paar Hunderttausend pro Jahr) verändern sich die Dinge zum Negativen. In Amerikas Mittelklasse mag zwar die Angst umgehen; objektiv gesehen besteht dafür aber nicht der geringste Grund.

Wirklich schlecht geht es nur jenen, die noch nie einen guten Arbeitsplatz hatten. Die ohnehin niedrig Bezahlten müssen nämlich feststellen, dass ihre Löhne ständig noch weiter sinken. Anders formuliert: Die Hauptopfer der – um Reichs Ausdruck zu verwenden – »neuen Ökonomie« sind nicht die paar tausend Führungskräfte, die sich bei MacDonald's verdingen mussten, sondern mehrere Zehnmillionen ungelernte Hilfskräfte, Pförtner und so weiter, deren Reallöhne in den letzten zwanzig Jahren um jährlich 1 bis 2 Prozent zurückgegangen sind.

Ist diese Unterscheidung denn wirklich so wichtig? Sie ist es. Denn nur so lassen sich politische Prioritäten setzen. Sollten wir, wie aus der Washingtoner Administration zu hören war, unser Augenmerk darauf richten, die Arbeitsplätze der gut Bezahlten in den Großunternehmen zu sichern? Sollten wir versuchen, diese Unternehmen von Entlassungen abzuhalten? Sollten wir das Steuersystem entsprechend umbauen, um jene Unternehmen zu bestrafen, die Arbeitskräfte entlassen, und jene zu belohnen, die dies nicht tun? Oder sollten wir – umgekehrt – alles daransetzen, um Programme beizubehalten und auszubauen, die die Geringverdiener steuerlich entlasten? Es wäre unehrlich, würde man verlangen, beides zu tun. Die Finanzmittel sind nun einmal knapp, und das politische Kapital ist es nicht weniger. Solange wir die kleinen Probleme in die Schlagzeilen setzen, verbauen wir uns die Lösung für die großen.

Loben wir also Joe Stiglitz. Natürlich bekam er von seinen politischen Vorgesetzten vermutlich nur deshalb grünes Licht für seine Bemühungen, das Thema Entlassungen ins rechte Licht zu rücken, weil nur mit guten Nachrichten Präsidentenwahlen zu gewinnen sind. Doch mitunter kommt es eben vor, dass sogar politisch genehme Wirtschaftsanalysen der Wahrheit entsprechen.

Vulgärkeynesianismus

Wie bei allen großen Ideen, so gilt auch in der Wirtschaftswissenschaft das Gesetz der »nachlassenden Bindewirkung«. Einem großen Innovator muss man eine gewisse »poetische Freiheit« zugestehen. Seine Vorstellungen sind zwangsläufig zunächst etwas grob. Er übertreibt den Bruch zwischen dem Neuen seiner Vision und dem, was davor lag. Aber das ist nicht weiter schlimm. Denn die feinen Töne und die Einordnung stellen sich ohnehin später ein. Leider aber gibt es immer auch jene, die zwar dem Buchstaben des Meisters folgen, nicht aber dessen Geist; jene, die in ihrem Radikalismus dogmatischer sind, als es die Orthodoxen in ihrer Orthodoxie je waren. Und noch etwas ist zu beobachten: Je mehr sich eine Idee verbreitet, desto stärker wird sie verwässert. Was sich dann letztlich im öffentlichen Bewusstsein verankert (und mithin Allgemeingut wird), ist häufig nur mehr ein Abklatsch, eine Karikatur des Originals.

Dies gilt auch für die keynesianische Wirtschaftstheorie. John Maynard Keynes selbst war ein großartig subtiler und innovativer Denker. Doch zu seinem (ungewollten) Vermächtnis zählt unglücklicherweise auch eine Denkrichtung – ich möchte sie Vulgärkeynesianismus nennen –, die in der ökonomischen Debatte leider bis heute für Verwirrung sorgt.

Bis Keynes 1936 mit seinem Hauptwerk, *The General Theory of Employment, Interest, and Money* (*Die allgemeine Theorie der Beschäftigung, des Zinses und des Geldes*), auf den Plan trat, hatte sich in den

Wirtschaftswissenschaften eine differenzierte und wohlfundierte Theorie der *Mikroökonomik* etabliert (die Mikroökonomik befasst sich mit dem Verhalten einzelner Märkte und der Verteilung der Ressourcen zwischen den verschiedenen Sektoren). Doch das Gebiet der *Makroökonomik*, die sich mit der Untersuchung gesamtwirtschaftlicher Phänomene wie Inflation und Deflation, konjunkturellen Auf- und Abschwüngen und dergleichen befasst, stockte in seiner Entwicklung, weshalb niemand die Weltwirtschaftskrise der ausgehenden zwanziger Jahre wirklich zu erklären vermochte.

Die so genannte »klassische« makroökonomische Theorie ging davon aus, dass in einer Volkswirtschaft eine langfristige Tendenz bestehe, zur Vollbeschäftigung zurückzukehren, weshalb sie sich vor allem mit langfristigen Aspekten beschäftigte. Die beiden Hauptansätze waren die Mengentheorie des Geldes (die postulierte, das Gesamtpreisniveau verhalte sich proportional zur umlaufenden Geldmenge) und die so genannte »loanable funds theory« (eine Zinstheorie, derzufolge der Marktzins durch das verfügbare Kreditangebot und die Kreditnachfrage determiniert wird – die Zinssätze steigen oder fallen also in der Weise, dass die volkswirtschaftliche Gesamtersparnis mit der Gesamtinvestition zur Deckung kommt).

Keynes räumte zwar ein, dass diese Theorien wohl stimmig sein dürften, wenn man einen hinreichend langen Zeitraum zugrunde legt. Aber, so sein berühmtes Diktum, »auf lange Sicht sind wir alle tot«. Auf kürzere Sicht jedoch sei der Marktzins nicht vom Gleichgewicht zwischen Ersparnis und Investition unter Bedingungen der Vollbeschäftigung determiniert, sondern von der so genannten »Liquiditätspräferenz« – das heißt der allgemeinen Tendenz in der Bevölkerung, Geld anzusparen, solange für weniger sichere und weniger bequeme Anlagen kein hinreichender Anreiz besteht. Dies ändere zwar nichts am zwangsläufigen Gleichgewicht zwischen Ersparnissen und Investitionen. Übersteigt bei Vollbeschäftigung jedoch die freiwillige Ersparnis die freiwillige Investition, so sänken nicht die Zinssätze, sondern das Beschäftigungs- und Produktionsniveau. Insbesondere gelte, dass ein jeglicher Rückgang in der Investitionsnachfrage – ausgelöst etwa durch einen Börsenkrach – eine sich abschwächende Konjunktur zur Folge habe.

Es war eine brillante Neuinterpretation der volkswirtschaftlichen Funktionszusammenhänge, die Keynes da vorlegte, und die klugen Köpfe unter den jungen Ökonomen seiner Zeit merkten das auch sofort. Natürlich fiel manchen auch sehr früh schon auf, dass Keynes ein etwas zu stark vereinfachtes Bild zeichnete. Insbesondere ignorierte er die Tatsache, dass das Beschäftigungsniveau im Normalfall seinerseits wieder Einfluss auf die Zinssätze hat – was einen großen Unterschied bedeuten kann. Trotzdem waren viele Ökonomen über Jahre hinweg von den Implikationen der *General Theory* richtiggehend fasziniert, schien Keynes doch ein Bild zu zeichnen, bei dem Altruismus bestraft und Egoismus belohnt wird.

Sehen wir uns beispielsweise das »Paradox des Sparens« an. Nehmen wir an, die Sparquote, also jener Teil des Einkommens, der nicht ausgegeben wird, erhöht sich aus irgendeinem Grund. Den frühen keynesianischen Modellen zufolge führt dies tatsächlich zu einem Rückgang bei Gesamtersparnis wie Gesamtinvestition. Und zwar deshalb, weil eine stärkere Spartendenz (d. h. höhere freiwillige/erwünschte Ersparnisse) einen Konjunkturrückgang nach sich zieht, was wiederum sowohl das Gesamteinkommen verringert als auch die Investitionsnachfrage senkt. Da Ersparnis und Investition letztlich aber immer deckungsgleich sind, muss die Gesamtersparnis faktisch ebenfalls sinken!

Oder betrachten wir das »Witwenkrug-Theorem«, das den Zusammenhang zwischen Lohneinkommen und Beschäftigung beleuchtet (das Bild soll an den nie leer werdenden Ölkrug einer Witwe im Alten Testament erinnern). Man könnte meinen, steigende Löhne senkten die Nachfrage nach Arbeitskräften. Doch einige der frühen Keynesianer argumentierten, eine Umverteilung des Einkommens von den Unternehmensgewinnen zu den Löhnen erhöhe die Verbrauchernachfrage, weil die Beschäftigten weniger sparen als die Kapitalisten (was allerdings nicht stimmt; doch das steht auf einem anderen Blatt), sodass dadurch der Ausstoß und damit die Beschäftigung angekurbelt wird.

Solche Paradoxe sind nach wie vor sehr bedenkenswert und deshalb nicht umsonst noch immer Bestandteil volkswirtschaftlicher Lehrbücher. Trotzdem werden sie heute von den meisten Ökonomen nicht mehr besonders ernst genommen. Dafür gibt es eine Reihe von Gründen. Der wichtigste davon besteht aus genau zwei Worten: Alan Greenspan.

Beim einfachen keynesianischen Modell sind die Zinssätze ja vom Beschäftigungs- und Produktionsniveau unabhängig. In der realen Welt aber betreibt die Fed (US-Notenbank »Federal Reserve Board«) ein aktives Zinssatzmanagement: Hält sie die Beschäftigungsrate für zu niedrig, senkt sie die Zinsen; befürchtet sie eine Überhitzung der Konjunktur, erhöht sie sie. Über das Urteilsvermögen des Fed-Vorsitzenden mag man streiten (manche meinen, er sollte die Wirtschaft besser an einer längeren Leine führen); kaum bestreiten aber lässt sich seine Macht. Auf eine einfache Formel gebracht, lässt sich bezüglich der US-Arbeitslosenquote der nächsten Jahre sogar sagen: Sie wird in etwa so hoch sein, wie Greenspan sie haben möchte – mit nur sehr geringen Abweichungen nach oben oder unten, bedingt durch die Tatsache, dass er trotz allem nicht der liebe Gott ist.

Indem man Greenspan (oder seinen Nachfolger) ins Spiel bringt, landet man allerdings wieder sehr in der Nähe des klassischen Bildes von der Makroökonomie. Aus der unsichtbaren Hand, welche die Volkswirtschaft über einen nicht näher spezifizierten längeren Zeitraum wieder auf Vollbeschäftigungskurs bringt, ist nun freilich die sichtbare Hand der Fed geworden, die uns auf das hindirigiert, was sie für die nächsten zwei bis drei Jahre für die so genannte inflationsfreie Arbeitslosenquote hält. Um dieses Ziel zu erreichen, muss sie die Zinssätze in einer Weise nach oben oder unten anpassen, dass sich Ersparnis und Investition auf dem angestrebten Arbeitslosen- beziehungsweise Beschäftigungsniveau die Waage halten. Damit sind all die erwähnten Paradoxe (siehe Spar- und Witwenkrug-Theorem) irrelevant. Insbesondere wird die Fed dafür Sorge tragen, dass eine ansteigende Sparquote im Endeffekt doch zu mehr Beschäftigung führt.

Für meine Begriffe ist die Vorstellung, dass Nachfrageschwankungen von der Fed in der Regel aufgefangen werden, sodass sie im Normalfall ohne Auswirkungen auf die Beschäftigung bleiben, so einfach wie zutreffend. Außerhalb der Wirtschaftswissenschaft sieht es aber offenbar kaum jemand so. Nehmen wir nur die Diskussion über das Nordamerikanische Freihandelsabkommen (NAFTA) als Beispiel. Die Argumente drehten sich fast ausschließlich um die zu erwartenden Arbeitsplatzzugewinne oder -verluste. Während für mich vollkommen klar ist, dass die durchschnittliche Arbeitslosenquote der nächsten zehn Jahre in etwa so hoch sein wird, wie die Fed dies für angemessen hält – wobei die Handelsbilanz zwischen den USA und Mexiko wohlgemerkt völlig ohne Bedeutung ist –, scheint dieser Sachverhalt die öffentliche Debatte nicht im Mindesten berührt zu haben. (Meine diesbezügliche Meinung, geäußert auf einer Podiumsdiskussion im Jahr 1993, wurde von einem der Diskussionsteilnehmer – zufälligerweise NAFTA-Befürworter – wütend weggewischt mit den Worten: »Wer Sie so reden hört, wundert sich nicht mehr, dass die Ökonomen so verhasst sind!«)

Das öffentliche Bewusstsein (und leider auch das vieler Politintellektueller, die sich für gut informiert halten) hat hingegen eine Art Karikatur-Keynesianismus erreicht, der sich vor allem durch eines auszeichnet: die unkritische Vorstellung, ein nachlassender Konsum sei grundsätzlich etwas Negatives. In den Vereinigten Staaten, wo sich Inflation und Haushaltsdefizit derzeit auf relativ niedrigem Niveau bewegen, hat dieser Vulgärkeynesianismus seit einiger Zeit wieder regen Zulauf. Das Sparparadox wie auch das Witwenkrug-Theorem spielen zum Beispiel in William Greiders Buch, das ich im vorigen Kapitel diskutiert habe, eine zentrale Rolle. (Freilich darf man bezweifeln, dass sich Greider der Herkunft seiner Ideen bewusst ist. Wie sagte doch Keynes: »Die so genannten Pragmatiker, die sich ja so gern über jeden intellektuellen Einfluss erhaben wähnen, sind nicht selten die Sklaven der Ideen eines längst verblichenen Ökonomen.«) Es ist wenig verwunderlich, dass die gleichen Vorstellungen auch in *New Republic* und ähnlichen Blättern kursieren. Wenn allerdings solche Theoreme (dass zum Beispiel eine höhere Sparquote das Wachstum senke) schon ernsthaft in *Business Week* diskutiert werden, dann begreift man, dass es sich hier inzwischen bereits um ein regelrechtes Kulturphänomen handelt.

Klar ist doch, dass man die These, Sparen gehe zu Lasten des Wirtschaftswachstums (im Unterschied zu der ganz anderen, vernünftigeren Position, dass die Sparquote weniger wichtig ist, als manche meinen), nur aufrechterhalten kann, wenn man gleichzeitig auch behauptet, die Fed sei eine Institution ohne Einfluss – dass es ihr mithin nicht gelingen könne, über eine Senkung der Zinssätze dafür zu sorgen, dass eine verstärkte Spartätigkeit im Endeffekt auch zu höheren Investitionen führt.

Der Hinweis, die Zinssätze seien im Hinblick auf die Investitionen nur einer von mehreren Einflussfaktoren, genügt jedenfalls nicht. Genauso gut könnte man ja behaupten, der Druck auf das Gaspedal sei nur einer von vielen Faktoren, von denen die Geschwindigkeit meines Autos abhängt. Entscheidend ist doch offenbar, dass sich der Druck auf das Gaspedal regulieren lässt. Mit der Ausrede etwa, die Straße sei abschüssig, dürfte sich im Falle einer Geschwindigkeitsübertretung kaum ein Streifenpolizist zufrieden geben. In ganz ähnlicher Weise kann Greenspan die Zinssätze ändern, wie immer es ihm passt (niemand könnte der Fed verbieten, die Geldmenge innerhalb eines Tages zu verdoppeln, falls sie das für richtig hielte). Mit anderen Worten: Das Beschäftigungsniveau orientiert sich in der Regel schlicht und einfach daran, welche Obergrenze Greenspan noch für zuträglich hält.

Die These, Sparen sei grundsätzlich schlecht, verlangt also andere Begründungen, wenn sie Sinn machen soll. Entweder müsste man behaupten, die Zinssätze seien überhaupt nicht ausgabenrelevant (sagen Sie das einmal einem Kreditinstitut!); oder aber es müsste die potenzielle Ersparnis im Vergleich zu den Investitionsmöglichkeiten so hoch sein, dass es der Fed selbst bei einem Zinssatz nahe Null nicht gelingen kann, beides miteinander in Einklang zu bringen. Die letztgenannte Position wäre in den dreißiger Jahren denkbar gewesen, als sich US-Schatzwechsel (Treasury Bills) mit weniger als einem Zehntel Prozent verzinsten. Und die These wäre auch für das heutige Japan nicht von der Hand zu weisen, wo die Zinssätze derzeit bei etwa einem Prozent liegen. (Ich bin in der Tat der Meinung, dass es der Bank von Japan auch jetzt noch gelingen kann, die Wirtschaft wieder flott zu machen, und halte ihre Passivität für sträflich. Das jedoch ist ein Thema für sich – siehe das Kapitel *Woran Japan krankt*). Dass in Amerika der Fall jedoch ganz anders liegt, wird dem Häuslebauer jeden Monat immer wieder klar, wenn er sich die Kontoauszüge seiner Kreditbank ansieht. Ohnehin ist diese ganze Argumentation rein akademischer Natur, weil all jene, die die Spartätigkeit für negativ halten, ja keineswegs der Meinung sind, die Fed sei eine ohnmächtige Einrichtung. Ganz im Gegenteil. Es handelt sich dabei meist um die gleichen Leute, die die Schuld für die schlechte Wirtschaftsentwicklung der letzten 25 Jahre allein bei der Fed suchen und meinen, wir könnten unsere Schwierigkeiten leicht meistern, bekämen wir von Alan Greenspan nur grünes Licht für ein höheres Wirtschaftswachstum.

Die Position dieser Leute stellt sich mir demnach wie folgt dar: Eine verstärkte Spartätigkeit bremst die Wirtschaft, weil die Fed angeblich außerstande ist, durch eine Senkung der Zinssätze die Investitionstätigkeit anzuregen. Andererseits fordern sie, die Fed solle durch Senkung der Zinssätze das Wachstum ankurbeln, weil niedrigere Zinssätze die Investitionstätigkeit anregen.

Übertreibe ich? Oder habe ich sogar noch etwas übersehen?

Die etwas anderen Gallier: Liberté, Egalité, Inanité

Fünfzehn Jahre ist es her (François Mitterrand war gerade Präsident geworden), als ich zum ersten Mal in Paris eine Konferenz besuchte. Die Einzelheiten der Tagung selbst sind mir nicht mehr präsent. Noch sehr gut erinnern kann ich mich freilich an das vorzügliche Essen und den erstklassigen Wein – es war der erste Parisbesuch meines Erwachsenenlebens. Und was mir ebenfalls im Gedächtnis blieb, ist eine Unterhaltung mit einem Berater der neuen Regierung während des gemeinsamen Essens (es gab *canard aux olives*). Er sprach über den französischen Plan, die Wirtschaft anzukurbeln – durch Steigerung der öffentlichen Ausgaben in Verbindung mit einer Anhebung der Löhne bei gleichzeitiger Wahrung eines starken Franc.

Für die anwesenden Amerikaner klang dieses Programm nicht gerade überzeugend, um es zurückhaltend auszudrücken. Das sei doch eher ein Rezept für Zahlungsbilanzprobleme, gaben wir zu bedenken (diese stellten sich ein paar Monate später auch prompt ein). »Das Schlimme bei euch Angelsachsen ist, dass ihr nichts als eure abstrakten Theorien im Kopf habt. Ihr müsst lernen, ein bisschen historischer zu denken.« Diesen Vorwurf wollten wir nicht auf uns sitzen lassen. »Gab es 1936 mit dem gescheiterten Programm von Léon Blum denn nicht schon einmal einen ähnlichen Plan?«, wandten wir ein. »Aber nein«, lautete die Antwort, »was wir machen, ist völlig beispiellos.«

Intellektueller Snobismus ist beileibe keine rein französische Erscheinung, so wenig wie intellektuelles Durcheinander. Und auch beides in Kombination trifft man in Frankreich nicht häufiger an als sonstwo. Wohl aber hat die politische Klasse Frankreichs ihre Eigenheiten, wenn es um Wirtschaft geht. In keinem anderen fortgeschrittenen Land ist die Elite so rasch geneigt, intensives Denken durch schöne Worte zu ersetzen und Lehren aus der Erfahrung dem Großmachtsdenken zu opfern.

Für einen angelsächsischen Ökonomen haben Frankreichs derzeitige Probleme absolut nichts Geheimnisvolles an sich. Französische Arbeitsplätze sind wie New Yorker Apartments: Diejenigen, die sie zur Verfügung stellen, müssen ungeheuer viele Vorschriften und Auflagen beachten, erlassen von einem Staat, der eifrig bestrebt ist, für das Wohl der Mieter respektive Arbeitsplatzinhaber zu sorgen. Ein französischer Arbeitgeber muss gute Löhne zahlen und für großzügige Sozialleistungen aufkommen; gleichzeitig ist es fast so schwer, dort einen Arbeitnehmer zu entlassen, wie in New York einen Mieter vor die Tür zu setzen. Die mieterfreundlichen New Yorker Gesetze sind für manche Leute natürlich eine wunderbare Sache; dafür haben es die neu Zugezogenen umso schwerer, eine Bleibe zu finden. Analog dazu hat die französische Arbeitsmarktpolitik zu wunderbaren Arbeitsplätzen geführt – man muss sie nur ergattern können. Genau dies aber gelingt vielen nicht, vor allem nicht den Jungen. Außerdem ist die Arbeitslosenunterstützung so großzügig bemessen, dass es viele erst gar nicht versuchen.

Zugegeben, manche Probleme sind leichter zu diagnostizieren als zu lösen. Wenn George Pataki nicht einmal die Mietpreisbindung aufzuheben vermag, wie können wir dann erwarten, dass Jacques Chirac die Eurosklerose beseitigt? Was bei Frankreich aber verwundert, ist die Tatsache, dass die völlig eindeutige Diagnose offenbar keinen interessiert. Im Gegenteil. Es scheint sogar einen wachsenden Konsens zu geben, dass Frankreich nicht weniger, sondern – jawohl! – noch mehr Regulierung braucht. Sozialistenchef Lionel Jospin, inzwischen Premierminister, will mit seiner Beschäftigungspolitik eine Arbeitszeitverringerung bei vollem

Lohnausgleich durchsetzen. Sogar Philippe Séguin, Chef der Konservativen und nach französischen Maßstäben ein Bilderstürmer, weil er es gewagt hat, das heilige Ziel der europäischen Währungsunion in Frage zu stellen, haut in diese Kerbe. War von ihm doch zu hören, eine Möglichkeit, neue Arbeitsplätze zu schaffen, könne darin bestehen, SB-Tankstellen zu verbieten.

Jenseits solcher und ähnlicher Haltungen stellt sich also die grundsätzliche Frage: Wo sieht die französische Elite eigentlich die Antwort auf die Probleme der Nation? Über ein Jahrzehnt lang haben ihre Mitglieder das Heil in der europäischen Idee gesucht – das heißt in einer gesamteuropäischen Wirtschaft (unter französischer Führung, versteht sich) mit einheitlichen Bestimmungen und einer gemeinsamen Währung. In einem solchen kontinentalen Markt, so die Hoffnung, könne Frankreich wieder zu einstiger Stärke finden.

Nun, ein gemeinsamer europäischer Markt ist im Prinzip eine recht gute Idee. Selbst für eine gemeinsame europäische Währung lassen sich gute Gründe vorbringen, allerdings gibt es auch genauso gute Gründe dagegen. (Mittlerweile hat sich eine ganze Industrie etabliert – »Eurologen« könnte man sie nennen –, die von der Erörterung dieser Frage lebt.) Doch wer nur auf die potenziellen Vorteile einer wirtschaftlichen Integration Europas setzt, läuft Gefahr, mit falschen Erwartungen an das Projekt heranzugehen. Das Problem Nummer eins der Franzosen ist die Arbeitslosigkeit, die derzeit bei fast 13 Prozent liegt – kein anderes Thema ist auch nur annähernd so wichtig. Und was immer der gemeinsame Markt und eine gemeinsame Währung zu leisten oder auch nicht zu leisten vermögen – mehr Arbeitsplätze kommen dabei mit ziemlicher Sicherheit nicht heraus. Betrachten wir es einmal so: Angenommen, mehrere Städte, in denen als Folge der Mietpreisbindung Wohnungsknappheit herrscht, vereinbaren miteinander, den wechselseitigen Hauserwerb städteübergreifend zu erleichtern. Nicht gerade schlecht, diese Idee. Mag sein, dass sogar eine kleine Steigerung des Wohnungsangebots dabei herauskommt. Doch im Kern wird diese Regelung das Problem mit Sicherheit nicht lösen können. Auf ganz ähnlicher Ebene aber bewegen sich all die großen Pläne für eine europäische Integration.

Man kann sogar behaupten, dass der Traum von der Einheit Europas die Dinge in der Praxis eher verschlechtert hat. Wer eine gemeinsame Währung will, so lehrt alle Erfahrung, hält sich am besten an die von Barry Eichengreen (Universität Berkeley) so genannte »Nike-Strategie«: Tu's einfach! Stattdessen aber beschlossen die europäischen Nationen eine Übergangsfrist von sieben Jahren, in der jedes einzelne Land einen ganzen Katalog von Kriterien zu erfüllen hat. Vor allem geht es dabei um den Abbau des Haushaltsdefizits bei gleichzeitiger Wahrung einer starken und stabilen Währung.

Gegen einen ausgeglichenen Haushalt ist freilich nicht das Geringste einzuwenden. Die europäischen Länder haben hier ohnehin deutlichen Nachholbedarf. Und wie die schöne amerikanische Erfahrung unter Bill Clinton gezeigt hat, ist es durchaus möglich, den Haushalt in Ordnung zu bringen und gleichzeitig auch die Zahl der Beschäftigten zu erhöhen. Dazu ist nichts weiter erforderlich, als die Zinssätze zu senken, damit der private Konsum wieder anzieht. Leider aber kann man die Zinssätze nicht senken, wenn man gleichzeitig verpflichtet ist, auf eine harte Währung zu achten! Auf diese Weise war durch den Maastrichter Vertrag (die Blaupause für die Europäische Währungsunion) bereits vorprogrammiert, dass die verlangte Haushaltskonsolidierung wohl Opfer verlangen, aber keinen Nutzen bringen würde. Genau beziffern lässt es sich nicht, doch dürfte Frankreichs Arbeitslosenquote ohne Maastricht vermutlich zwei bis drei Prozentpunkte unter dem jetzigen Niveau liegen.

Zwar hört man von französischen Politikern immer wieder recht vernünftige Dinge zum Thema Haushaltsdefizit. Niemand scheint jedoch willens zu sein, die Schuld dort zu suchen, wo sie liegt, nämlich beim Dogma der europäischen Integration. Sogar der bilderstürmerische Séguin erklärt, der Kampf gegen die Arbeitslosigkeit sei »untrennbar von der Realisierung des großen europäischen Entwurfs«. Doch schimpfen wir nicht auf die französischen Politiker! Ihre Fehlleistungen sind ja nichts weiter als das Spiegelbild der allgemeinen ökonomischen Debatte in einem Land, das die Schuld für seine Probleme überall sucht, nur nicht an den richtigen Stellen. Frankreich, so hört man von seinen Bestsellerautoren und Meinungsführern, sei ein Opfer der Globalisierung – dabei ignoriert man souverän die Tatsache, dass Frankreich es mit viel bürokratischem Geschick versteht, die Importe aus Niedriglohnländern auf einem Niveau zu halten, das weit unter dem der Vereinigten Staaten liegt (oder unter dem Großbritanniens, wo die Arbeitslosenquote inzwischen nur noch halb so hoch ist wie in Frankreich!). Frankreich, so hört man, sei das Opfer eines barbarischen, ungezügelten Kapitalismus – dabei ist es Frankreich, das von allen großen Industrienationen den umfangreichsten Staatssektor und den kleinsten Privatsektor aufweist. Frankreich, so hört man, sei das Opfer von Währungsspekulanten, deren Tun Präsident Chirac einmal mit dem Wüten des Aids-Virus verglich.

Falls sich die Franzosen weiterhin weigern, der Realität (wie alle anderen sie sehen) ins Auge zu blicken, könnte das letztlich genau jene europäischen Träume zerschlagen, aus denen sich die nationalen Fehlvorstellungen nähren. Nach dieser letzten Wahl ist klar, dass die Franzosen nicht zu strenger Haushaltsdisziplin gewillt sein werden. Stellt sich also die Frage: Werden die Deutschen unter diesen Umständen dennoch bereit sein, ihre geliebte Mark zu Gunsten einer Währung aufzugeben, bei der Frankreich ein großes Wörtchen mitzureden hat? Und klar ist auch, dass Frankreich von seiner Regulierungsneigung nicht so einfach ablassen wird, ja es steht sogar zu erwarten, dass die Franzosen versuchen werden, auch bei ihren stärker marktorientierten Nachbarn, insbesondere

Großbritannien, in dieser Richtung Einfluss zu nehmen. Den Nachbarn – ja sogar Tony Blair – wird das noch viel Anlass zum Nachdenken darüber geben, ob eine Europäische Union in dieser Form wirklich die richtige Option ist.

Doch sollte es tatsächlich so kommen, dass Chiracs politisches Debakel der Beginn eines viel größeren Desasters ist, nämlich des totalen Scheiterns der Vision von europäischer Größe, die Frankreich schon so lange beseelt, dann dürfte eines zumindest sicher sein: Die Franzosen werden schon jemanden finden, dem sie die Schuld dafür in die Schuhe schieben können.

TEIL 2

DIE IRRTÜMER DER RECHTEN

Einige meiner Freunde meinen, ich solle das rechte Lager mehr aufs Korn nehmen. Zwar sind die ökonomischen Denkfehler der Rechten auch nicht gravierender als die der Linken, doch muss man in der Tat sehen, dass Ideen, die den Vorurteilen und Interessen der Wohlhabenden genehm sind, zwangsläufig finanzstarke Unterstützung finden. »Supply-side economics«, die rein angebotsorientierte Wirtschaftspolitik, ist ganz offenkundig blanker Blödsinn – und trotzdem stellt sie schon seit siebzehn Jahren die offizielle Ideologie der Republikanischen Partei (der »Grand Old Party«, kurz »GOP«) dar.

Das Problem ist nur: Wie dagegenhalten? Die Angebotsorientierten predigen ja immerfort dieselbe Botschaft (»Steuern sind die Wurzel allen Übels!«), während die Gegner es aus verständlichen Gründen irgendwann satt haben, immer wieder erklären zu müssen, dass und warum das überhaupt nicht zutrifft. Nach meinen eigenen Erfahrungen verliert der systematische argumentative Widerstand nach einiger Zeit gewissermaßen an Energie. Danach muss man einfach andere Ansätze finden.

Zum Beispiel, indem man sich einmal die Frage stellt, warum eigentlich überhaupt jemand diesen ganzen Blödsinn glaubt. So entstand der erste Aufsatz dieses Teils, »Das Virus schlägt wieder zu«. Verfasst wurde er unmittelbar nach Bekanntgabe der Information, dass Bob Dole seine Präsidentschaftskandidatur (1996) auf einer angebotspolitischen Plattform fahren würde.

Eine weitere gute Möglichkeit, die »Supply-Sider« zu attackieren, bot sich im Sommer 1997, als sich selbst Konservative zu fragen begannen, wie der bemerkenswerte Wirtschaftsaufschwung mit den ein paar Jahre zuvor geäußerten düsteren Warnungen ihrer Ideologen zu vereinbaren war. Damals bat mich der neue für die Meinungskolumnen zuständige Redakteur des *Wall Street Journal* um einen Beitrag zu dem Thema, den ich auch lieferte. Keine Ahnung, was er wohl erwartet hatte. Oder besser: Was hatte ich eigentlich erwartet? Jedenfalls kam es prompt zu einer Intervention

Robert Bartleys, des Herausgebers des Blattes (und selbst Vertreter der Supply-Side-Fraktion). Bartley stoppte den Beitrag unter dem Vorwand, er sei »intellektuell unredlich«. Der Aufsatz erscheint also nun erstmals hier, und zwar unter dem Titel »Schlechte Zeiten für Angebotsideologen«.

Die Angebotsideologen sind immer dann am interessantesten (und sich selbst entlarvend), wenn sie mal gerade nicht über die wundersamen Wirkungen von Steuersenkungen sprechen. Es ist wirklich aufschlussreich, wenn sie zu den weniger in ihr Weltbild passenden Realitäten Stellung nehmen. Das dritte Kapitel dieses Teils (»Eine seltsame Kontroverse«) beleuchtet, wie der Chef der Mehrheitsfraktion des Repräsentantenhauses – ein ehemaliger Wirtschaftsprofessor – sich bei dem Versuch verbiegt, die völlig unbestreitbare Tatsache, dass die Einkommensungleichheiten in den letzten zwanzig Jahren in den USA drastisch zugenommen haben, zu leugnen. »Das verlorene Feigenblatt« befasst sich mit einem weiteren Element konservativer Mythologie – dem sturen Festhalten an einem gründlich falschen Bild davon, was mit den Steuergeldern eigentlich passiert. Das abschließende Kapitel dieses Teils behandelt die fast mystische Faszination, die der Goldstandard auf einige Konservative ausübt.

Das Virus schlägt wieder zu

In den ersten Tagen, nachdem Bob Dole, der Präsidentschaftskandidat der Republikaner, seinen extrem angebotsorientierten, auf das Wundermittel Steuersenkungen setzenden Wirtschaftsplan bekanntgegeben hatte, erschienen Hunderte von Artikeln, die der Öffentlichkeit zu erklären versuchten, warum so ein Plan gar nicht funktionieren kann. Und viele weitere Artikel befassten sich mit der Frage, warum Dole, von dem bekannt ist, dass er von solchen kruden Theorien und ihren Anhängern eigentlich überhaupt nichts hält, sich dennoch vor diesen Karren spannen ließ. Und nicht nur das, denn er machte gleich auch noch einen der prominentesten Angebotsideologen zu seinem Vize! All dem habe ich hier nichts hinzuzufügen. Ich denke aber, dass der Erfolg der Steuersenkungsfraktion, die es wieder einmal schaffte, sich in der Auseinandersetzung um die Plattform für den Präsidentschaftswahlkampf im republikanischen Lager durchzusetzen, nach einer ausführlicheren Erklärung verlangt. Warum eigentlich ist die Angebotsideologie nicht totzukriegen?

Es bedarf eigentlich keiner besonderen Erläuterung, dass die Supply-Side-Doktrin – die ja besagt, Steuersenkungen hätten so wundersam positive Auswirkungen auf die Wirtschaft, dass Ausgabenkürzungen (um die Mindereinnahmen auszugleichen) überhaupt nicht nötig seien – nicht deshalb immer noch so hoch im Kurs steht, weil sie sich in der Praxis bewährt hätte. Tatsächlich nämlich kennt die Wirtschaftsgeschichte nicht den geringsten positiven Beleg für dieses Konzept. Jeder unparteiische Ökonom vermag aus dem Stegreif zu erklären, was während der Reagan-Jahre wirklich geschah, und warum Reagans Bilanz sich eben nicht als Aushängeschild einer rigoros angebotsorientierten Politik benutzen lässt. Doch wie gesagt, wir müssen gar nicht ins Detail gehen. Im Grunde genügt es schon, sich die vernichtende Bilanz der Angebotsideologen als Prognostiker der Wirtschaftsentwicklung anzusehen. 1993, nachdem die Clinton-Administration höhere Steuern auf die oberen Einkommen durchgesetzt hatte, posaunten all jene, die Dole zu seiner Steuersenkungsstrategie überredet hatten, lauthals heraus, was dies in ihren Augen für die Wirtschaft bedeute. Newt Gingrich etwa sah eine schwere Rezession nahen. Im Magazin *Forbes* wurde dem Leser geraten, seine Aktien zu verkaufen, da ein Börsenkrach unausweichlich sei. Die Leitartikler des *Wall Street Journal* verkündeten selbstsicher, die Steuererhöhung werde das Haushaltsdefizit sogar noch nach oben treiben, statt es zu senken. Natürlich stellte sich die tatsächliche Entwicklung der folgenden Jahre völlig anders dar. In der Wirtschaft entstanden Millionen neuer Arbeitsplätze; der Aktienmarkt eilte fast täglich von Rekordhoch zu Rekordhoch; das Defizit schmolz dahin. Ich möchte damit nicht sagen, dass all dies Clintons Politik zu verdanken war – am Defizitabbau jedenfalls war sie nur zum Teil ursächlich beteiligt, und an den übrigen positiven Entwicklungen so gut wie gar nicht. Der entscheidende Punkt hier ist jedoch: Die Supply-Sider gaben sich so absolut sicher, dass Clintons Politik ins Verderben führen würde – was zweifellos der Fall gewesen wäre, hätte die Angebotsdoktrin auch nur einen Funken Wahrheit in sich.

Ich glaube auch nicht, dass die Angebotsideologie sich deshalb weiter verbreitet, weil ihre Anhänger meinen, es stecke gute Politik dahinter. Zwar gewann Ronald Reagan seinen Wahlkampf mit einer Supply-Side-Strategie; es lässt sich jedoch mit Fug und Recht behaupten, dass er so oder so gewonnen hätte, völlig unabhängig von seiner Plattform, und dass ihn die spöttelnden Kommentare wegen seiner »Quacksalberwirtschaftspolitik« eher Stimmen kosteten. Heute jedenfalls ist das Angebotsetikett ein klares Handicap. Selbst Anhänger einer solchen Politik meiden es inzwischen, so gut sie können. Die Republikanerführer Newt Gingrich und Dick Armey zum Beispiel taten 1994 alles, um die Wähler möglichst nicht merken zu lassen, wie sehr ihnen an Steuersenkungen gelegen war, wohl wissend, dass mit einem offen angebotsorientierten Wirtschaftsprogramm wenig Vertrauen zu gewinnen sein würde. Ja, es war sogar zu hören, dass selbst eingefleischte Republikaner – die zu den Architekten des so genannten »Contract with America« (des »Vertrags mit Amerika«, eines hauptsächlich auf die Haushaltsanierung zielenden, erzkonservativen 10-Punkte-Programms) zählen – einem Steuersenkungsversprechen im Wahljahr ablehnend gegenüberstanden. Warum also ist die Angebotsideologie dennoch nicht totzukriegen? Vermutlich wegen zwei zentraler Merkmale, die sie mit anderen Doktrinen gemein hat: Sie deckt sich mit den Vorurteilen und Vorlieben der Superreichen, und sie ist ein Zufluchtshafen für die intellektuell Schwachbrüstigen.

Die Unterstützung der Reichen wiegt nicht gering. Obwohl im Zentrum der politischen Debatte stehend, ruht die Wirtschaftsforschung auf einer äußerst bescheidenen finanziellen Basis. Die jährlichen Gesamtmittel der National Science Foundation für den Fachbereich Wirtschaftswissenschaft belaufen sich auf nicht einmal zwanzig Millionen Dollar. Dies bedeutet, dass bereits ein paar wenige reiche Spinner in der Lage sind, mit einem von ihnen unterhaltenen Netz von »Denkfabriken«, Forschungseinrichtungen, Stiftungen und so weiter kräftig mitzumischen und eine Wirtschaftsideologie ihrer Wahl salonfähig zu machen. (Irgendjemand sollte einmal die Rolle untersuchen, die zentrale Geldgeber wie die Coors Foundation oder die Olin Foundation im Zusammenhang mit dem Aufbau einer intellektuellen Fassade für den Konservatismus des ausgehenden 20. Jahrhunderts spielen!) Die Ökonomen, die sich für solche Einrichtungen hergeben, zählen freilich nicht gerade zu den besten und hellsten Köpfen des Landes. Der Guru der Angebotsideologen, Jude Wanniski, beschäftigt neuerdings sogar schon Anhänger Lyndon LaRouches*. Doch wer braucht schon brillante oder auch nur halbwegs kompetente Forscher, wenn man ohnehin schon alle Antworten kennt!

Die Anziehungskraft, die eine holzschnittartige Doktrin auf die geistig Unbedarften ausübt, sollte man ebenfalls nicht unterschätzen. Da Wirtschaftsbelange ja in so viele Lebensbereiche hineinspielen, hat jeder auch gern eine Meinung dazu. Doch die Ökonomie, die in den Lehrbüchern behandelt wird, ist eine anspruchsvolle Fachthematik, der sich viele nicht gewachsen fühlen. Da kommt es natürlich gut an, wenn versichert wird, die Schulökonomie sei sowieso völliger Blödsinn – alles, worauf es ankomme, seien ein paar simple Ideen, die jedermann begreifen könne! Nicht wenige Angebotsideologen haben sich daher ein Geschichtsbild zusammengezimmert, in dem John Maynard Keynes als Betrüger auftaucht, Paul Samuelson und sogar Milton Friedman zu Trotteln erklärt werden und die wahre Linie des ökonomischen Denkens von Adam Smith über einige obskure Österreicher der Jahrhundertwende direkt zu ihnen selbst verläuft.

Unter solchen Vorzeichen ist es natürlich vollkommen gleichgültig, ob die Angebotsdoktrin sich sinnvoll erklären lässt oder nicht, und genauso lässt es sich auch verschmerzen, wenn ihr die Wähler einmal den Laufpass geben. Denn was auch geschehen mag: Die Angebotsideologen haben in der Welt der Free Enterprise Institutes und Centers for the Study of Capitalism so oder so einen sicheren Hafen und durch Medien wie *Forbes* und *Wall*

* Lyndon H. LaRouche (geb. 1922), umstrittener amerikanischer Politiker, bewarb sich in den Jahren 1980 bis 1996 regelmäßig, aber erfolglos, um die Präsidentschaftskandidatur für die Demokratische Partei. 1976 Kandidat der U.S. Labor Party. 1988 wurde er wegen des Verdachts konspirativer Tätigkeiten rechtskräftig verurteilt. Seine verschwommenen politischen Ansichten lassen eher auf eine rechtsextreme Orientierung schließen.

Street Journal ein devotes Sprachrohr – und an Nachwuchs, der nicht müde wird, die alte Leier immer und immer wieder abzuspulen, fehlt es ja offenkundig auch nicht. Als ich noch jünger war, dachte ich, mit Spott und Ironie ließe sich der Farce bestimmt ein Ende machen. Inzwischen weiß ich, dass das ein Irrtum war. Wenigstens im Falle Doles behielten die Auguren einmal Recht, der Mann scheiterte mit seinem verzweifelten Plan. Doch während das für ihn das Ende bedeutete, werden die Angebotsideologen irgendwann bestimmt wieder zurückkehren.

Von dem Biologen Richard Dawkins stammt der Satz, Ideen verbreiteten sich von Gehirn zu Gehirn wie Viren von Wirt zu Wirt. Das ist eine gleichermaßen witzige wie zynische Sichtweise, impliziert sie doch, dass eine Idee weder wahr noch nützlich sein muss, um erfolgreich zu sein – solange sie eben das hat, was es zur Weiterverbreitung braucht. (Eine religiöse Doktrin, die ihren Anhängern Märtyrertum abverlangt, mag zwar absurd und für die Anhänger tödlich sein, lebt aber trotzdem, solange es Märtyrer gibt, die in anderen das Feuer wachhalten.) Die Angebotsideologie hat daher durchaus etwas von einem afrikanischen Virus, welches man in den besiedelten Gebieten schon hundert Mal ausgerottet hat, das aber draußen im Busch nach wie vor auf neue Opfer lauert. Ich hatte Bob Dole, dem scharfsinnigen Mann von Welt, eigentlich mehr Immunität zugetraut als vielen anderen. Doch schlechte Umfrageergebnisse machten ihn anfällig. Er wird sich nie mehr davon erholen.

Schlechte Zeiten für Angebotsideologen

Die Chuzpe, mit der sie auftreten, ringt einem mitunter fast Bewunderung ab. Nehmen wir nur Paul Craig Roberts, den Altideologen des Supply-Side-Lagers. Roberts behauptete kürzlich in *Business Week* ganz unverfroren, der Aufschwung der amerikanischen Wirtschaft unter Bill Clinton sei ein Beweis für die Richtigkeit der – Sie ahnen es – angebotsorientierten Wirtschaftspolitik. Derselbe Roberts hatte 1993 im Schulterschluss mit anderen Vertretern seines Lagers der Clintonschen Wirtschaftspolitik freilich ganz anderes prognostiziert: »ein höheres Defizit, höhere Arbeitslosigkeit, steigende Inflation und eine Währungskrise obendrein«. Der derzeitige Stand der Dinge hingegen lautet: Ein Dow nahe 8000 Punkten, niedrigste Arbeitslosigkeit seit 25 Jahren, niedrigstes Haushaltsdefizit seit der Zeit, als Reagan antrat (nota bene!). Andere hätten angesichts dieser Tatsachen lieber den Mund gehalten oder das Thema gewechselt. Nicht so Roberts.

Allerdings muss man fragen: Welche Wahl hatte er denn? Der übliche (und durchaus zutreffende) Einwand gegen den Triumphalismus der Clinton-Anhänger lautet, dass Clinton über eine florierende Wirtschaft präsidiert, für die er wenig kann. Denn der Erfolg hat zwei andere Väter: zum kleineren Teil den Fed-Präsidenten Alan Greenspan, zum größeren Teil die Robustheit und Flexibilität des privaten Sektors der US-Wirtschaft. Freilich verbietet sich ein solcher Hinweis den Angebotsideologen von selbst. Denn wenn sie einräumen würden, dass ein sechsjähriges inflationsfreies Wachstum in den Neunzigern nur wenig oder nichts mit der Clinton-Politik zu tun hat, ließe sich schwerlich die Schlussfolgerung umgehen, dass auch die siebenjährige Expansion der Achtziger möglicherweise genauso wenig mit Reagans Wirtschaftspolitik zu tun hatte. Leider aber ist die »Reaganomics«-Legende das Einzige, was den Angebotsideologen noch geblieben ist, und auch sie verliert ihre Anziehungskraft immer mehr. Reagans »morning in America« (Aufbruch in Amerika) ist nur noch fernes Geläut, da uns die Hypothek, die der Mann hinterlassen hat, jeden Tag schwer auf die Schultern drückt.

Worum geht es bei »supply-side economics«, der rein angebotsorientierten Wirtschaftspolitik amerikanischen Zuschnitts, eigentlich? Nun, im Zentrum steht eben nicht – wie viele Apologeten behaupten – die These, die Angebotsseite sei *auch* ein wichtiger und zu beachtender Faktor. Es dürfte sich so leicht kein Ökonom finden, der dem nicht zustimmen würde. Gleiches gilt für die Auffassung, dass hohe Spitzensteuersätze für das Wirtschaftswachstum Gift sein können – auch damit rennt man also offene Türen ein. Um ein Beispiel zu nennen: Lawrence Summers (inzwischen US-Finanzminister – der Übers.) befasste sich in seinen Forschungsarbeiten intensiv mit den Auswirkungen von Steuern auf Spartätigkeit, Investitionen und Wirtschaftswachstum. Niemand aber wird Summers einen »Supply-Sider« nennen wollen – weil für ihn nämlich auch andere Aspekte wichtig sind.

Was also »supply-side economics« ausmacht, ist weniger das, wofür sie steht, sondern das, was sie ausschließt. Die Vertreter dieses Lagers behaupten einfach, dass *nur* die Angebotsseite von Belang sei. Wer Verstand hat, dem müsste eigentlich auffallen, dass eine Rezession möglicherweise etwas mit fehlender Nachfrage zu tun hat und dass die Fed mit einer Zinssenkung den Anstoß zu einer Erholung geben kann. Die Angebotsideologen sehen das anders – jedenfalls, wenn sie sich treu bleiben (obwohl sie mitunter auch nicht zögern, der Fed die Schuld in die Schuhe zu schieben, wenn die Dinge schlecht laufen!). Und noch einen Trugschluss leisten sich diese Herrschaften. Sie behaupten nämlich nicht nur, dass Steuern sich negativ auf das Wirtschaftswachstum auswirken, sondern dass praktisch alles Negative in der Wirtschaft auf Steuern beziehungsweise Steuererhöhungen zurückzuführen sei, während umgekehrt natürlich alles Positive von Steuersenkungen herrühre. In konkrete Politik umgesetzt heißt das für die Vertreter dieses Lagers: Steuersenkungen sind immer eine gute Idee – ganz unabhängig von der Wirtschafts- und Haushaltslage.

Wenn es doch nur so einfach wäre! All die Jahre freilich hatten die Angebotsideologen ihr Alibi parat: Alle Kritiker fertigten sie mit ihrem Standardhinweis auf die Reaganschen Steuersenkungen ab. Diese hätten ja bewiesen, so ihre Behauptung, wie richtig die Supply-Side-Position und wie falsch die herkömmliche Wirtschaftspolitik sei.

Leider war auch diese These schon immer unehrlich, denn die Entwicklung der achtziger Jahre folgte tatsächlich einem völlig konventionellen Drehbuch. Sehen wir uns doch zum Beispiel das Desinflationsszenario, das in dem gängigen Standardlehrbuch zur Makroökonomik der Schulökonomen Rudiger Dornbusch und Stanley Fischer beschrieben ist, einmal etwas genauer an: Es zeigt einen anfänglich gravierenden Anstieg der Arbeitslosenquote, gefolgt von einer ausgedehnten Wachstumsperiode, in der sowohl Inflation als auch Arbeitslosigkeit zurückgehen. Dieses Szenario hat also ziemlich viel Ähnlichkeit mit dem, was sich in der US-Wirtschaft zwischen 1979 und 1990 abspielte. Doch erstens haben die meisten Leute ohnehin nur eine sehr vage Vorstellung von der akademischen Wirtschaftstheorie, und zweitens lässt sich der vordergründige Erfolg eben schwer relativieren. Dies erklärt, weshalb die Angebotsideologen mit ihren Irrthesen lange Zeit ungeschoren davonkamen, sowohl was die Interpretation der achtziger Jahre als auch ihre wirtschaftstheoretische Position allgemein angeht.

Wer aber nach den Erfahrungen der letzten Jahre nicht sieht

und zugibt, dass die Supply-Side-Ideologie ein- für allemal erledigt ist, dessen Erinnerungsvermögen muss arg gelitten haben. Die Angebotsideologen haben sich leider auf einen Ast hinausgewagt, der nun krachend abgebrochen ist. Doch lassen wir die Politik für einen Moment beiseite und nehmen wir an, wir hätten unser eigenes Geld so angelegt, wie Newt Gingrich es vor vier Jahren empfahl oder wie das Magazin *Forbes* riet (wovor ich allerdings in dieser Online-Kolumne damals schon gewarnt habe). Sie hätten demnach Ihre gesamten Aktienbestände verkauft und Ihr Geld wahrscheinlich in Gold angelegt. Wären die Angebotsideologen Fondsmanager, hätte man sie nicht nur in hohem Bogen gefeuert, sondern zudem wegen Pflichtverletzung auf Schadenersatz verklagt.

Man muss schon den Marxismus bemühen, um ein Beispiel für ein Prognosefiasko ähnlichen Ausmaßes zu finden. Schlechte Prognosen sind in der Wirtschaftswissenschaft an sich ja nichts Ungewöhnliches. Doch es ist eine Sache, etwas wirklich Unerwartetes nicht vorhergesehen zu haben. Die wenigsten Ökonomen rechneten zum Beispiel mit der Stagflation der siebziger Jahre – kein Mensch dachte an so etwas. Ganz anders verhält es sich hingegen damit, eine entschlossene, tief in der eigenen Ideologie verwurzelte Prognose abzugeben, die auch noch völlig im Gegensatz zu den Aussagen der Schulökonomie steht, und dabei denunziatorisch auf alle einzudreschen, die abweichender Meinung sind – um hinterher leider feststellen zu müssen, dass die anderen Recht haben, man selbst aber voll daneben liegt. Man sollte eigentlich annehmen dürfen, dass solche Prognostiker ihren Kredit ein- für allemal verspielt haben. Noch einmal: Die Angebotsideologen behaupteten, Clintons Steuererhöhungen würden zu einem Desaster führen; die Schulökonomen bestritten dies. Wir wissen inzwischen, wer Recht hatte.

Doch leider dürfen wir nicht davon ausgehen, dass sich die Angebotsideologie damit wie eine Rauchwolke verzieht. Ökonomische Irrlehren sind zählebig – im günstigsten Falle siechen sie langsam dahin. Schon aus psychologischen Gründen können wir nicht erwarten, dass jemand, dessen Karriere und Selbstbild auf der Identifikation mit einer bestimmten Doktrin beruhen, plötzlich alles aufgibt, nur weil seine Ideologie von aktuellen Ereignissen widerlegt wurde. Außerdem muss man sehen, dass eine Ideologie, deren politisches Rezept hauptsächlich darin besteht, die Steuerlast der Reichen zu senken, sich als doppelt standfest erweist – sichert sie ihren Apologeten doch das tägliche Brot auf dem Tisch. Mit den Angebotsideologen werden wir also wohl oder übel noch eine ganze Weile leben müssen.

Möglicherweise ist die spektakuläre Bauchlandung dieser Ideologen mit dafür verantwortlich, dass ihre Aussagen inzwischen noch aberwitziger klingen als je zuvor. Jack Kemp, auch ein GOP-Rechtsaußen, ist so ein Beispiel. Er behauptete (in einer Diskussion mit Al Gore) tatsächlich, er könne das Wirtschaftsvolumen binnen fünfzehn Jahren verdoppeln. Konkret hieße das: fünfzehn Jahre lang 5 Prozent Wachstum jährlich, ausgehend von nahezu Vollbeschäftigung. In seinen Augen muss Ronald Reagan, dessen Amtszeit mit einer wohlgemerkt zweistelligen Arbeitslosenquote begann und der trotzdem sieben Jahre lang nicht mehr als knapp 4 Prozent Wachstum schaffte, also wohl ein ökonomischer Versager sein. Noch absurder hört sich Jude Wanniski an, einer der geistigen Urheber der Angebotsdoktrin und Kemp-Intimus: Er behauptet, die Reichen seien entgegen allem Anschein sogar ärmer geworden. Denn die Aktienkurse lägen heute noch immer unter ihrem Stand von vor dreißig Jahren – wenn man sie in Gold misst!

Wir sollten freilich nie überrascht sein, aus Prominentenmund ökonomischen Unfug zu vernehmen. Denn wie die Geschichte der Wirtschaftsdoktrinen lehrt, verhält sich der Einfluss einer Idee mitnichten proportional zu ihrer Richtigkeit beziehungsweise Qualität. Selbst die dümmsten und wirklichkeitsfernsten Ideologien hatten und haben ihre treue Anhängerschaft, manchmal sogar bis hinauf in die Korridore der Macht. Die Angebotsideologie ist hierfür ein schlagendes Beispiel. So kometenhaft ihr politischer Aufstieg, so falsch und ohne Sinn war sie von Anfang an. Nach der für alle Welt ersichtlichen Bauchlandung mögen sich einige Vertreter dieses Lagers nun zwar noch ganz besonders blamieren. Wir sollten daraus aber nicht schließen, sie hätten plötzlich den Verstand verloren. Man kann ja nur verlieren, was man hat.

Eine seltsame Kontroverse

In den Augen eines naiven Lesers dürfte Edward N. Wolffs Buch *Top Heavy: A Study of the Increasing Inequality of Wealth in America* eher wenig Zündstoff enthalten. Denn Wolff, Wirtschaftsprofessor an der New York University, gibt darin zunächst eine ziemlich trockene und nüchterne Übersicht über die Entwicklungen in der Vermögensverteilung, gefolgt von einem moderat vorgetragenen Vorschlag für eine bescheidene Vermögensteuer. Zwar hat Wolff eine in fachlicher Hinsicht sehr lobenswerte Arbeit vorgelegt, indem er Daten aus unterschiedlichen Quellen zusammentrug, um das Bild zu vervollständigen – insbesondere gibt sein Buch Aufschluss über die langfristigen Entwicklungen und bemüht sich zudem um internationale Vergleiche. Im Grunde aber enthüllt er wenig Neues. Denn in groben Zügen ist die skizzierte Situation den Ökonomen seit mindestens fünf Jahren bekannt und außerdem völlig unumstritten.

Trotzdem hagelte es von Seiten der Konservativen unglaublich viel Kritik, von wütenden Kommentaren im *Wall Street Journal* bis zu feindseligen Buchbesprechungen. Man muss sich also fragen, warum ein so harmloses Bändchen solche Wutausbrüche auszulösen vermag.

Die Antwort lautet, dass die Konservativen bei diesem Thema in der Regel zu keiner rationalen Diskussion fähig sind. Man braucht nur eine nüchterne Feststellung zu treffen – etwa dass auf die oberen 20 Prozent der US-Haushalte 85 Prozent des marktgängigen

Vermögens entfallen –, und schon wehren sich die Konservativen mit dem Hinweis, dass man es anders ausdrücken müsse: »20 Prozent der US-Haushalte *erzeugten* 85 Prozent des Vermögens«. Und ermittelt man die langfristigen Trends der Einkommensverteilung anhand der gängigen, völlig apolitischen Methode, bei der die Einkommen jeweils in derselben Phase aufeinander folgender Konjunkturzyklen – zum Beispiel 1973 und 1989 – miteinander verglichen werden, folgt prompt die Beschuldigung, man vermische hier die Reagan-Bilanz unverschämterweise mit den Carter-Jahren.

Die Konservativen haben zwar Unrecht, was ihre Sicht der Vermögensverteilung angeht, aber Irrationalisten sind sie deshalb nicht. Vielmehr steckt Methode und politischer Zweck hinter ihren wütenden Reaktionen – eine wilde Entschlossenheit nämlich, die Fakten einfach zu leugnen. Ein drastisches Beispiel hierfür ist *The Freedom Revolution*, das neue Buch von Richard Armey, dem Führer der republikanischen Mehrheitsfraktion im Repräsentantenhaus. Auf einen simplen Nenner gebracht: Die Konservativen wollen einfach nicht, dass die Öffentlichkeit zu viel erfährt, weil sie nicht zu Unrecht fürchten, dies könnte ihnen politisch schaden.

Die Bedeutung von Wolffs Buch lässt sich an einer einfachen Parabel aufzeigen. Stellen wir uns zwei Gesellschaften vor. In der einen verdienen sich die Leute mit normaler Arbeit, etwa als Fischer, ihren Lebensunterhalt. Wieviel der Einzelne im Verlaufe eines Jahres verdient, hängt weitgehend von Können und Anstrengung ab. Die Einkommen sind in einer solchen Gesellschaft zwar keineswegs gleich – nicht alle können gleich gut fischen, und nicht alle strengen sich gleichermaßen an –, doch die Einkommensdifferenzen werden nicht allzu groß sein. Vor allem aber wird das allgemeine Gefühl vorherrschen, dass diejenigen, die viele Fische fangen, ihren Lohn auch verdienen.

In der anderen Gesellschaft stellt Goldschürfen die Haupteinkommensquelle dar. Einige wenige stoßen auf große Hauptadern und werden reich. Andere finden kleinere Goldvorkommen, doch die Mehrzahl der Goldgräber wird für ein paar Brosamen hart schuften müssen. Ergebnis ist eine sehr ungleiche Einkommensverteilung. In gewisser Weise werden zwar auch hier Können und Anstrengung eine Rolle spielen – wer einen guten Blick für das Gold hat oder länger und intensiver schürft, wird dementsprechend mehr verdienen als andere. Doch in dieser Gesellschaft wird es trotzdem viele fähige und fleißige Goldgräber geben, die es nie zu Wohlstand bringen, während einige wenige immens reich werden.

Es steht außer Frage, dass die große Mehrheit der Amerikaner – und seien sie noch so konservativ – instinktiv spürt, dass dieses zweite Gesellschaftsmodell die schlechtere Variante darstellt. Und trotzdem kann kein Zweifel daran bestehen, dass das heutige Amerika nicht der menschenfreundlichen Gesellschaft von Fischern, sondern vielmehr der harten, mitleidlosen Gesellschaft der Goldgräber gleicht, weit stärker, als dies noch vor einer Generation der Fall war. Die Fakten sind erdrückend und stammen aus einer Vielzahl von Quellen. Dazu zählen zum Beispiel staatliche Stellen wie das Statistische Bundesamt (Bureau of the Census) oder der von *Fortune* veröffentlichte Jahresspiegel der Bezüge von Führungskräften. Im Übrigen braucht man nur mit offenen Augen durch die Welt zu laufen, um zu sehen, was Sache ist. Der Schriftsteller Tom Wolfe zum Beispiel ist weder Ökonom noch Liberaler, aber ein genauer Beobachter. In seinem Buch *The Bonfire of the Vanities* (*Fegefeuer der Eitelkeiten*) zeigt er deutlich, was sich seit einiger Zeit in der amerikanischen Gesellschaft abspielt.

Ein grobes (und ziemlich zutreffendes) Bild dieser Entwicklung sieht so aus: Der Lebensstandard der ärmsten 10 Prozent aller US-Familien ist heute beträchtlich niedriger als noch vor einer Generation. Mittelklassefamilien geht es im günstigsten Fall ein wenig besser. Allein die wohlhabendsten 20 Prozent der Amerikaner haben in etwa Einkommenszuwächse zu verzeichnen, wie sie zwischen den vierziger und frühen siebziger Jahren allgemein die Regel waren. Gleichzeitig haben sich die Spitzeneinkommen drastisch erhöht, wobei sich die Realeinkommen des obersten Prozents praktisch verdoppelten.

Diese zunehmenden Ungleichheiten werden häufig mit einer steigenden Bedeutung der Ausbildung in Verbindung gebracht. Doch während es zutrifft, dass Universitätsabsolventen im Durchschnitt finanziell besser abschnitten als andere, nahmen vor allem die Unterschiede innerhalb der Gruppen mit vergleichbarem Bildungsniveau zu. High-School-Lehrer zum Beispiel haben zwar eine bessere Einkommensentwicklung zu verzeichnen als Pförtner, doch ihr Abstand zu den Führungskräften der Wirtschaft hat sich gewaltig vergrößert – ungeachtet der Tatsache, dass beide Gruppen ein vergleichbares Bildungsniveau besitzen.

Zudem lässt sich die wachsende Ungleichheit nicht einfach an der relativen Entwicklung einer bestimmten Gruppe – etwa der Universitätsabsolventen oder der oberen 20 Prozent – festmachen. Denn die oberen 5 Prozent zum Beispiel haben mehr profitiert als die nachfolgenden 15 Prozent, das oberste Prozent mehr als die nachfolgenden 4 Prozent, die oberen 0,25 Prozent mehr als die folgenden 0,75 Prozent – und so weiter, bis hinauf zu Bill Gates. Der wesentliche Beitrag von Wolffs Buch besteht genau darin, nachdrücklich zu belegen, dass ein Großteil der Verschiebungen, die zur weiten Öffnung der Einkommensschere geführt haben, ganz oben stattfanden, das heißt in der Gruppe der Superreichen!

Wolff konzentriert sich allerdings mehr auf den Parameter »Reichtum« als auf das Kriterium »Einkommen« – also auf Vermögenswerte statt Cashflow. Dies hat gegenüber dem Jahreseinkommen einige Vorteile als Indikator für die wirtschaftliche Stellung eines Haushaltes, vor allem bei den Reichen. Denn jemand mit sehr hohem Einkommen mag gerade ein ungewöhnlich gutes Jahr haben, während es hingegen schon vorgekommen sein soll, dass Superreiche abschreibungsbedingt ein negatives Jahreseinkommen ausweisen. In beiden Fällen sind die Vermögenswerte im Hinblick auf die tatsächliche wirtschaftliche Position also viel aussagekräftiger. Ein noch wichtigerer Punkt kommt jedoch hinzu. Die Vermögenswerte sind, was die sehr Reichen angeht, einfach auch deshalb ein besserer Entwicklungsindikator als das Einkommen, weil sie so stark konzentriert sind: 1989 entfielen auf das oberste Prozent der Haushalte 39 Prozent des gesamten US-Vermögens, während derselben Gruppe »nur« 16 Prozent der Einkommen zuflossen.

Eine in Wolffs Buch besonders bemerkenswerte Statistik sollte eigentlich einer noch immer weit verbreiteten Tendenz endgültig den Garaus machen, derzufolge man die wachsende Ungleichheit in Amerika gern an der Entwicklung bei den oberen 20 Prozent – beziehungsweise den Universitätsabsolventen – festmacht. Zwischen 1983 und 1989 nahm zwar der Vermögensanteil des oberen Fünftels der Haushalte deutlich zu; gleichzeitig aber fiel der Anteil der Prozente 80 bis 99. Anders ausgedrückt: Wenn wir feststellen, Amerikas Reiche seien reicher geworden, meinen wir mit den »Reichen« nicht die Yuppies in den Vorstädten, sondern die echten Plutokraten (Geldaristokraten).

Konservative Leser werden mir inzwischen schon nicht mehr folgen, weil sie das Buch längst in blinder Wut in die Ecke gefeuert haben. Schade, denn ich komme ja erst zu einem ganz entscheidenden Punkt, was Wolffs Statistiken angeht: *Sie enthalten nämlich keinerlei Schuldzuweisung!* Die Aussage, dass Amerika 1989 eine viel ungleichere Gesellschaft war als 1973, ist eine reine Tatsachenfeststellung und kein Angriff auf Ronald Reagan. Kommen wir noch einmal auf unsere Parabel von den Fischern und den Goldgräbern zurück: Die größere Ungleichheit bei den Goldgräbern rührt nicht von einer schlechteren Führung her, sondern einfach daher, dass die Rahmenbedingungen unterschiedlich sind. Und eine Änderung dieser Bedingungen – im Bereich der Weltmärkte, der Technologien und so weiter – könnte auch eine Mittelklassegesellschaft von Fischern in eine extrem ungleiche Gesellschaft verwandeln, ohne dass hierbei zwangsläufig ein vorsätzlicher politischer Wille eine Rolle spielen muss.

Mit ziemlicher Sicherheit erklärt sich die Entwicklung in den USA ganz ähnlich. Nicht Ronald Reagan hat mit starker Hand dafür gesorgt, dass die Einkommen der Reichen stiegen und die der Armen fielen. Natürlich stimmt es, dass er ganz oben die Steuern senkte und ganz unten Sozialprogramme zusammenstrich. Doch die größten Ungleichheitsentwicklungen fanden im Markt statt – bei den Haushaltseinkommen vor Steuern. (Zwar herrscht viel Uneinigkeit über die Ursachen in den Märkten, doch mit Sicherheit spielten der Technologiewandel und die Veränderungen im Welthandel eine zentrale Rolle.) Zudem ist festzustellen, dass die Wurzeln der Ungleichheitsentwicklung bis in die siebziger Jahre (die Zeit von Nixon, Ford und Carter) zurückreichen, und auch in den neunziger Jahren – unter Bill Clinton – wurde dieser Trend keineswegs gestoppt. Ähnliche Entwicklungen, wiewohl weniger dramatisch, sind auch in anderen Ländern zu beobachten.

Dessen ungeachtet ist die Einkommensverteilung ein politisiertes Thema. Der Grund liegt auf der Hand: Das Ausmaß der Ungleichheit ist direkt politikrelevant. In der Fischergesellschaft zum Beispiel dürfte gelten, dass nur Erwerbsunfähige, Witwen, Waisen und so weiter öffentliche Unterstützung verdienen. In der durch sehr große Ungleichheit geprägten Goldschürferwelt jedoch kann man sich leicht einen breiten öffentlichen Konsens dahingehend vorstellen, dass jene, die das Glück hatten, auf Goldadern zu stoßen, ihren Reichtum mit den Erfolglosen wenigstens partiell teilen sollten. Jedenfalls ist es kaum denkbar, dass ein solches Umverteilungsprogramm *nicht* populär wäre – einmal angenommen, die Öffentlichkeit weiß Bescheid!

Genau vor diesem Hintergrund – dass eine Umverteilungspolitik breite öffentliche Unterstützung fände, wenn die Menschen die wahren Verhältnisse kennen würden – muss Armeys Buch *The Freedom Revolution* gesehen werden. Es ist, um es mild auszudrücken, weder ein sorgfältig geschriebenes noch ein subtil argumentierendes Buch. Vielmehr besteht es im Wesentlichen aus den sattsam bekannten konservativen Platituden und stützt sich auf ein paar unbewiesene Behauptungen. Doch so schwach sein Inhalt, so aufschlussreich ist das Buch in einer bestimmten Hinsicht – zeigt es doch, was im Kopf des konservativen Führers vorgeht. Armey, ein ehemaliger Wirtschaftsprofessor, hätte ja zum Beispiel genauso gut die These vertreten können, dass eine zunehmende Ungleichheit ganz unvermeidbar sei und folglich auch nicht bekämpft werden sollte. Tatsächlich aber setzt er auf die absurde Behauptung, es sei ja gar nichts passiert, Amerika sei vielmehr *tatsächlich noch immer* eine Mittelschichtgesellschaft nach dem Modell der Fischer.

Zunächst einmal bestreitet Armey, dass die achtziger Jahre eine Periode gewesen seien, in der die Reichen reicher und die Armen ärmer wurden. »Die Statistiker«, schreibt er, »untergliedern unsere Gesellschaft in fünf Einkommensgruppen, so genannte Quintile (Fünftel). Diese legten in den achtziger Jahren beim durchschnittlichen Realeinkommen wie folgt zu:

Unterstes Quintil:	plus 12,2 Prozent
Zweitunterstes Quintil:	plus 10,1 Prozent
Mittleres Quintil:	plus 10,7 Prozent
Zweithöchstes Quintil:	plus 11,6 Prozent
Oberstes Quintil:	plus 18,8 Prozent.«

Die von ihm benutzte, doch nicht genannte Informationsquelle ist der *Current Population Report* des Bureau of the Census (Statistisches Bundesamt). Dies zu wissen ist wichtig, denn überprüft man die Daten, stellt man fest, dass Armey ein bisschen gemogelt, das heißt, die Datenbestände in seinem Sinne manipuliert hat. Denn die zitierten Zahlen beziehen sich nicht auf die gesamten achtziger Jahre, sondern nur auf den Zeitraum 1983 bis 1989. Unmittelbar voraus ging aber eine heftige Rezession – die heftigste seit der Weltwirtschaftskrise Ende der zwanziger Jahre –, unter der die Armen weit mehr litten als die Reichen. Dies macht die folgende Tabelle klar, in deren mittlerer Spalte die prozentualen Veränderungen im Rezessionszeitraum 1979 bis 1983 ausgewiesen sind.

Prozentuale Einkommensänderungen nach Einkommensgruppe, Zeiträume 1979-1983 und 1973-1989

Einkommensgruppe	1979-1983	1973-1989
Unterstes Quintil	-14,2	-3,6
Zweitunterstes Quintil	-8,1	3,1
Mittleres Quintil	-6,2	9,0
Zweithöchstes Quintil	-2,9	14,8
Oberstes Quintil	-1,4	26,0

Die Konservativen behaupten natürlich: »Die Rezession war Carters Schuld, der Aufschwung ist Reagan zu danken.« Doch lassen wir die Politik für einen Moment beiseite und nehmen wir eine simple Tatsache zur Kenntnis: Am Ende des Booms der Jahre 1983 bis 1989 war das unterste Quintil noch immer schlechter gestellt als im Jahr 1979, während die wirklich großen Zugewinne im Verlaufe der achtziger Jahre an das oberste Fünftel fielen. In der längerfristigen Perspektive – siehe rechte Spalte der Tabelle (gemessen ab der Spitze des Konjunkturzyklus im Jahre 1973) – ergibt sich unwiderlegbar das Bild einer gewaltig zunehmenden Ungleichheit. Und allein anhand dieser Daten lässt sich bereits richtig vermuten, dass sich dieses Muster in das oberste Quintil hinein fortsetzte, dass also die oberen 5 Prozent und vor allem das Spitzenprozent noch ungleich stärker profitierten.

Als Armey (mit seinem Fachhintergrund!) die zitierte Passage schrieb, muss er also die gleichen Tabellen vor sich liegen gehabt haben wie ich. Folglich muss ihm klar gewesen sein, dass er streng genommen lügt, wenn er seine Daten auf »die achtziger Jahre« bezieht. Und es konnte ihm auch nicht entgangen sein, dass selbst am Ende der von ihm so sorgsam ausgewählten Betrachtungsperiode die Einkommensdifferenzen sehr viel ausgeprägter waren als noch in den siebziger Jahren. Mit anderen Worten: Diese Buchpassage ist ein bewusster Versuch, den Leser irrezuführen.

Doch damit nicht genug. Armey zitiert eine Studie, derzufolge Amerika von einer sehr starken Einkommensmobilität geprägt ist. Die Botschaft, die er damit an den Mann oder die Frau bringen möchte, ist einfach: Mach dir nichts daraus, dass die einen Gold finden und die anderen nicht – schon bald kannst auch du zu den Gewinnern zählen! Er bemüht Zahlen etwa der Art, dass nicht einmal mehr 15 Prozent jener »Mitbürger«, die sich 1979 im untersten Fünftel befanden, 1988 noch immer dort zu finden gewesen seien. Woraus er flugs folgert, es sei wahrscheinlicher, dass jemand vom untersten ins obere Quintil gelange, als dass er im unteren Quintil verbleibe. Auch hier wieder gibt er keine Quellen an. Aber wir wissen ja, wo diese Zahlen herstammen: aus einer 1992 von der Bush-Administration herausgegebenen, flickschustrig-tendenziösen Studie, die nichts als Gelächter hervorrief und für die sich die Autoren heute schämen.

Der Hintergrund ist folgender: Die der Studie zugrunde liegende Untersuchungspopulation besteht aus Personen, die im Zeitraum 1979 bis 1988 in sämtlichen Jahren Einkommensteuer zahlten. Da dies jedoch nur auf etwa die Hälfte der Erwerbsbevölkerung tatsächlich zutrifft, war die Studie von vornherein tendenziös angelegt, da ja nur die relativ Erfolgreichen berücksichtigt wurden. Diese gut Verdienenden wurden anschließend jedoch mit der *Gesamtbevölkerung* gleichgesetzt. Auf diese Weise kam die Studie also zu dem Ergebnis, dass sich 1979 28 Prozent der Untersuchungspopulation im untersten Quintil der Gesamtpopulation befanden, 1988 jedoch nur noch 7 Prozent.

Dies bedeute, so Armey, dass jemand im untersten Quintil mit größerer Wahrscheinlichkeit ins oberste Quintil gelange, als dass er im untersten Fünftel verbleibe. In Wahrheit ist das natürlich eine vollkommen haltlose Aussage. Denn die Erfolgreichsten der Untersuchungspopulation, die es von ganz unten nach ganz oben schafften, waren 1979 im Durchschnitt nur 22 Jahre alt. »Das ist alles andere als die klassische Einkommensmobilität«, stellte Kevin Murphy von der University of Chicago damals auch sofort kritisch fest. »Was wir hier vor uns haben, ist der Student, der anfänglich noch im Buchladen an der Ecke jobbt und erst später dann, Anfang dreißig, richtig im Beruf steht.«

In Wirklichkeit nämlich sind Bewegungen vom untersten ins oberste Quintil äußerst selten. Typischerweise finden sich nur etwa 3 Prozent der Haushalte des untersten Fünftels zehn Jahre später unter den oberen 20 Prozent wieder. Ungefähr die Hälfte befindet sich hingegen noch immer im untersten Quintil. Und auch jene 3 Prozent, die es geschafft haben, sind nicht unbedingt Erfolgsgeschichten der Sorte »Vom Tellerwäscher zum Millionär« (so genannte »Horatio Alger Stories«*) . Denn im obersten Quintil der Bessergestellten tummelt sich alles ab 60 000 Dollar Jahreseinkommen aufwärts – also vom Bezirksdirektor bis zu Warren Buffett.

Doch Armey ist ja, wie gesagt, kein Ignorant. Es kann ihm deshalb nicht entgangen sein, dass er mit den Zahlen Schindluder treibt. Aber wahrscheinlich denkt er sich, ein bisschen Schummeln sei nicht so schlimm, wenn die Schummelei im Dienste einer höheren Sache steht. Vielleicht befindet er sich inzwischen aber auch

* Die Redewendung »Horatio Alger Stories« geht zurück auf den populären amerikanischen Schriftsteller Horatio Alger (1832-1899), der in einer Reihe von Jugendbüchern immer wieder die Geschichte der armen Waise erzählt, die durch Fleiß und ehrliche Arbeit eine respektable gesellschaftliche Stellung und oft auch einen gewissen Reichtum erwirbt. Im amerikanischen Sprachgebrauch quasi ein Synonym für den amerikanischen Traum (»Jeder kann es schaffen«).

wirklich in einem geistigen Zustand, in dem ihm das Differenzierungsvermögen abhanden gekommen ist und die Übergänge zwischen dem politisch Wünschenswerten und den objektiven Fakten fließend werden. Wie dem auch sei – das Endergebnis jedenfalls ist der offensichtliche Versuch, die nackten Tatsachen einer wachsenden Ungleichheit irgendwie zu vertuschen.

Überraschen können derlei Versuche freilich nicht. Schließlich steht der Erfolg der strammen Marktwirtschafts-Konservativen, die es trotz einer sich öffnenden Schere zwischen der breiten Bevölkerung und einer kleinen, unglaublich reichen Minderheit geschafft haben, sich in den Mantel des Populismus zu hüllen, naturgemäß auf schwachen Füßen. Es mussten wirklich schon zwei Dinge zusammenkommen, um Armey und Genossen ihre derzeitige Machtposition zu ermöglichen: eine exzellente politische Führung auf der Rechten und eine fürchterliche Mischung aus politischer Unfähigkeit, persönlicher Arroganz und kulturellem Elitebewusstsein auf Seiten der Liberalen. (Manchmal denke ich, jenes »Renaissance Weekend«* hat der Clinton-Regierung den Rest gegeben.)

Trotz des Wahltriumphs von 1994 leben die Konservativen also in der ständigen Gefahr, jemand könnte darauf hinweisen, dass es inzwischen in Amerika nicht wenige gibt, die jährlich mehr verdienen als das ganze Repräsentantenhaus zusammengenommen, und dass es genau diese Klientel ist, die von der Politik der neuen konservativen Kongressmehrheit profitiert!

In den Augen von Armey und Gleichgesinnten ist das Rezept gegen diese Gefahr klar: Wir müssen um jeden Preis verhindern, so sagen sie sich, dass die Öffentlichkeit allzu gut über die diame-

* Es handelt sich um das stets um den Jahreswechsel stattfindende »Renaissance Weekend« auf Hilton Head Island – ein hochkarätig besetztes Forum für geladene Führungskräfte aus allen Bereichen. Es umfasst ein breites Angebot an Podiumsdiskussionen und Workshops zu höchst unterschiedlichen Themen. Bill und Hillary Clinton sind regelmäßige Gäste bei diesen Treffen.

trale Einkommensentwicklung aufgeklärt wird. Taucht also eine Studie auf, die die Einkommens- und Vermögenskonzentration in den Blickpunkt rückt, nutzen sie einfach die Macht der konservativen Presse, um das Ganze mit allen erdenklichen Argumenten, und seien sie noch so fadenscheinig, als Machwerk zu denunzieren. Möglichkeiten zur Veröffentlichung solcher Attacken gibt es bekanntlich genug – und Schreiberlinge auch, denn die Reichen unterscheiden sich vom Rest der Gesellschaft in einem klitzekleinen Punkt: An Geld fehlt es nie. Sie unterhalten ihre eigenen Zeitschriften und Zeitungen und ihre eigenen »Denkfabriken«, die freilich – egal wie sie heißen – nichts anderes zu tun haben, als den Interessen ihrer Geldgeber zu dienen. H. L. Mencken hat es einmal so auf den Punkt gebracht: Es ist schwer, jemand etwas begreiflich zu machen, wenn sein Lebensunterhalt davon abhängt, dass er es eben *nicht* begreift.

Die Besorgnisse der konservativen Marktapologeten erklären wahrscheinlich auch, weshalb die republikanische Kongressmehrheit offenbar entschlossen ist, der Wirtschaftsanalyse in diesem Land total den Garaus zu machen. Am liebsten würden sie nicht nur den präsidialen Wirtschaftsrat (Council of Economic Advisers) abschaffen; auch die Stiftungsmittel der National Science Foundation für diesen Bereich sind ihnen ein Dorn im Auge, ebenso das Budget des Bureau of Economic Analysis, das für die grundlegenden Volkseinkommensdaten zuständig ist.

Dabei spielt es für die Rechten nicht einmal mehr eine Rolle, dass viele dieser Forschungen sogar die eigene (republikanische) Marktwirtschaftsideologie stützen. Die Motive für den Kahlschlag sind ja auch unschwer zu durchschauen. Da die eigene Doktrin auf einer Sicht der Dinge basiert, die glatt an der Wirklichkeit vorbeigeht, kann die Devise nur lauten: Je weniger Fakten, desto besser.

Edward Wolff hat ein gutes Buch geschrieben, ganz im Unterschied zu Richard Armey. Die eigentliche Botschaft aber ergibt sich aus dem Kontrast zwischen den beiden – zwischen dem gemäßigt liberalen Wirtschaftsprofessor, der sich wegen der Entwicklungen in unserer Gesellschaft Sorgen macht und einen kleinen Beitrag zur Besserung der Situation leisten möchte, und dem scharfzüngigen Konservativen, der entschlossen ist, die Existenz solcher Trends zu leugnen und jedem an die Gurgel zu gehen, der es wagt, auf die Fakten hinzuweisen. Möge der Bessere die Oberhand behalten!

Das verlorene Feigenblatt: Warum die »konservative Revolution« scheiterte

»Inzwischen muss man schon fünf Monate im Jahr allein für die Steuern schuften. Nur damit die Regierung mit dem sauer verdienten Geld des Steuerzahlers ihre Spielchen treiben kann. Die Herrschaften von der Regierungspartei glauben wohl, dass das Geld bei ihnen besser aufgehoben ist als beim Bürger selbst. (...) Irgendwann sind wir so weit, dass eine Großmutter ihre Enkelin nicht mehr anrufen kann, weil sie das Geld dafür nicht hat, oder dass eine Familie sich die Schulbücher für ihre Kinder nicht mehr leisten kann oder dass das Eigenheim nicht mehr drin ist. (...) Und warum? Weil die Schlaumeier von der Clinton-Regierung meinen, sie bräuchten das Geld für noch ein Konzept, noch ein Programm, noch einen bürokratischen Apparat.« Diese Aussagen stammen von Bob Dole (genauer gesagt von Mark Helprin, doch Dole machte sie sich nach seiner Nominierung zum republikanischen Präsidentschaftskandidaten zu eigen). Sie sind der Schlüssel zur Beantwortung der Frage, weshalb die »republikanische Revolution«, die Anfang 1995 unaufhaltsam schien, binnen eines Jahres völlig in sich zusammenbrach.

Was Dole hier kolportierte, war die so falsche wie vielbeschworene Vorstellung, die US-Bundesregierung stehle dem Bürger sein hart verdientes Geld und gebe es für Dinge aus, über die sich nur Sozialarbeiter freuen. Die Angebotsideologie (»supply-side economics«) mit ihrem Versprechen, Steuersenkungen kosteten nichts, ist sicherlich die geistige Basis dieser verantwortungslosen Haltung der Konservativen. Doch was die Öffentlichkeit den Konservativen letztlich auf den Leim gehen ließ, war das unsinnige Bild von den Bürokratenarmeen und den Cadillac fahrenden Sozialhilfeempfängern. Das funktionierte, solange die Demokraten den Kongress beherrschten und die Republikaner mithin gar nicht die Möglichkeit hatten, die Axt wirklich anzusetzen. Plötzlich aber hatten sie die Mehrheit – und das Feigenblatt war weg. Einige der Rechten versuchen ihre Probleme nun rein taktischen Fehlern zuzuschreiben. Wenn nur Dole ein besserer Wahlkämpfer gewesen wäre; wenn nur Clinton nicht so schamlos nach rechts gerückt wäre; wenn sich nur Gingrich im Zusammenhang mit Air Force One (dem Präsidentenjet) nicht so in die Nesseln gesetzt hätte – dann sähe die Welt für die Konservativen viel besser aus! Und natürlich behaupten sie, ihre Niederlagen seien nur vorübergehende Episoden. In Wahrheit jedoch beruhte die politische Anziehungskraft eines radikalen Konservatismus schon immer auf einem grundlegend falschen Bild von den Aktivitäten und Aufgaben der amerikanischen Bundesregierung.

Die ganze Diskrepanz zwischen konservativer Mythologie und Realität zeigt am deutlichsten ein Blick in das beste und unbestechlichste Buch, das es in Amerika gibt: *The Statistical Abstract of the United States*. Würde diese Veröffentlichung mehr zur Kenntnis genommen – unsere Politik wäre eine andere. Dabei macht es einem der *Statistical Abstract* ganz einfach, ein Bild davon zu gewinnen, wo der Steuerdollar bleibt. Nehmen wir zum Beispiel folgende Liste mit zehn Hauptprogrammen der Washingtoner Zentralregierung. Die Zahl hinter dem Doppelpunkt gibt den Anteil an den Gesamtausgaben des Haushalts 1994 an.

Sozialversicherung: 21,6 %
Verteidigung: 18,9 %
Schuldendienst: 13,7 %
Medicare (mediz. Altenversorgung): 9,7 %
Medicaid (mediz. Armenversorgung): 5,8 %
Ruhestandsbezüge der Bundesbeschäftigten: 4,2 %
Veteranenunterstützung: 2,6 %
Verkehrswesen (hauptsächlich Highways, Luftverkehr usw.): 2,6 %
Arbeitslosenversicherung: 2,0 %
Rechtswesen (Gerichte, Gesetzesvollzug usw.): 1,1 %

Drei wichtige Dinge sind zu dieser Liste zu sagen. Erstens: Sie deckt bereits den allergrößten Teil aller bundesstaatlichen Ausgaben ab – 82,2 Prozent, um genau zu sein. Jeder, der Bundesausgaben radikal kürzen will, muss also hier ansetzen. Zweitens: Mit einer einzigen möglichen Ausnahme enthält diese Liste nur Punkte, die die Menschen außerordentlich schätzen. Es findet sich also nichts darunter, was in der Öffentlichkeit unter Umständen kritisiert wird, wenn von zu viel Staat die Rede ist. Wir halten etwas davon, für unsere Schulden geradezustehen. Wir wollen und brauchen unsere Highways. Wir wollen, dass die Gesetze auch angewandt werden. Die mögliche Ausnahme mag Medicaid sein, das einzige »Armenprogramm«. Doch auch diese Feststellung trifft nicht mehr so richtig zu. Denn Medicaid entwickelt sich immer mehr zu einem Hilfsprogramm, das nicht automatisch nur die Armen, sondern auch die Alten versorgt. Ein immer größerer Anteil dieser Gelder fließt nämlich in Pflegeheimleistungen – und viele dieser Patienten haben Kinder mit gutem Einkommen.

Dies bringt uns zum dritten Punkt. Abgesehen von den Verteidigungsausgaben und Zinszahlungen hat die Ausgabenpolitik der US-Regierung inzwischen hauptsächlich – jawohl: hauptsächlich – eine Funktion, nämlich die Besteuerung der Jungen und die Unterstützung der Alten. Schauen Sie sich die Liste noch einmal an, und Sie werden sofort sehen, wie absolut schamlos Doles Vorstellung von der armen Großmutter, die ihre Enkelin nicht mehr anrufen kann, weil die Steuern zu hoch sind, tatsächlich ist. In Wahrheit lebt jene Großmutter besser, als dies bei ihren Altersgenossen je der Fall war, dank Sozialversicherungsleistungen, die weit über das hinausgehen, was sie und ihr Mann an Beiträgen eingezahlt haben. Außerdem liegt das Problem mit Sicherheit nicht beim Telefongeld. Das könnten ihr die gut verdienenden Kinder jederzeit geben. Wie aber steht es mit dem künstlichen Hüftgelenk, das über deren Medicare-Beiträge finanziert wurde?

Es ließe sich natürlich sehr wohl argumentieren, Amerikas Gerontokratie sei ein Problem, unsere Großzügigkeit gegenüber unseren Ruheständlern gehe zu weit, zumal manche von ihnen eine so hohe Unterstützung eigentlich nicht nötig haben. Doch in dieser Richtung hat man von den Rechten noch nie ein Wort gehört. Wer auf ehrliche Weise nach weniger Staat rufen will, darf nicht eine elitäre Bürokratie in Washington angreifen, sondern muss die netten Mittelschichtpensionäre auf ihren Alterswohnsitzen im sonnigen Florida aufs Korn nehmen. Sonderbarerweise aber war davon in Doles Rede nichts zu vernehmen.

Eine zusammenfassende Darstellung der gesetzlichen Aktivitäten der US-Bundesregierung gestaltet sich zwar nicht ganz so leicht wie bei den Bundesausgaben, doch der Hauptpunkt ist ganz ähnlich: Was die Regierung tut, richtet sich in der Regel nicht gegen den Willen der Bevölkerung, sondern deckt sich mit ihm. Es gibt sicherlich viele, die sich an einem billigen Witz ergötzen, doch nur eine kleine Minderheit hat wirklich etwas gegen die Luft- oder Wasserreinhaltungsgesetze. Und es steht außer Frage, dass es mit solchen Parolen beim Wähler nichts zu holen gäbe.

Natürlich werden von der Bundesbürokratie auch Gelder verschwendet. Doch das ist im privaten Bereich keinen Deut anders. Der Klotz am Bein des Bürgers – der elitäre Apparat, der überall seine Finger im Spiel haben will, wie Dole in seiner San-Diego-

Rede suggerieren wollte –, ist eine Phantasmagorie der Konservativen. Eben deshalb vermochten Gingrich und Dole trotz – oder gerade wegen – ihres Sieges der Niederlage nicht zu entgehen. Die Wendung des Blattes war vorprogrammiert, weil ihre Ideologie der Verantwortung, die mit dem Wahlerfolg verbunden war, nicht gewachsen war.

Goldstandard und kein Ende: Warum die Rechten so goldversessen sind

Die Legende von König Midas wird in der Regel falsch verstanden. Viele meinen, der Fluch, durch den alles, was der alte Knauserer berührte, in Gold verwandelt wurde, sodass er fortan weder zu essen noch zu trinken vermochte, sei eine Lektion in Sachen Habgier. Doch Midas' wahre Sünde lag darin, dass er von der Geldwirtschaft nichts verstand. Die Botschaft, die ihm die Götter zuflüstern wollten, lautete nämlich: Gold ist nichts weiter als ein Metall. Wenn es mitunter mehr zu bedeuten scheint, dann nur deshalb, weil die Gesellschaft es zufällig als Tauschmittel gewählt hat – als Brücke zwischen anderen, wirklich erstrebenswerten Gegenständen. Andere Tauschmittel wären da genauso denkbar. Es gibt deshalb nicht den geringsten Grund, dieses hübsche, doch nur mäßig nützliche Edelmetall für etwas Unersetzliches zu halten.

Freilich gibt es viele Menschen – fast alles stramme Konservative –, die diese Sichtweise überhaupt nicht teilen. Während man Jack Kemp, Steve Forbes sowie Robert Bartley vom *Wall Street Journal* hinreichend als Apologeten der »Supply-Side«-Ideologie kennt, sind sie genauso davon überzeugt, dass der Schlüssel zum Wohlstand in einer Rückkehr zum Goldstandard liege, den John Maynard Keynes allerdings schon vor sechzig Jahren als »barbarisches Relikt« einstufte. Mit etwas Glück werden wir diese Midas-Nachkömmlinge zwar davon abhalten können, ihre Finger direkt in die Geldpolitik zu bekommen. Dennoch handelt es sich bei ihnen um einflussreiche Leute (die sich derzeit in einem harten

Kampf um die Seele der Republikaner, der »Grand Old Party«, befinden), und ihre leidenschaftlichen Pro-Goldstandard-Argumente ermöglichen uns in der Tat einen tiefen Einblick in ihre Denkweise.

Über eine Rückkehr zum Goldstandard, kann man im Prinzip durchaus diskutieren. Zwar sind die Proargumente nicht sonderlich schlüssig, und kein vernünftiger Ökonom nimmt sie eigentlich ernst, doch völlig abwegig ist das Ganze auch wieder nicht. Was man indes von den Vorstellungen unserer modernen Goldapologeten leider nicht sagen kann. Ihre Anhänglichkeit an das Gold ist nicht pragmatischer, sondern mystischer Natur.

Das derzeitige Weltwährungssystem sieht für das Gold keine besondere Rolle vor. Die Fed ist keineswegs verpflichtet, den Dollar irgendwo anzubinden. Sie kann so viel oder so wenig Geld drucken, wie sie für richtig hält. Ein solch freies System hat enorme Vorteile. Vor allem kann die Fed auf eine (tatsächliche oder befürchtete) Rezession jederzeit reagieren, indem sie Geld druckt und in den Kreislauf pumpt. Um nur ein Beispiel zu nennen: Dieser Flexibilität ist es zu verdanken, dass der Börsenkrach des Jahres 1987, der anfänglich so bedrohlich aussah wie jener des Jahres 1929, in der realen Wirtschaft letztlich keine Rezession auslöste.

Während also viel für eine frei schwankende nationale Währung spricht, gibt es andererseits natürlich auch Risiken. Zum einen sind die mit einem solchen System verbundenen Unsicherheiten für die internationalen Händler und Investoren zu bedenken. In Relation zum Yen etwa hat die US-Währung in den letzten fünf Jahren enorm geschwankt: Ein Dollar war mal 120 Yen, dann wieder nur 80 Yen wert. Die Kosten einer solchen Volatilität (Unbeständigkeit) sind schwer messbar – zum Teil deshalb, weil die hochentwickelten Finanzmärkte den Unternehmen Instrumente bieten, um sich gegen derlei Risiken weitgehend abzusichern –, doch sie müssen auf jeden Fall beträchtlich sein. Ferner ist zu bedenken, dass ein solches System den Herren des Geldes nicht nur im Positiven, sondern auch im Negativen gewisse Freiheiten beschert, und in manchen Ländern wurde dies weidlich ausgenutzt. Aus diesem Grund kommen Länder mit galoppierender Inflation (Argentinien zum Beispiel) nicht selten zu dem Schluss, dass eine unabhängige Währung mehr Nachteile als Vorteile hat. (Argentinien hat inzwischen per Gesetz die Dollarbindung eingeführt. Ein Peso muss demnach immer genau einem US-Dollar entsprechen, und für jeden umlaufenden Peso wird zur Stützung ein Dollar als Reserve verlangt.)

Eine generell gültige Antwort auf die Frage der Koppelung einer Landeswährung an einen externen Standard gibt es also nicht. Durch ein System fester Wechselkurse – oder gar eine gemeinsame Währung – lassen sich zwar die durch Wechselkursschwankungen bedingten Risiken umgehen, was insbesondere für Länder mit traditionell großen Problemen in diesem Bereich von Vorteil sein und Glaubwürdigkeit schaffen kann. (Ein Beispiel dafür ist Italien, das sich durch den Beitritt zur Europäischen Währungsunion eine günstigere Refinanzierung seiner massiven Schulden zu deutschen Zinssätzen erhofft.) Was aber passiert andererseits, wenn zwei Länder mit gemeinsamer Währung eine unterschiedliche Entwicklung durchlaufen, das eine beispielsweise Inflationsdruck ausgesetzt ist, während sich das andere in einer deflationären Rezession befindet? (Genau dies war in Europa Anfang der neunziger Jahre der Fall, als Westdeutschland boomte, während das restliche Europa mit einer zweistelligen Arbeitslosenquote zu kämpfen hatte.) Unter solchen Bedingungen ist eine Geldpolitik, die für Land A richtig ist, für Land B genau das Falsche. Diese Problematik zeigt, warum sich die Ökonomen über den Sinn einer gemeinsamen europäischen Währung nicht einig sind. Ich persönlich bin der Meinung, dass die Währungsunion im Durchschnitt zu etwas höheren Arbeitslosenraten führen wird; doch viele ernstzunehmende Fachkollegen sind da anderer Meinung.

Wie paßt nun das Gold in dieses Bild? Nun, die Überlegungen der Anhänger des Goldstandards lauten etwa so: Wenn moderne Nationen ihre Währungsautonomie – mit guten Gründen – zu Gunsten eines externen Standards aufgaben, geschah dies in neuerer Zeit immer in Form der Anbindung an eine Fremdwährung, das heißt an die Währung eines als stabiler und zuverlässiger geltenden Landes. Argentinien setzt auf den Dollar, Italien auf die Deutsche Mark. Doch die Verantwortlichen bei der Fed (Federal Reserve Board), ja selbst die der Deutschen Bundesbank sind keine Götter. Niemand kann also garantieren, dass sie nicht doch irgendwann den Verlockungen der Geldpresse erliegen. Warum also die Fehlbarkeit von Menschen in Kauf nehmen, wenn es einen *objektiven* Standard gibt? Warum tun wir es nicht unseren Urgroßvätern gleich und binden unsere Währungen einfach an das Gold?

Nur wenige Ökonomen halten das für eine gute Idee. Das Hauptgegenargument ist ein praktisches, kein prinzipielles. Erstens nämlich wäre durch den Goldstandard nicht ein einziger der Nachteile beseitigt, die mit jedwedem System fester Wechselkurse zwangsläufig einhergehen. Selbst Ökonomen, die einer gemeinsamen europäischen Währung positiv gegenüberstehen, würden den Euro ungern an den Dollar oder Yen angebunden sehen. Zweitens ist der ganz entscheidende Punkt zu berücksichtigen, dass Gold, gemessen an anderen Gütern und Dienstleistungen, keineswegs ein stabiler Standard ist. Im Gegenteil: Es handelt sich um eine Handelsware, die ständigen, den Bedürfnissen der Weltwirtschaft überhaupt nicht entsprechenden Angebots- und Nachfrageschwankungen (etwa in der Zahntechnik) ausgesetzt ist.

Die USA rückten 1971 bereits von ihrer Politik der Stabilisierung des Goldpreises ab. In der Zwischenzeit hat sich der Goldpreis etwa verzehnfacht, während die Verbraucherpreise allgemein nur um das Zweieinhalbfache gestiegen sind. Hätten wir versucht, den Goldpreis auf dem damaligen Niveau zu halten, hätte dies in praktisch allen anderen Bereichen massiv rückläufige Preise zur Folge gehabt – das heißt Deflation in einer Größenordnung, wie wir sie seit der Weltwirtschaftskrise nicht mehr erlebt haben. Niemand könnte so etwas im Ernst wollen.

Warum aber sind Jack Kemp, *Wall Street Journal* et cetera trotzdem so auf das Gold fixiert? Nun, auch ich habe lange gebraucht, bis ich eine schlüssige Antwort fand. Sie steht in einem Brief Jude Wanniskis (seines Zeichens Mitgründer und Sprachrohr des Lagers der Angebotsideologen), und zwar ironischerweise in dem eher linken Magazin *Mother Jones*. Darin ging es Wanniski vornehmlich um die Leugnung der Tatsache, dass die Reichen in den letzten Jahrzehnten ständig reicher wurden. Der Brief enthielt aber auch die folgende bemerkenswerte Passage:

> Zunächst einmal sollten wir unsere Verrechnungseinheit in Ordnung bringen. Alles in frei schwankenden Papierdollar zu messen, führt nirgendwo hin. Wir sollten alle unsere Vermögenswerte in jener Einheit messen, die die Menschheit seit 6 000 Jahren kennt und benutzt, in Unzen Gold also. Nach diesem Kriterium liegt der Dow-Jones-Industrial-Index mit seinen heutigen etwa 6 000 Punkten bei nur 60 Prozent seines Wertes von vor 30 Jahren (damals rund 1 000 Punkte). Seinerzeit nämlich war die Unze Gold 35 Dollar wert; heute kostet sie 380 Dollar und mehr. Anders formuliert: In den letzten 30 Jahren verloren die wohlhabenden Amerikaner 40 Prozent ihres Aktienkapitals ... Wer also vor 30 Jahren keine Aktien hatte, weil er arm war, hat auch nichts verloren. Wer aber viele Aktien besaß, hat in der allgemeinen Inflation fast sein letztes Hemd eingebüßt.

Lassen wir für einen Moment die Frage beiseite, ob der Dow Jones Industrial als Industriewertedurchschnitt auch wirklich das richtige Kriterium für die Bemessung des Wohlstands der Reichen ist. Das Faszinierende an der Wanniski-Passage ist nämlich, dass er Gold für das geeignete Vermögensmaß schlechthin hält, völlig unabhängig davon also, welche Kaufkraft es gegenüber allen anderen Gütern und Dienstleistungen besitzt. Seit der Abkoppelung des Dollars vom Gold im Jahre 1971 stieg der Dow um etwa 700 Prozent, während (wie schon erwähnt) die Preise der gewöhnlichen

Konsumgüter – Lebensmittel, Immobilien, Kleider, Autos, persönliche Dienstleistungen – lediglich um etwa 250 Prozent zulegten. Mit anderen Worten: Außer in Bezug auf die Ware Gold hat sich die Kaufkraft der Reichen extrem verbessert! Wanniski behauptet jedoch, dies sei bedeutungslos, weil Gold – und nur Gold – das wahre Wertmaß sei. Er begeht also dieselbe Sünde wie König Midas: Er hat vergessen, dass Gold im Grunde nur ein Metall ist und sich sein Wert allein von seiner Kaufkraft in Bezug auf die wirklich nützlichen Güter herleitet.

Ob die Götter wohl gelegentlich meine Kolumnen lesen? Wenn ja, dann wissen sie, was sie zu tun haben.

TEIL 3
GLOBALISIERUNG UND GLOBALONIE

»Globalonie« ist ein vom englischen »globaloney« abgeleitetes Kunstwort, das auf Claire Booth Luce zurückgeht. Damit meinte sie nebulöses Geschwätz über Geopolitik. Doch der Ausdruck passt auch gut zu dem, was viele moderne Experten und Kommentatoren so von sich geben, wenn sie alles, was auf der Welt passiert, in mysteriöser Weise von der globalen Wirtschaft verursacht sehen. Natürlich ist Globalisierung ein reales Phänomen: Der Welthandel und die globalen Investitionen sind stets rascher gewachsen als die Weltwirtschaft insgesamt, mit der Folge, dass die Volkswirtschaften immer stärker voneinander abhängig wurden. Doch sowohl das Ausmaß dieser Verzahnungen als auch deren Auswirkungen werden in der Regel kräftig übertrieben. Und vor allem unter den Intellektuellen besteht eine starke Tendenz, das gesamte Phänomen zu dämonisieren. Mit Vorliebe schreibt man ihm alle Übel dieser Welt zu und leugnet gleichzeitig, dass ein wachsender Handel und internationale Investitionen für irgendwen – außer für die fetten Kapitalisten natürlich – von Vorteil sein können.

Das erste Kapitel dieses Teils – »Wir sind nicht die Welt« – will diese Sichtweise korrigieren. Ich versuche also klarzumachen, dass Amerika keineswegs in Gefahr ist, zum Spielball globaler Wirtschaftskräfte zu werden. Die Reaktionen auf die ursprüngliche Veröffentlichung des Aufsatzes haben mich allerdings ziemlich überrascht, und zwar nicht nur wegen ihrer Vehemenz, sondern auch deshalb, weil sich der Ärger mancher Leser nicht an meinem Hauptargument, sondern an einer Nebenbemerkung entlud (nämlich dass viele Arme in der Dritten Welt von der Globalisierung profitieren). Ich dachte eigentlich, dies sei völlig klar, musste mich jedoch eines anderen belehren lassen. Eine ausführliche Erörterung dieses Themas findet sich nun also im Kapitel »Lob der billigen Arbeit«.

Das letzte Kapitel dieses Teils – »Der Osten steckt im Defizit« – setzt sich mit einer Ansicht auseinander, die sich in Intellektuellen- und Politikerkreisen rasch breit gemacht hat: Sie besagt, dass der Aufstieg der Volkswirtschaften in den Schwellenländern zu einem globalen Überangebot führe, weil diese Länder – insbesondere China – angeblich viel produzieren, doch wenig konsumieren, viel exportieren, doch wenig importieren. Ich versuche anhand der Wiedervereinigung Hongkongs mit China zu zeigen, dass eine solche Sichtweise sowohl den Fakten als auch der Theorie widerspricht. Gleichzeitig bekommt der Leser eine kleine, leicht verständliche Einführung in die ökonomischen Zusammenhänge von Handelsbilanzen.

Wir sind nicht die Welt

Viele Menschen meinen heute, in der Wirtschaft sei infolge der zunehmenden internationalen Mobilität von Gütern, Kapital und Technologie alles anders geworden. Die einzelnen Länder, so die häufig geäußerte Ansicht, haben ihr wirtschaftliches Geschick heute nicht mehr selbst in der Hand; die Regierungen sind ein Spielball der internationalen Märkte.

Manche feiern diese Entwicklung und weisen darauf hin, dass sowohl arme als auch reiche Länder von ihr profitieren. Gleichzeitig aber nimmt die Zahl der Jammerer unter den Journalisten, Gewerkschaftsführern und Politikern aller Couleur, ja selbst den Geschäftsleuten zu. Sie alle schieben der Globalisierung die Schuld an Instabilität, Arbeitslosigkeit und sinkenden Löhnen in die Schuhe.

Doch beide Lager liegen falsch. Sie nehmen die Allmacht der globalen Märkte schlicht für gegeben – und bemerken nicht, dass die kursierende These vom Tod der Autonomie der Nationalstaaten mächtig übertreibt.

Dass der Vormarsch der Globalisierung eine gewisse Faszination ausübt, ist verständlich. Ein halbes Jahrhundert lang hat der Welthandel stärker zugenommen als die globale Produktion, und das internationale Kapital zirkuliert heute rascher als je zuvor. Die rapide ansteigenden Ausfuhren der Schwellenländer (NICs) eröffnen zwar Zehnmillionen von Arbeitskräften in der Dritten Welt ungeahnte Chancen, bedeuten aber auch zunehmenden Druck auf die weniger qualifizierten Arbeitskräfte in den Industrieländern. (Wie ich im nächsten Kapitel zeigen werde, sind die Löhne in der Dritten Welt zwar erschreckend niedrig; trotzdem aber bedeuten sie eine gewaltige Verbesserung gegenüber der früheren – weniger sichtbaren – ländlichen Armut.)

Während also die globale wirtschaftliche Integration zweifellos zunimmt, war und ist diese Entwicklung jedoch bei weitem nicht so gravierend, wie es die Globalisierungsrhetorik vermuten ließe. William Greiders Buch *One World, Ready or Not* (*Endstation Globalisierung*) ist ein Klagelied über die Übel eines entfesselten Wirtschaftsglobalismus. Politiker wie Pat Buchanan und Ross Perot leben gleichsam von ihren Attacken auf die freien Märkte. Und selbst der Geldexperte und Anlagenkönig George Soros warnt in *Atlantic Monthly*, dass der globale Kapitalismus inzwischen für die »offene Gesellschaft« eine größere Bedrohung darstelle als der Totalitarismus.

Derlei Ansichten sind inzwischen so verbreitet, dass viele Beobachter ohne Zögern die globalen Märkte als Ursache für alle möglichen wirtschaftlichen und gesellschaftlichen Missstände in ihren Ländern verantwortlich machen, obwohl die Fakten eine ganz andere Sprache sprechen. Die meisten Probleme haben nämlich nach wie vor heimische und in der Regel politische Ursachen.

Kritiker der Globalisierung verweisen gern auf Frankreich – ein Land, das sich nicht gerade ernsthaft darum bemüht, seine zweistellige Arbeitslosigkeit in den Griff zu bekommen – als perfektes Beispiel dafür, wie Staaten zum Spielball seelenloser Weltmärkte geworden seien. Frankreich könne doch gar nichts tun, so ein kürzlicher Artikel in der *New York Times*, weil die Anforderungen der »wirtschaftlichen Integration Europas, die ja ihrerseits eine Reaktion auf die Wettbewerbsimperative eines globalen Marktes sei«, dem im Wege stünden.

Dass die französische Politik sich in einem Zustand der Lähmung befindet, stimmt allerdings. Ursache sind aber nicht seelenlose Marktkräfte, sondern die Entschlossenheit der prestigebewussten französischen Politiker, den Franc gegenüber der Mark keinesfalls abzuwerten. Die Briten waren da viel klüger. Durch Abwertung des Pfundes gegenüber der Deutschen Mark ist es in der Tat gelungen, die Arbeitslosigkeit kontinuierlich abzubauen, und zwar ohne erkennbare negative Konsequenzen. Anders ausgedrückt: Frankreichs Paralyse hat primär politische, nicht wirtschaftliche Ursachen. Natürlich muss das Land zusehen, dass es die Bedingungen des Maastrichter Vertrages von 1991 erfüllt, der ja zu einer gemeinsamen europäischen Währung führen soll. Doch die Einführung des Euro ist vor allem ein politisches, weniger ein wirtschaftliches Projekt. Er dient vor allem als Symbol der europäischen Einheit, und nicht wenige Ökonomen sind der Meinung, dass die Kosten einer gemeinsamen Währung die diesbezüglichen Vorteile überwiegen werden. Die These sollte also eher lauten: Die französische Politik hat den Märkten geschadet – nicht umgekehrt.

Wie aber steht es mit den Vereinigten Staaten, wo ja der wirtschaftliche Einfluss der Regierung – und der Notenbank (Fed) sowieso – kaum zu bestreiten ist? Von Kritikern der globalen Wirtschaft hört man als Antwort immer wieder, dass in Amerika zwar Arbeitsplätze entstünden, dass dies aber wenig wiege im Vergleich zu dem Arbeitsplatzabbau, der als Folge des internationalen Wettbewerbs stattfinde (eine ganz ähnliche Begründung beziehungsweise Ausrede kennen wir übrigens auch von den Unternehmen, wenn es um Entlassungen geht).

Oder nehmen wir ein anderes Beispiel. Anfang 1996 erschien in *Newsweek* »The Hit Men« (»Sie haben's schwer«), ein Beitrag über die Chefs großer Firmen, die massive Entlassungen zu verantworten hatten. Ganz oben auf der Liste standen AT&T, Nynex, Sears, Philip Morris und Delta Air Lines. Natürlich spielt auch der internationale Wettbewerb beim Stellenabbau mitunter eine gewisse Rolle, doch wie die *Newsweek*-Liste sehr gut verdeutlicht, ist dies keinesfalls der wichtigste Grund. Oder gibt es im Telefonwesen vielleicht einen japanischen oder südkoreanischen Wettbewerber? Nicht dass ich wüsste. Auch kaufen die wenigsten Amerikaner ihre Haushaltsgeräte in mexikanischen Läden oder rauchen französische Zigaretten. Und bei Inlandsflügen hilft mir Cathay Pacific auch nicht weiter.

Wo also liegt der Grund dafür, dass die Bedeutung der Weltmärkte überschätzt wird? Eine Erklärung: Das Argument hört sich klüger an, als es ist. Denn über Globalisierung zu schwadronieren macht Eindruck und ist »in«, wie man vom Weltwirtschaftsforum im schweizerischen Davos oder von den »Renaissance Weekends« (vgl. Fußnote S. 74) im amerikanischen Hilton Head weiß.

Aber es gibt noch einen tiefer reichenden Grund – eine sonderbar anmutende Art stillschweigender Übereinkunft zwischen dem rechten und dem linken politischen Lager, so zu tun, als seien exotische globale Kräfte auch dort am Werk, wo die Probleme schlicht hausgemacht sind.

Viele Linke hegen bekanntlich eine Abneigung gegen den Weltmarkt, weil er ihnen als Sinnbild dessen gilt, was sie an Märkten generell nicht mögen: das Freie und Unkontrollierte. In Wahrheit aber werden auch die meisten heimischen Märkte von der »unsichtbaren Hand« beherrscht, eine Tatsache, die den meisten Amerikanern offenbar als schlichte Selbstverständlichkeit gilt. Jene indes, die in der Gesellschaft sowieso gern mehr staatliche Lenkung hätten, hoffen, dass sich das allgemeine Unbehagen am wirtschaftlichen Einfluss der fernen Fremden mit den seltsamen Namen als ideologischer Hammer nutzen lässt. Die Rechten wiederum sehen in der Globalisierungsrhetorik ein probates Mittel, um alle sozialen Verpflichtungen der Wirtschaft von sich zu weisen. Wir brauchen uns nur zu vergegenwärtigen, wie rasch die Gegner von Umweltbestimmungen das Argument Wettbewerbsfähigkeit bemühen, verbunden mit der stereotypen Warnung, jede zusätzliche Kostenbelastung der Unternehmen verteuere die heimischen Produkte auf dem Weltmarkt.

Doch einmal abgesehen davon, dass die Weltwirtschaft einen weit geringeren Stellenwert hat, als viele uns dies glauben machen wollen: Ist diese »Globalonie«, diese Globalisierungsrhetorik, denn eigentlich gefährlich? Ja, sie ist es. Und zwar aus zwei Gründen: Zum einen, weil die Öffentlichkeit in dem irrigen Glauben, der Welthandel sei Ursache allen Übels, für Protektionismus empfänglich werden könnte. Damit wären die ganz realen Vorteile der Globalisierung in Gefahr – und zwar für uns wie für die meisten Menschen weltweit. Doch eine überzogene Rhetorik birgt noch eine subtilere Gefahr. Sie fördert nämlich eine fatalistische Haltung, aus dem Gefühl heraus, dass uns unsere Probleme über den Kopf wachsen, wir sie also nicht selber zu lösen vermögen. In Westeuropa ist diese Haltung schon ziemlich weit verbreitet. Man spricht dort gern verunklarend vom »Horror« der Weltmärkte, statt ein kritisches Auge auf die politisch Verantwortlichen und ihre missratene Politik zu werfen.

Nicht eine einzige der zentralen Beschränkungen der amerikanischen Wirtschafts- und Gesellschaftspolitik ist auslandsabhängig. Wir haben die Mittel, um viel mehr für unsere Armen und Glücklosen zu tun, als dies derzeit geschieht. Wenn unsere Politik zunehmend von Geiz und Schäbigkeit geprägt ist, so ist das eine politische Entscheidung und nicht etwas, das uns anonyme Mächte diktieren. Wir müssen für unsere Handlungen schon selbst geradestehen. Den Weltmärkten die Schuld in die Schuhe schieben – das wäre zu einfach.

Lob der billigen Arbeit: Schlechte Jobs sind besser als gar keine Jobs

Viele Jahre lang diente eine riesige Müllkippe namens »Smokey Mountain« in Manila den Medien als Lieblingssymbol für die Armut der Dritten Welt. Mehrere tausend Männer, Frauen und Kinder fristeten auf jener Müllkippe ein elendes Dasein. Inmitten von Gestank, Fliegen und Giftstoffen durchwühlten sie die Halde nach Metallschrott und anderen Wertstoffen. Trotzdem lebten sie »freiwillig« dort. Denn die zehn Dollar, die sich eine Familie auf diese Weise täglich zusammenzukratzen vermochte, waren immer noch besser als die Alternativen.

Inzwischen sind die Müllkippenbewohner weg, 1996 von der Polizei zwangsweise umgesiedelt, weil ein internationaler Gipfel anstand und die »Müllmenschen« allzu schlecht ins Bild passten. Neulich aber – bei der Lektüre eines Stapels hässlicher Leserbriefe – fand ich mich wieder an Smokey Mountain erinnert.

Anlass für die Zuschriften war eine Kolumne, die ich für die *New York Times* (»Wir sind nicht die Welt«; siehe vorstehendes Kapitel) verfasst hatte. Darin hatte ich argumentiert, dass die Löhne und Arbeitsbedingungen in den neuen Exportindustrien der Dritten Welt – so miserabel sie auch sind – gegenüber der »früheren, weniger sichtbaren ländlichen Armut« gleichwohl eine riesige Verbesserung darstellen. Aber ich hätte mir ja eigentlich denken können, dass dies Reaktionen der Sorte »Jaja, du in deiner bequemsicheren Professorenposition hast gut reden. Arbeite du doch mal für zwei Dollar am Tag!« hervorrufen würde.

Solch moralische Entrüstung trifft man unter Gegnern der Globalisierung häufig an – bei Leuten also, die den Technologie- und Kapitaltransfer von den Hochlohn- in die Niedriglohnländer und die damit verbundene Zunahme der lohnintensiven Exportgüter der Dritten Welt nicht gern sehen. Für diese Kritiker ist es eine ausgemachte Sache, dass jeder, der diesen Entwicklungen Positives abgewinnt, entweder ein Naivling oder ein bodenloser Schuft ist. In beiden Fällen handelt es sich für sie de facto um Agenten des internationalen Kapitals, das angeblich kein anderes Ziel verfolgt, als die arbeitende Bevölkerung hierzulande und anderswo zu unterdrücken.

Leider liegen die Dinge ein wenig komplizierter – und das gilt auch für die Frage der Moral oder Unmoral. Stellen wir doch einmal den folgenden Gegenvorwurf auf: Der hehre moralische Ton der Globalisierungsgegner ist nur deshalb möglich, weil sie ihre Position nicht hinreichend durchdacht haben. Zwar steht außer Zweifel, dass es unter den Kapitalisten Absahner gibt, die von der Globalisierung unverhältnismäßig profitieren. Dennoch sind die größten Nutznießer andere – nämlich die Beschäftigten in der Dritten Welt.

Die weltweite Armut ist ja schließlich keine neue Erfindung zum Nutzen der multinationalen Unternehmen. Wie sah die Dritte Welt denn vor nicht einmal zwanzig Jahren (und heute in vielen Ländern noch immer) aus? Zwar begannen damals eine Hand voll asiatische Kleinstaaten durch ein rapides Wachstum Aufsehen zu erregen, doch Entwicklungsländer wie Indonesien oder Bangladesh waren im Wesentlichen noch immer, was sie stets gewesen waren: Exporteure von Rohstoffen, Importeure von Industriegütern. Eine ineffiziente verarbeitende Industrie, geschützt durch Einfuhrkontingentierung, bediente die heimischen Märkte, schuf aber kaum Arbeitsplätze. Gleichzeitig führte der wachsende Bevölkerungsdruck dazu, dass verzweifelte Bauern gezwungen waren, entweder immer ertragsschwächeres Land zu bewirtschaften oder sich irgendwie anders über Wasser zu halten – und sei es durch ein Leben auf der Müllhalde.

Angesichts fehlender Alternativen war es also möglich, in Jakarta oder Manila für einen Hungerlohn Arbeitskräfte zu bekommen. Doch Mitte der siebziger Jahre genügten billige Löhne allein nicht mehr, um auf den Weltmärkten für Industriegüter zu konkurrieren. Die spezifischen Vorteile der entwickelten Länder – Infrastruktur, technisches Know-how, vergleichsweise riesige Märkte, Nähe zu Hauptlieferanten, politische Stabilität, soziale Anpassungsfähigkeit als ganz wichtiger Faktor für eine funktionierende Wirtschaft – wogen offenbar selbst eine zehn- bis zwanzigfache Lohndisparität auf.

Dann aber änderte sich etwas. Eine Kombination von Faktoren, die wir noch immer nicht ganz durchschauen – niedrigere Zollschranken, bessere Nachrichtenübermittlung, billigerer Luftverkehr – verringerten die Standortnachteile der Dritten Welt. (Freilich ist es im Großen und Ganzen noch immer günstiger, in den Industrieländern zu produzieren; man kennt die Meldungen über Unternehmen, die ihre Produktion nach Mexiko oder Ostasien verlagerten, nach einiger Zeit aber wieder zurückkehrten, weil sie mit den Nachteilen eines solchen Standorts nicht zurechtkamen.) In einer beträchtlichen Zahl von Branchen erlaubten niedrige Löhne den Entwicklungsländern den Vorstoß auf die Weltmärkte. So kam es, dass Länder, die ehedem Jute oder Kaffee exportierten, nun Hemden oder Turnschuhe zu fertigen begannen.

Natürlich verdienen die Beschäftigten dieser Fabriken zwangsläufig sehr wenig, und auch die Arbeitsbedingungen sind miserabel. Ich sage »zwangsläufig«, weil diese Unternehmer ihr Geschäft ja nicht aus Wohlfahrtsgründen betreiben. Sie werden natürlich versuchen, möglichst wenig Lohn zu zahlen, und dieses Minimum richtet sich nach den Alternativen, die sich auf dem Arbeitsmarkt bieten. Leider aber handelt es sich um extrem arme Länder, in denen selbst eine Existenz auf der Müllkippe noch immer besser ist als alles andere.

Und dennoch: Wo immer die neuen Exportindustrien Fuß fassten, hatte dies für die breite Masse eine deutliche Verbesserung der Lebensverhältnisse zur Folge. Dies hat zum Teil damit zu tun, dass eine aufstrebende Industrie ihre Arbeitskräfte mit leicht überdurchschnittlichen Löhnen anwerben muss. Wichtiger ist jedoch die Tatsache, dass das Wachstum der verarbeitenden Industrie – zusammen mit den indirekten, im Umfeld des neuen Exportsektors entstehenden neuen Jobs – positive Auswirkungen auf die gesamte Wirtschaft hat. Der Druck auf den Agrarsektor nimmt ab, sodass die Löhne dort steigen; die Zahl der Arbeitsuchenden in den Städten sinkt ebenfalls, sodass die Fabriken um die Arbeitskräfte zu konkurrieren beginnen, was auch hier die Löhne nach oben treibt. Wo dieser Prozess lange genug andauert – etwa in Südkorea oder Taiwan –, nähern sich die Durchschnittslöhne durchaus dem, was ein amerikanischer Jugendlicher bei McDonald's verdienen kann. Irgendwann schließlich löst sich das Problem der Müllhaldenexistenzen von selbst. (Smokey Mountain gab es nur deshalb so lange, weil die Philippinen sich erst in letzter Zeit dem exportinduzierten Wachstum der Nachbarstaaten anschlossen. Jobs, die mehr abwerfen, als sich an Verwertbarem zusammenkratzen läßt auf den Müllhalden, sind daher noch immer Mangelware.)

Der Nutzen eines exportinduzierten Wachstums für die breite Bevölkerung in den Schwellenländern ist durchaus messbar. Ein Land wie Indonesien ist freilich noch immer so arm, dass sich der Fortschritt an der durchschnittlichen Kalorienaufnahme pro Tag festmachen lässt. Seit 1970 hat sich die Pro-Kopf-Aufnahme von weniger als 2 100 auf über 2 800 Kalorien pro Tag erhöht. Noch immer ist leider ein Drittel der Kleinkinder unterernährt – doch 1975 waren es noch mehr als die Hälfte. Ähnliche Verbesserungen lassen sich im gesamten südpazifischen Raum, ja selbst in Bangladesh feststellen. Es gab sie nicht deshalb, weil etwa gut meinende

Leute im Westen besonders hilfsbereit gewesen wären – die Auslandshilfe (die ja nie sehr üppig war) ging in den letzten Jahren praktisch auf null zurück. Und sie waren auch nicht der menschenfreundlichen Politik der jeweiligen Landesregierung zu danken; diese Regierungen sind ja, wie wir wissen, so schäbig und korrupt wie eh und je. Die positive Entwicklung war vielmehr das indirekte und unbeabsichtigte Ergebnis des Verhaltens seelenloser multinationaler Konzerne und raffgieriger einheimischer Unternehmer, die beide nichts anderes im Sinn hatten, als sich die Profitchancen, die mit niedrigen Löhnen einhergingen, nicht entgehen zu lassen. Ein besonders erfreuliches Schauspiel war und ist dies gewiss nicht. Doch so niedrig die Motive der Beteiligten auch sein mögen, im Ergebnis vermochten sich Hunderte Millionen von Menschen aus äußerster Armut zu befreien und zu Lebensverhältnissen zu gelangen, die mitunter zwar noch immer menschenunwürdig sind, aber dennoch eine deutliche Verbesserung darstellen.

Warum also echauffieren sich meine Leserbriefschreiber eigentlich so? Warum können sie den Gedanken an einen Indonesier, der für sechzig Cent die Stunde Turnschuhe zusammennäht, kaum ertragen, während sie ein anderer Indonesier, der sich für einen Stundenlohn von dreißig Cent auf seinem kleinen Äckerlein abrackert, oder ein Müllhaldenbewohner auf den Philippinen, relativ wenig zu interessieren scheint?

Die Hauptantwort liegt wohl in unserem Ichbezug, unserer selektiven Wahrnehmung. Im Unterschied zu dem dahinvegetierenden, sich aber immerhin selbst versorgenden Bauern arbeiten die Frauen und Kinder in den Fabriken zu Sklavenlöhnen *zu unserem eigenen wirtschaftlichen Nutzen* – und das verursacht uns ein schlechtes Gewissen. Die Folge sind selbstgerechte Forderungen nach internationalen Beschäftigungsnormen: Wir sollten diese Turnschuhe und Hemden erst dann kaufen, so möchten uns die Gegner der Globalisierung einreden, wenn die Menschen, die sie herstellen, auch anständig bezahlt werden und unter vernünftigen Bedingungen arbeiten können.

Ein faires Argument? Oder doch nicht? Gehen wir der Sache einmal nach.

Erstens muss man feststellen: Auch wenn sich für die Beschäftigten der Exportindustrien der Dritten Welt höhere Löhne und bessere Arbeitsbedingungen durchsetzen lassen, ändert dies nichts an den Lebensbedingungen der breiten Masse – der Bauern, Tagelöhner, Slum- und Müllhaldenbewohner und so weiter. Bestenfalls würden unsere Forderungen dazu führen, dass sich in den Entwicklungsländern eine privilegierte Arbeitsaristokratie etabliert. Die arme Mehrheit hingegen hätte absolut nichts davon.

Aber selbst dieser geringe Nutzen wäre keineswegs sicher. Die Vorteile aufseiten der bestehenden Industrien der Ersten Welt sind nach wie vor gewaltig. Der einzige Grund für die Wettbewerbsfähigkeit der Entwicklungsländer ist ja gerade die billige Arbeit. Nehmen wir ihnen das weg, könnte möglicherweise auch jede Aussicht auf ein fortgesetztes industrielles Wachstum dahin sein – ja selbst ein Rückschritt wäre nicht ausgeschlossen. Und da das exportorientierte Wachstum – trotz all seiner Ungerechtigkeiten – ein großer Segen für die Beschäftigten dieser Länder ist, kann eine Hemmung dieser Entwicklung überhaupt nicht im Interesse dieser Menschen liegen. Wenn wir uns auf eine Politik der »guten« Arbeitsplätze zurückziehen, mag das zwar unser Gewissen beruhigen. Für die Betroffenen aber bedeutet es leider den Arbeitsplatzverlust und damit überhaupt nichts Gutes.

Genauso wohlfeil ist die feine Meinung, die Ärmsten dieser Welt sollten nicht gezwungen sein, sich als Holzfäller, Wasserträger oder Turnschuhnäher für die Reichen zu verdingen. Nur: Wo bleiben die Alternativen? Sollte man ihnen mit Auslandshilfe unter die Arme greifen? Möglicherweise – doch die Geschichte von Regionen wie Süditalien zeigt, dass eine solche Unterstützung eine Tendenz zur Verfestigung der Abhängigkeit in sich trägt. Allerdings bestehen auch nicht die geringsten Aussichten, dass sich eine nennenswerte Hilfe dieser Art institutionalisieren ließe. Sollte also die jeweilige Regierung für mehr soziale Gerechtigkeit sorgen? Natürlich sollte sie das – aber sie wird es nicht tun, jedenfalls nicht auf unser Geheiß. Solange es also zur Industrialisierung auf Billiglohnbasis keine realistische Alternative gibt, bedeutet jede Opposition dagegen, dass man verzweifelt armen Menschen aus ideell-prinzipiellen Gründen die beste Entwicklungschance nimmt, die sie haben – nur weil es uns reiche Westler begreiflicherweise stört, dass die Beschäftigten jener Länder dafür, dass sie uns mit Modeartikeln versorgen, nur einen Hungerlohn bekommen.

Die Haltung meiner Leserbriefschreiber beruht also auf reiner Selbstgerechtigkeit – und auf sonst gar nichts. Sie haben sich nicht die Mühe gemacht, ihre Meinung auf die Konsequenzen abzuklopfen. Doch wenn die Hoffnungen Hunderter Millionen von Menschen auf dem Spiel stehen, ist das sorgsame Durchdenken der Argumente nicht allein nur intellektuelle, sondern auch moralische Pflicht.

Eine Anmerkung zur Globalisierung

Mein Lieblingsbeispiel zur Veranschaulichung der Triebkräfte der Globalisierung ist der rapide Anstieg der Gemüseausfuhren Simbabwes. Seit einigen Jahren schon beliefern große Handelsgärtnereien im Umkreis von Harare die Londoner Märkte mit frischem Gemüse. Die Ware wird sofort nach der Ernte zum Flughafen gebracht und in der Nacht nach Heathrow geflogen, sodass sie am nächsten Morgen frisch im Regal liegt.

Dieses Exportgeschäft basiert auf mindestens drei Voraussetzungen. Erstens billige Luftfracht – dank der klapprigen alten Boeings, der Trampschiffe des modernen Handelsverkehrs. Zweitens ist eine moderne Kommunikationsinfrastruktur erforderlich – das Gemüse wird auf Bestellung geliefert. Die Gemüsefarmer müssen also in einer Weise erreichbar sein, wie dies früher nur in entwickelten Ländern möglich war. Drittens schließlich setzt dieser Handel natürlich einen offenen britischen Markt voraus. Gäbe es Importquoten und hohe Zölle, wäre er überhaupt nicht denkbar.

Es lässt sich also Folgendes feststellen: Das Gemüse wird unter Einsatz »geeigneter Technologie« produziert (d. h. in Handarbeit angepflanzt und geerntet, also mit arbeitsintensiven Methoden und relativ wenigen Maschinen). Die Gemüsefarmen schaffen auf diese Weise nicht wenige Arbeitsplätze in einer Volkswirtschaft, die Jobs dringend nötig hat. Gleichwohl sind die Produkte kostenmäßig wettbewerbsfähig, bedingt durch den geringen Lohnanteil der Beschäftigten, wobei diese – in Anbetracht fehlender Alternativen – dennoch um ihren Verdienst sehr froh sind. Bei den Beschäftigten handelt es sich, na klar, um Schwarze, die für Weiße arbeiten – und damit sind nicht nur ihre britischen Kunden gemeint, sondern auch die Gemüsefarmer, in deren Diensten sie stehen (weiße Siedler, die trotz des neuen Regimes im Land geblieben sind).

Der Osten steckt im Defizit: Chinas Handel realistisch betrachtet

Preisfrage: Wie lässt sich das Außenhandelsdefizit der Vereinigten Staaten ganz elegant beseitigen? Antwort: Indem man einfach New York City zu einer eigenständigen »Einheit« mit eigener Zahlungsbilanzstatistik erklärt. Ich möchte behaupten, dass damit der Rest der USA – nennen wir ihn »Festland-Amerika« – aus dem Schneider wäre.

Würde man nämlich New York getrennt behandeln, befänden sich die nach New York eingeführten Waren nicht länger auf der Soll-Seite der US-Zahlungsbilanz. Gleichzeitig wären alle Güter, die das Festland-Amerika nach New York liefert, als US-Ausfuhren zu betrachten. Natürlich wären andererseits alle Waren, die New York an den Rest der Welt liefert, aus der Festland-Ausfuhrliste zu streichen, während jene Güter, die von der City aus ins übrige Amerika geliefert werden, fortan als US-Einfuhren zählen würden. Dies würde jedoch kaum zu Buche schlagen, denn New York City produziert kaum physische Güter. Folglich kann man davon ausgehen, dass sich für die Stadt ein riesiges Handelsbilanzdefizit ergäbe – vermutlich ein größeres als für die USA insgesamt. Was zwangsläufig bedeutet, dass eine Abtrennung New Yorks dem Festland einen Überschuss bescheren würde.

Freilich würde das New Yorker Defizit beim Warenverkehr fast oder ganz durch Ausfuhren immaterieller Art (ins übrige Amerika und den Rest der Welt) ausgeglichen, etwa durch Finanzdienstleistungen oder Karten für das Musical *Cats*. Außerdem verfügt die

Stadt über eine unverhältnismäßig große Zahl wohlhabender Einwohner, die aus ihren Besitzungen andernorts hohe Einkünfte beziehen. Ein Überschuss in der *Leistungsbilanz* – einer Messgröße, die neben dem Warenverkehr auch die Dienstleistungsbilanz und die investiven Einkünfte berücksichtigt – wäre daher keineswegs überraschend. Betrachtet man jedoch im engeren Sinn nur die güterbezogene *Handelsbilanz*, wäre das US-Defizitproblem durch eine Isolierung New Yorks rein rechnerisch behoben. Natürlich würde sich dadurch an den realen Verhältnissen nicht das Geringste ändern – außer dass einige Leute sich vielleicht besser fühlen würden. Das Ganze hätte sozusagen rein psychologische Bedeutung.

Diese Idee scheint aus der Luft gegriffen, hat aber einen konkreten Hintergrund: Chinas politische Einverleibung Hongkongs, wodurch auch dem letzten schwachen Argument, mit dem man China und Hongkong als separate Wirtschaftsgebiete behandeln konnte, der Boden entzogen wurde. Gleichzeitig lässt dies manche Amerikaner (teilweise die gleichen wie gerade angesprochen) bei einem anderen Thema – der angeblichen Bedrohung durch Chinas Überschuss in der Handelsbilanz – aufatmen. In den letzten Jahren wies China ohne Hongkong, das so genannte »Festland-China«, im Warenhandel hohe und zunehmende Bilanzüberschüsse auf (die Leistungsbilanz allerdings schwankte um null). Rechnet man Hongkong jedoch mit ein, sind die hohen Handelsbilanzüberschüsse Chinas plötzlich verschwunden. Hierzu einige Fakten: Im Bezugsjahr 1997 (endend im April) wies China einen Handelsbilanzüberschuss von fast 24 Milliarden Dollar aus – doch dem steht für Hongkong, einen dienstleistungsstarken Stadtstaat, ein entsprechendes (und erwartbares) Defizit in Höhe von 19 Milliarden Dollar gegenüber. Es bleibt also per Saldo ein wenig beeindruckender Überschuss von 4,6 Milliarden Dollar übrig. Anders ausgedrückt: Chinas Handelsbilanzüberschüsse sind ein statistisches Artefakt, das schlicht daher rührt, dass ein Großteil der chinesischen Industriebetriebe ihren Geschäftssitz in Hongkong, das heißt jenseits einer im Grunde willkürlich gezogenen Grenzlinie hat.

Dies alles ist zwar für die realen Verhältnisse ohne Belang, mag aber zum Abbau der allgemeinen Ängste beitragen, die von unterbeschäftigten Japan-Warnern (die – wie einst die kalten Krieger – seit einiger Zeit auf der Suche nach neuen Feindbildern sind) fleißig geschürt werden.

Ein gutes Beispiel hierfür ist Alan Tonelson, der die neuen Befürchtungen in einer Rezension in der *New York Times* besonders deutlich zum Ausdruck brachte. Es handelte sich um eine Besprechung von *The Big Ten: The Big Emerging Markets and How They Will Change Our Lives*, einem Werk von Jeffrey Garten, dem früheren Unterstaatssekretär im US-Handelsministerium. (Der Artikel fiel mir deshalb auf, weil darin wörtlich aus einer Rede Richard Gephardts, des Oppositionsführers im Repräsentantenhaus und demokratischen Präsidentschaftsaspiranten, zitiert wurde.) Während er Garten einerseits lobte, weil er die Möglichkeit ernst nehme, dass »die zunehmende Fähigkeit der Zehn, hochentwickelte Güter und Dienstleistungen zu Niedrigstpreisen auf den Weltmarkt zu werfen, eine Gefahr selbst für den Lebensstandard der wohlhabenden, gut ausgebildeten Amerikaner« darstelle, kritisierte Tonelson ihn andererseits für seine Ansicht, die Entwicklungsländer – China eingeschlossen – böten auch wichtige neue Exportmärkte für die Industrieländer: »Die Verbrauchermärkte in diesen Schwellenländern werden wohl noch auf Jahrzehnte unbedeutend bleiben (...) Wenn sie ihre Löhne und Kaufkraft nicht niedrig halten, laufen sie nämlich Gefahr, dass die Auslandsinvestitionen ausbleiben. Doch die werden sowohl für den Schuldendienst als auch die Wachstumsfinanzierung dringend gebraucht.«

Ich bin immer dankbar dafür, wenn einflussreiche Experten derlei Meinungen von sich geben, noch dazu an so exponierter Stelle.

Lässt sich daran doch sehr schön zeigen, dass wir uns hüten müssen, die Leute allein schon wegen ihres Namens oder ihrer einflussreichen Position ernst zu nehmen, vor der Vorstellung, allgemein vertretene Ansichten könnten doch wohl so falsch nicht sein.

Tonelson behauptet ja, dass die Ausgaben der Volkswirtschaften in Schwellenländern *nicht* analog zum Wirtschaftswachstum (das heißt immer mehr Güter und Dienstleistungen werden erzeugt und verkauft) zunehmen werden. Folglich behauptet er implizit, dass diese Länder riesige Handelsbilanzüberschüsse anhäufen werden. Doch wenn eine Volkswirtschaft wächst, muss per definitionem auch das Gesamtvolkseinkommen ansteigen, und zwar in direktem Verhältnis zum Produktionswert. Diese Einkommenssteigerungen müssen sich zwar nicht unbedingt in höheren Löhnen niederschlagen, doch *irgendwo* müssen sie sich auf jeden Fall bemerkbar machen. Und warum nur sollte man annehmen, dass die Menschen in den Schwellenländern im Unterschied zu uns keine Konsumbedürfnisse haben?

Tatsächlich dürfte die umgekehrte Annahme richtig sein: Die Schwellenländer werden in der Regel Handelsbilanzdefizite (oder zumindest Leistungsbilanzdefizite) aufweisen. Denn schließlich werden diese Länder Auslandskapital anziehen, mit der Konsequenz, dass sie mehr als nur ihre eigenen Ersparnisse investieren können – was logischerweise bedeutet, dass sie mehr ausgeben können, als sie selbst verdienen. Oder sagen wir es so: Ein Land, das hinreichend Auslandsinvestitionen anzieht, um »sowohl den Schuldendienst als auch die Wachstumsfinanzierung« zu bestreiten, muss per definitionem mehr Waren und Dienstleistungen kaufen als verkaufen – hat also zwangsläufig ein Handelsbilanzdefizit. Der entscheidende Punkt ist auch hier wieder: Irgendwo *müssen* sich die Gelder niederschlagen.

Stellt sich die Frage: Wie kann ein Land denn ein Handelsbilanzdefizit aufweisen, wenn es einen so riesigen Kostenvorteil besitzt, bedingt durch eine industrieländerähnliche Produktivität in Verbindung mit Dritte-Welt-Löhnen? Die Antwort lautet, dass die

Prämisse nicht stimmen kann: Denn wenn die Produktivität in den Schwellenländern steigt, müssen dies auch die Löhne tun. Das angenommene Szenario, demzufolge diese Länder in der Lage sind, »hochwertige Waren und Dienstleistungen zu Niedrigstpreisen« zu erzeugen, ist schlicht unrealistisch.

Doch Logik hin, Logik her. Ich bin mir sicher, dass mancher Leser noch immer seine Zweifel haben wird. Ist es denn realiter nicht tatsächlich so, wird er sich fragen, dass Dritte-Welt-Länder massive Handelsbilanzüberschüsse aufweisen? Und bleiben ihre Löhne denn nicht tatsächlich hinter der Produktivität zurück?

Nun, werfen wir doch einmal einen Blick in die einfachsten Statistiken, indem wir uns etwa am Kiosk den *Economist* kaufen und die letzte Seite aufschlagen. Dort sind allwöchentlich gut aufbereitete Tabellen verzeichnet, in denen unter anderem die Wirtschaftsdaten für eine Reihe von Schwellenländern enthalten sind. Und sofort fällt uns auf: Von Gartens großen Zehn weisen sechs ein Handelsbilanzdefizit auf (ebenso die Gruppe insgesamt), und neun von ihnen haben ein Leistungsbilanzdefizit. Von den 25 aufgelisteten Volkswirtschaften sind siebzehn mit einem Handelsbilanzdefizit belastet, zwanzig mit einem Leistungsbilanzdefizit. An Lohndaten ist zugegebenermaßen nicht ganz so leicht heranzukommen. Eine recht gute Möglichkeit bietet jedoch die »Foreign Labor Statistics«-Website des US-Bundesamts für Arbeitsstatistik (U.S. Bureau of Labor Statistics). Dort erfahren wir, dass die taiwanesischen und südkoreanischen Stundenlöhne im Jahr 1975 bei nur 6 Prozent des US-Vergleichswerts lagen; für 1995 jedoch lauten die Ziffern 34 beziehungsweise 43 Prozent.

Welch eine Überraschung also! Die Fakten belegen ja tatsächlich, was der überaus optimistische Ökonom frei nach Pangloss*

* Im Original »Panglossian economist«: Gemeint ist eine anscheinend unangemessene, übertrieben optimistische Haltung. Dieser Ausdruck bezieht sich auf Pangloss, einen mit einem unverwüstlichen Optimismus ausgestatteten Charakter aus dem *Candide* von Voltaire.

prognostiziert hat: Die Schwellenländer weisen in der Regel ein Handelsbilanzdefizit auf, und die Löhne steigen mit der Produktivität. Für Gespenstervisionen bieten die realen Verhältnisse also überhaupt keinen Anhaltspunkt.

Doch deshalb verschwinden die Gespenstervisionen noch lange nicht. Dies kann bei ihren Vertretern – klugen Leuten wie Tonelson (oder Gephardt) – allerdings nicht auf schlichter Ignoranz beruhen. Es muss sich vielmehr um bewusste Ignoranz handeln. Für einen professionellen Kommentator auf dem Gebiet des internationalen Handels, der nicht nur regelmäßig zum Thema schreibt, sondern seine Analysen routinemäßig mit Statistiken unterfüttert, dürfte es nämlich ziemlich schwierig sein, *nicht* zu bemerken, dass die Länder der Dritten Welt in ihrer Handelsbilanz nicht Überschüsse, sondern Defizite aufweisen. Und Gleiches gilt für die Tatsache, dass die Löhne in jenen Ländern, in denen die Arbeit einstmals billig war, inzwischen drastisch gestiegen sind. Oder kann man sich etwa vorstellen, dass jemand eine solche Ökonomenkarriere durchläuft, ohne jemals zu merken, dass Länder, die einen starken Kapitalzufluss haben, aus rein arithmetischen Gründen zwangsläufig ein Handelsbilanzdefizit aufweisen müssen?

Aber vielleicht lässt sich die unheimliche Fähigkeit, solche Fakten und Relationen zu übersehen, ja durch eine Verengung des Blicks auf China erklären – hat es doch hier den Anschein, als trete ein riesiger Handelsbilanzüberschuss tatsächlich gleichzeitig mit starken Kapitalzuflüssen aus dem Ausland auf. Nun, wie oben bereits erläutert, handelt es sich bei diesem Handelsbilanzüberschuss größtenteils um ein statistisches Artefakt. Dennoch ist auf den ersten Blick gewiss schwer zu begreifen, wie China so viel ausländisches Kapital anziehen kann, ohne dass es dadurch zu einem hohen Leistungsbilanzdefizit kommt. Wo bleiben denn diese ganzen Gelder?

Nehmen wir noch einmal die letzte Seite des *Economist* zur

Hand und fragen wir uns, welches Land über den größten Handelsbilanzüberschuss verfügt. Antwort: Russland. Das verblüfft, denn die russische Wirtschaft ist ja alles andere als ein Muster an Wettbewerbsfähigkeit. Tatsächlich ist es auch genau umgekehrt: Der Überschuss ist hier Ausdruck des beklagenswerten Zustands der russischen Wirtschaft, in der nervöse Geschäftsleute und korrupte Beamte einen Großteil der Devisenerlöse abschöpfen und sie auf sicheren Auslandskonten parken. Folglich stehen diese Gelder nicht zur Finanzierung von Einfuhren zur Verfügung.

China, so fällt einem dabei ein, leidet an einer milderen Form derselben Krankheit. Dass die Zuflüsse ausländischen Kapitals kein Handelsbilanzdefizit finanzieren, hat seinen Grund darin, dass ihnen entsprechende Abflüsse heimischen Kapitals gegenüberstehen. Insbesondere wandern riesige Summen sicherheitshalber als finanzielle Reserven für ehrenwerte Hongkonger Geschäftsleute ins Ausland – denn man weiß ja nie, wie es mit der Stadt weitergeht. Und zweifellos ganz ähnlich ist es auch im Fall der korrupten chinesischen Beamten, die sich ein Pölsterchen schaffen für den Fall, dass – umgekehrt – in China irgendwann Hongkonger Verhältnisse einkehren sollten. Insoweit China also einen Handelsbilanzüberschuss ausweist, ist dies ein Zeichen der Schwäche, nicht der Stärke.

Dies alles soll freilich in keiner Weise die üble chinesische Politik entschuldigen. Für Hongkong fürchte ich in der Tat das Schlimmste und sorge mich nicht weniger als andere wegen der Auswirkungen der immer stärker werdenden Machtposition Chinas auf die politische und militärische Stabilität Asiens. Keine Sorgen indes macht mir Chinas Handelsbilanzüberschuss. Ihnen doch nun gewiss auch nicht mehr, hoffe ich!

Einige ergänzende Erläuterungen

Die Chinaschelte der Amerikaner entzündet sich im Übrigen weniger am Gesamtüberschuss der innerchinesischen Handelsbilanz (Hongkong ausgeklammert), sondern an Chinas anscheinend noch größerem bilateralem Überschuss im Handel mit den USA. Ich sage »anscheinend«, weil die Zahlen sehr kontrovers interpretiert werden. Das Problem besteht – was nicht überrascht – darin, China und Hongkong wirtschaftlich sauber zu trennen. Viele US-Exporte nach China gehen über Hongkong, und die Experten sind sich weitgehend einig, dass in der US-Statistik die Lieferungen nach Hongkong zu hoch und jene nach China zu niedrig angesetzt sind. Jedenfalls sind die 50 Milliarden Dollar, von denen oft die Rede ist, mit Sicherheit viel zu hoch gegriffen; 30 Milliarden dürften der Sache näher kommen. Doch auch wenn ich mit dieser Einschätzung falsch liegen sollte, bleibt es trotzdem ziemlich unsinnig, sich allein auf die chinesisch-amerikanische Handelsbilanz zu stürzen – genauso unsinnig, als würde man zum Beispiel den Handel zwischen den USA und Kanada betrachten und dabei die Im- und Exporte von New York City völlig unberücksichtigt lassen.

Insbesondere wiesen verschiedene Analysten darauf hin, dass die Zunahme der US-Importe aus China weitgehend durch eine Verlagerung der Produktion von Hongkong und Taiwan in die Volksrepublik bedingt ist – denn während das US-Defizit gegenüber China zugenommen hat, haben die bilateralen Defizite gegenüber den anderen beiden abgenommen. Das Gesamtdefizit gegenüber »Großchina« (alle drei Wirtschaftsräume zusammengerechnet) ist im Laufe der Zeit zwar angestiegen, doch bei weitem nicht so stark wie das bilaterale Defizit mit dem Festland-China.

Ich bin allerdings der Meinung, das starke bilaterale Ungleichgewicht im Handel zwischen den USA und China hat ganz andere, tieferreichende Gründe. Tatsächlich nämlich spiegelt sich darin eine Asymmetrie zwischen den offenen Märkten der USA und den geschlossenen Märkten andernorts wider. Dieses »andernorts« bezieht sich jedoch keineswegs auf China. Das Problem liegt vielmehr in anderen Industrieländern, insbesondere in Japan.

Erinnern wir uns, dass die Handelsbilanz insgesamt auf dem Gleichgewicht zwischen Ersparnis und Investition beruht! Letztlich hat sie also überhaupt nichts mit dieser oder jener Handelspolitik zu tun. Stellen wir uns nun vor, es tritt ein neuer Produzent auf den Plan, der gerne arbeits- beziehungsweise lohnintensive Erzeugnisse exportieren will und bereit ist, im Gegenzug (und wertmäßig in etwa gleicher Höhe) know-how- beziehungsweise kapitalintensive Güter einzuführen. Nun, in einigen Ländern (etwa den USA) wird dieser Produzent für seine Exportgüter recht offene Märkte vorfinden, während anderswo (etwa in Frankreich oder Japan) stillschweigende Handelsschranken bestehen, die dem Schwellenlandexporteur das Leben schwer machen. Was geschieht also wohl? Der neue Hersteller wird natürlich einen Großteil seiner Produktion in den offeneren Märkten absetzen, ohne aber einen äquivalenten Anteil seiner Importe aus diesen Ländern zu beziehen! Genau dies ist die Erklärung für den hohen bilateralen Überschuss Chinas in seiner Handelsbilanz mit den Vereinigten Staaten.

Doch noch einmal: Die Gesamthandelsbilanz ist an das Gleichgewicht zwischen Ersparnis und Investition gebunden. Folglich werden die USA mit ihren offenen Märkten ihr neues Defizit gegenüber China durch höhere Überschüsse oder geringere Defizite im Handel mit anderen Ländern ausgleichen (Vehikel dieser Verlagerung dürfte der Wechselkurs sein, d. h. ein schwächerer Dollar gegenüber den Währungen anderer Industrieländer). China wiederum wird seinen Überschuss im Handel mit den USA durch Defizite im Verkehr mit anderen Ländern kompensieren. Im Endeffekt findet auf der Ebene der Weltwirtschaft also eine Art »Schere-Papier-Stein«-Spiel statt: China schnappt Amerika Märkte weg,

Amerika schnappt anderen Industrieländern Märkte weg, und diese Industrieländer gleichen das ihrerseits wieder aus, indem sie China beliefern. Man könnte nun meinen, Amerika komme dabei relativ schlecht weg, weil es den Löwen- beziehungsweise Drachenanteil der chinesischen Ausfuhren aufnehmen muss, ohne im Gegenzug einen vergleichbaren Anteil des chinesischen Marktes für sich zu gewinnen. Das ist jedoch eine völlig falsche Sichtweise. Tatsächlich nämlich machen die Vereinigten Staaten in den meisten Punkten das bessere Geschäft.

Erstens lässt sich die These, die Vereinigten Staaten hätten relativ mehr Nachteile, weil sie im Unterschied zu anderen Ländern Importwaren ins Land lassen, mit dem klassischen Kommentar Frédéric Bastiats, eines Ökonomen des 19. Jahrhunderts, kontern: Sollen wir denn unsere Häfen schließen, weil andere Nationen felsige Küsten haben? Indem die Amerikaner lohnintensive Importgüter aus China zulassen und stattdessen andere Produkte erzeugen, ergreifen sie die Chance, sich auf das zu konzentrieren, was sie relativ gut können, und das zu unterlassen, was sie relativ schlecht können. Andere Industrieländer hingegen berauben sich dieser Chance: Denn was sie nun nach China zu exportieren beginnen, wird sich wenig von dem unterscheiden, was sie ehedem in die USA verkauften oder nun aus den USA beziehen.

Weiterer Punkt: Geht man davon aus, dass manche Branchen wichtiger sind als andere – weil sie zum Beispiel technologische Spillover- beziehungsweise Nebeneffekte erzeugen –, dann sind die Jobs, die Amerika den Japanern und Europäern in Bereichen wie Computertechnik und Halbleiter wegnimmt, mit Sicherheit als sehr wertvoll einzustufen. Von jenen Arbeitsplätzen, die uns durch Einfuhr chinesischer Hemden und Schuhe verloren gehen, wäre jedenfalls keinerlei Nutzen im Sinne externer Effekte zu erwarten.

Die durchaus nicht unbedeutende Kehrseite des Ganzen wollen wir natürlich nicht unterschlagen. Da unsere offenen Märkte Arbeitsplatzverlagerungen nach sich ziehen (Zugewinn an Hochlohnjobs; Verlust an Niedriglohnjobs), trägt die unverhältnismäßig starke Rolle der US-Märkte für chinesische Exportgüter tendenziell sicherlich auch zu einer Verschärfung des Problems der wachsenden Einkommensungleichheit bei.

Als wichtigen Punkt gilt es indes Folgendes zu begreifen: Das bilaterale Ungleichgewicht zwischen den USA und China bedeutet keineswegs, dass die Chinesen aus amerikanischer Naivität Nutzen ziehen (was sie wohl durchaus gerne täten, wenn sie könnten). Es hat seinen Grund vielmehr vor allem darin, dass andere Länder Chinas Exporte restriktiv behandeln, nicht in chinesischen Handelsbeschränkungen in Bezug auf amerikanische Waren. Über den Tisch gezogen werden die Amerikaner bei diesem Spiel also überhaupt nicht! Das Ungleichgewicht ist vielmehr ein Zeichen dafür, dass Amerika Chancen nutzt, die andere Industrienationen an sich vorbeiziehen lassen.

TEIL 4

DIE WACHSTUMS-ILLUSION

Wenige Themen sind in der Wirtschaftswissenschaft so umstritten wie der Konjunkturzyklus – jene Schwankungen bei Produktion und Beschäftigung (beziehungsweise Arbeitslosigkeit) im Rahmen der langfristigen Aufwärtsentwicklung. Noch vor einer Generation waren sich die Ökonomen über die Ursachen dieser Schwankungen weitgehend einig. Dann aber spaltete sich das Lager der Konjunkturtheoretiker in zwei rivalisierende Fraktionen. Teils hatte dies mit dem in den siebziger Jahren neu auftretenden Phänomen der »Stagflation« zu tun – dem unerwarteten und unangenehmen gemeinsamen Auftreten von Inflation und Arbeitslosigkeit. Hauptsächlich aber waren unterschiedliche methodische Ansätze und Präferenzen der Grund. Die einen forderten eine neue, zeitgemäße Variante des alten keynesianischen Ansatzes, während die anderen davon überhaupt nichts mehr wissen wollten. Die harte Auseinandersetzung um die Konjunkturtheorie war für den Berufsstand der Ökonomen zweifellos äußerst imageschädigend. Zudem entstand der allgemeine Eindruck, niemand verstehe wirklich etwas davon. So vermochten sich die abstrusesten Doktrinen zu etablieren – insbesondere die rigoros angebotsorientierte Theorie (in den USA als »supply-side economics« bekannt).

Nicht jeder weiß es, doch inzwischen ist diese unselige Kontroverse praktisch überwunden (der Princeton-Professor Alan Blinder nannte dies einmal das »hübsche kleine Geheimnis der Makroökonomie«). Zwar verwenden die beiden Lager noch immer eine unterschiedliche Begrifflichkeit, doch in der Sache selbst haben sie sich einander angenähert, wobei der neue Konsens sich nicht sehr von dem unterscheidet, was vor einer Generation schon einmal als verbürgt galt. Der durch die Kontroverse angerichtete Schaden ist freilich nicht so leicht aus der Welt zu schaffen. Die Reputation der Ökonomen hat gelitten; viele in der Öffentlichkeit sind noch immer der Meinung, die Ökonomie habe zu Konjunkturfragen wenig Nützliches zu sagen. So wundert es nicht, dass nach wie vor die unsinnigsten Theorien das Feld beherrschen.

Konjunktur hat derzeit vor allem eine Doktrin, die weithin als »Neues Paradigma« bekannt ist. Sie lässt sich auf die Behauptung reduzieren, als Folge neuer Kräfte wie Globalisierung und technologischer Wandel sei heute alles anders, die alten Spielregeln gälten nicht mehr, Wachstum sei rasch und in jeder Höhe dauerhaft möglich, die konjunkturellen Auf- und Abschwünge seien im Grunde ein Phänomen von gestern. Leider ist das meiste an dieser Theorie samt ihren Prämissen falsch, nicht zuletzt die These einer dramatischen Entwicklung in punkto Globalisierung und Technologie. Meine Zweifel hinsichtlich der Globalisierung habe ich bereits im Kapitel »Wir sind nicht die Welt« dargelegt; das erste Kapitel dieses Teils befasst sich nun in ähnlicher Weise mit der Technologie.

Noch wichtiger scheint mir der Hinweis zu sein, dass das Neue Paradigma auf einem grundsätzlichen Missverständnis beruht, da es offenbar keinen Unterschied kennt zwischen dem Konjunkturzyklus einerseits und dem langfristigen Wachstum andererseits. Dies hat zur Folge, dass die Funktion der Geldpolitik – Nutzen wie Grenzen betreffend – völlig falsch gesehen wird. Mit diesen Fragen werde ich mich im zweiten Kapitel dieses Teils – »Die Vier-Prozent-Chimäre« – befassen.

Wer an dauerhaft starkem Wachstum zweifelt, wird gern einem ebenso fehlgeleiteten Lager zugerechnet, nämlich jenen, die meinen, politische Priorität habe allein die Kontrolle der Inflation; gegen Rezessionen und Arbeitslosigkeit indes könne wenig oder nichts getan werden. Diese Meinung hat vor allem in den Zentralbanken ihre Anhänger, die aus rein ideologischen Gründen riesige, wiewohl vermeidbare wirtschaftliche Probleme in weiten Teilen der Welt billigend in Kauf nehmen. Im dritten Kapitel dieses Teils – »Eine Lanze für die Inflation« – setze ich mich daher am Beispiel Europas kritisch mit der einseitigen Betonung der Preisstabilität auseinander. Im vierten Beitrag erläutere ich, warum hauptsächlich monetäre Zurückhaltung (wenn auch nicht allein) an Japans wirtschaftlicher Malaise schuld ist.

In »Konjunkturschwankungen und ihre Ursachen« schließlich – ursprünglich als Buchrezension entstanden – setze ich mich mit einigen grundsätzlichen ökonomischen und wirtschaftsgeschichtlichen Themen auseinander. Wie wir sehen werden, lässt sich mit guten Gründen behaupten, dass wir auch in Zukunft mit konjunkturellen Auf- und Abschwüngen leben müssen.

Die Wunder der Technologie – weit überschätzt

In letzter Zeit ist in Wirtschaftskreisen viel vom so genannten Paradox der Informationstechnologie die Rede. Dieses Paradox lässt sich so beschreiben: Wir leben in einer Zeit beispiellosen technischen Fortschritts, der überall für große Effizienzgewinne sorgt. Was aber haben wir eigentlich davon? Von einem steigenden Lebensstandard ist beim Durchschnittsbürger ja wohl nicht viel zu merken. Für viele Menschen werden die Zeiten sogar härter statt leichter. Wenn wir also heute angeblich so clevere Burschen sind – wo bleibt dann der Wohlstand?

Im Rahmen der Erklärungsversuche wurde schon allerlei Schlaues gesagt und geschrieben. Ein Argument allerdings wagt offenbar kaum jemand vorzubringen: Könnte es nicht sein, dass die Wunder der Technologie, von denen allenthalben die Rede ist, doch nicht ganz so wunderbar sind?

Konkretisieren wir die Sache einmal. Denken wir an 2001. Nein, nicht das Jahr – den Film: *2001: Odyssee im Weltraum*. Der Streifen kam 1968 heraus. Sie werden ihn möglicherweise auch gesehen haben. Der Mittelteil des Films versuchte ein realistisches Bild des Lebens 33 Jahre später zu entwerfen – einer Zukunft also, von der wir heute (1996) gerade noch vier Jahre entfernt sind. In jener Filmwelt gab es für den Normalbürger regelmäßige Flüge zu Raumstationen mit Aufenthaltshallen im Sheraton-Stil, und die Computer waren schon so intelligent, dass sie streikten wie die Gewerkschaftler, wenn ihnen etwas nicht passte. An diesem Szenario gemessen ist die heutige Wirklichkeit leider ziemlich defizitär. Die Fluglinien haben noch immer keinen Orbitalurlaub im Angebot, und wenn mein Computer aufmüpfig wird, ist für ihn die Meldung »In Ihrer Anwendung ist ein Fehler aufgetreten. Beenden/Ignorieren?« das höchste der Gefühle. Wenn das reale 2001 auch nur annähernd der Filmversion gleichen soll, muss sich die Technologie gewaltig sputen.

Fakt ist: Lässt man die MIPS und Bytes einmal außer Acht und misst den technischen Fortschritt an seinem konkreten Nutzen für das Leben der Menschen und an ihrer Arbeitseffizienz, so stellt man rasch fest, dass die letzten dreißig Jahre nicht eine Zeit packender Leistungen, sondern permanenter Enttäuschung waren.

Das Auffälligste an den heutigen Computern zum Beispiel ist zweifellos nicht ihre Schnelligkeit und Handlichkeit, sondern ihre nachgerade renitente Dummheit. Damals, 1958, war der Pionier der Computerwissenschaft, Herbert Simon, davon überzeugt, dass bis zum Jahr 1970 ein Computer Schachweltmeister sein würde. So gesehen vermag die Tatsache, dass es IBMs Deep Blue viel später irgendwann doch schaffte, Gari Kasparow zu bezwingen, nicht gerade Freudentänze auszulösen. Wobei es noch ein Kinderspiel ist, einen Schachcomputer dieser Güteklasse zu bauen, verglichen mit den Anforderungen für den Bau etwa eines Roboterstaubsaugers, der in der Lage ist, selbstständig ein Wohnzimmer zu reinigen. Auf derlei technische Leistungen werden wir noch Jahrzehnte warten müssen.

Selbst dort, wo Computer heute fester Bestandteil des Alltags sind – in den Büros zum Beispiel – ist ihr Beitrag zur Produktivitätssteigerung eher umstritten. Die Wirtschaft begreift allmählich, dass jeder installierte Rechner mit immensen Betriebskosten verbunden ist – technischer Support, regelmäßige Software-Updates, regelmäßige Mitarbeiterschulungen und so weiter. Den 2 000 Dollar Anschaffungskosten stehen mithin versteckte Folge- beziehungsweise Unterhaltskosten in Höhe von bis zu 8 000 Dollar jährlich gegenüber. Wobei noch vorausgesetzt wird, dass der Mitarbeiter das Gerät auch vernünftig nutzt – und nicht während der Arbeitszeit Computerspiele testet oder im Internet surft.

Doch wie steht es mit Technologien, die nichts mit Bits und Bytes zu tun haben – etwa den Technologien des täglichen Lebens? Fragen wir uns doch einmal, wie eine typische Mittelschichtfamilie heute im Vergleich zu vor vierzig Jahren lebt – und vergleichen wir diese Veränderungen mit dem Fortschritt, der in den davorliegenden vierzig Jahren stattfand.

Ich vermag manche dieser Entwicklungen recht gut zu beurteilen, weil ich in einem Haus mit einer Originalküche aus den Endfünfzigern lebe. Der betagte Kühlschrank (der leider überhaupt nicht automatisch abtaut) und der offene Gasherd sind gewiss nicht das Gelbe vom Ei, doch praktisch und funktionstüchtig ist die Einrichtung trotz allem. Klar, eine Mikrowelle gab es 1957 auch noch nicht, und statt der brav-biederen Schwarz-Weiß-Sendungen von früher haben wir heute einen Comedy-Kanal mit allerlei Schlüpfrigkeiten. Doch im Großen und Ganzen hat sich das Alltagsleben nicht sonderlich verändert. Drehen wir die Uhr hingegen weitere vierzig Jahre zurück – ins Jahr 1917 –, so befinden wir uns in einer völlig anderen Welt, in der die Eisblöcke für die Kühltruhe von Pferdefuhrwerken angeliefert wurden. Damals gab es nicht nur kein Fernsehen, sondern überhaupt keine Massenmedien (die regelmäßigen Radioprogramme kamen erst 1920 auf). Außerdem lebte damals die Hälfte der Amerikaner auf dem Land, meist ohne Strom, oft ohne fließendes Wasser. Welchen sinnvollen Maßstab man auch immer anlegt: Der Wandel der Lebensverhältnisse war zwischen 1917 und 1957 weit gravierender als die Veränderungen, die von 1957 bis heute stattfanden.

Kurz gesagt: Die Vorstellung, wir lebten in einer Epoche des dramatischen technischen Fortschritts, beruht auf kollektiver Aufgeregtheit, mehr nicht. In Wahrheit nämlich passiert nicht allzu viel. Jedenfalls nicht in fundamentaler Hinsicht.

Damit will ich freilich keine Schuldzuweisungen verbinden. Bill Gates kann nichts dafür, dass er kein moderner Henry Ford ist. Die wirklich produktiven Ideen – etwa die innere Verbrennung oder das Fließband – liegen eben nicht auf der Straße. Es ist keine Tragödie, wenn wir uns bis zum nächsten Model T mit zweitklassigen Erfindungen wie dem PC zufriedengeben müssen. Doch die Techno-Hysterie, die uns umgibt, ist leider mit ganz realen Kosten verbunden. Sie animiert die Unternehmen zur Geldverschwendung; sie verleitet die Politiker zu schnellen High-Tech-Lösungen (jedem Schüler seinen Laptop!), wo sie sich besser mit den Bildungsgrundlagen beschäftigen sollten (jedem Schüler erst mal ordentlich Lesen und Schreiben beibringen!). Die eher niederschmetternde Wahrheit ist leider, dass die technische Entwicklung der letzten Zeit manchen Wunsch offen lässt. Nehmen wir's zur Kenntnis, doch lassen wir uns nicht weiter aufhalten!

Die Vier-Prozent-Chimäre

In letzter Zeit hat Alan Greenspan viel Kritik einstecken müssen. Einflussreiche Kreise werfen ihm und seinen Fed-Kollegen vor, der Wirtschaft allzu straffe Zügel anzulegen. Einer der prominentesten Kritiker ist sicherlich Felix Rohatyn (der selbst schon einmal als Fed-Vize gehandelt, aber nie offiziell nominiert wurde). Interessant ist, dass Rohatyn keineswegs eine mäßige Anpassung der Geldpolitik fordert – mit einer solchen Haltung hätte er sicherlich viele Ökonomen auf seiner Seite. Vielmehr votiert er für eine massive Geldmengenausweitung: Statt des 2- bis 2,5-prozentigen Wachstums, das die Fed offenbar anpeilt, schlägt er für das nächste Jahrzehnt 3,5 oder gar 4 Prozent vor. Ich will das Rohatyn-Lager deshalb fortan als die »Vierprozenter« bezeichnen.

Die Debatte über die Politik der Fed ist zweifellos an sich schon wichtig und betrachtenswert. Es lässt sich an ihr jedoch auch sehr schön illustrieren, wie und warum sich kluge Leute in Wirtschaftsfragen nicht selten blamieren.

Zu den spezifischen Argumenten der Vierprozenter komme ich noch. Beginnen will ich jedoch mit Grundsätzlichem. Nehmen wir eine Frage, die sich wohl die wenigsten stellen, dies aber durchaus tun sollten: Was verleiht Alan Greenspan eigentlich eine solche Macht? Damit meine ich nicht seine Funktion als Chef der Fed, sondern die Tatsache, dass die Entscheidungen des Fed-Offenmarktausschusses – einer Gruppe von eher uncharismatischen

Ökonomen und Bankchefs, die sich alle sechs Wochen treffen – ein solches Gewicht besitzen.

Die Frage lässt sich nur beantworten, wenn man die Rolle der Geldpolitik systematisch-modellhaft untersucht und begreift. Ich will daher zunächst kurz ein solches Verständnismodell entwickeln.

Sie brauchen sich nicht zu ängstigen. Es geht mir hier nicht um Gleichungen und abstrakte Theorien. Wir nehmen ein anderes Modell. Eines, das jeder versteht und das gleichzeitig eine amüsante Gedankenspielerei darstellt. Das Ganze ist am Schluss allerdings mit einer kleinen Quizfrage verbunden. Passen Sie also gut auf!

Möglicherweise kennen Sie dieses Modell, an dem sich die Funktion der Fed sehr schön darstellen lässt, bereits aus meinen früheren Büchern. Es stammt ursprünglich übrigens von Joan und Richard Sweeney und spielt in deren Artikel »Monetary Theory and the Great Capitol Hill Baby-Sitting Co-op Controversy« eine wichtige Rolle.

In den siebziger Jahren waren die Sweeneys Mitglieder einer Babysitting-Kooperative – eines Zusammenschlusses junger Paare, die wechselseitig ihre Kinder hüteten, um sich auf diese Weise mehr Freizeit zu verschaffen. Sobald eine solche Gruppe eine bestimmte Größe erreicht, bedarf es natürlich gewisser Regeln, um sicherzustellen, dass alle Beteiligten ihren fairen Arbeitsanteil ableisten. In diesem Fall einigte man sich auf ein Wertmarkensystem: Die Mitglieder erhielten Coupons mit dem Gegenwert von jeweils einer Babysittingstunde. Brauchte ein Paar einen Babysitter, bezahlte es diesen für seine Leistung mit der entsprechenden Anzahl Coupons. Die Empfänger konnten diese Marken bei Gelegenheit dann ihrerseits ebenso einsetzen. Das System war also in gewisser Weise narren- beziehungsweise missbrauchsicher. Auf längere Sicht würde jedes Paar zwangsläufig nicht nur Dienste in Anspruch nehmen können, sondern in entsprechendem Umfang auch erbringen müssen.

Nun wird bei näherer Betrachtung aber rasch klar, dass ein funktionsfähiges System dieser Art eine bestimmte Umlaufmenge an Coupons erfordert. Es kann ja sein, dass ein Paar mehrmals hintereinander ausgehen möchte, zwischendurch aber keine Zeit (oder keine Gelegenheit) hat, sich durch Babysitten die nötigen Coupons zu beschaffen. Außerdem hat ja nicht jedes Paar einen festen Freizeitplan. Dies verlangt Flexibilität und animiert die jeweiligen Paare, sich eine adäquate Couponreserve zuzulegen. Grundsätzlich wird die Kooperative also nur dann richtig funktionieren, wenn sich pro Paar gesehen eine gewisse Mindestmenge an Coupons im Umlauf befindet.

Die relativ komplizierten Regeln der Couponausgabe brauchen uns hier nicht im Detail zu interessieren. Es soll die Feststellung genügen, dass in der Kooperative nach einiger Zeit die Coupons knapp wurden. Das aber hatte einige sonderbare Konsequenzen. Die Ausgehbereitschaft der Paare nahm nun ab – denn die meisten besaßen nur wenige Reserven und wollten die wenigen Coupons, die sie hatten, für wichtige Gelegenheiten bereithalten. Natürlich versuchten die Paare auch, ihre Reserven aufzustocken, indem sie sich vermehrt als Babysitter anboten – doch die Gelegenheiten wurden immer rarer, weil die anderen Paare ja auch weniger ausgingen und tendenziell lieber babysitten wollten. Dadurch verstärkte sich der bestehende Trend noch: Immer weniger Paare waren ausgeh- respektive ausgabenbereit. Schließlich führte dieser Teufelskreis zur völligen Blockade: Die Leute saßen überwiegend daheim und wollten sich erst Coupons verdienen, bevor sie wieder auszugehen gedachten. Couponverdienmöglichkeiten gab es aber leider keine, eben weil ja niemand ausgehen wollte.

Volkswirtschaftlich ausgedrückt heißt dies: Die Babysitting-Kooperative war in eine Rezession geraten.

Die Mitglieder der Kooperative waren größtenteils Anwälte. Daher hatten es die wenigen Ökonomen schwer, sich durchzusetzen und die Gruppe davon zu überzeugen, dass es sich um ein rein *monetäres* Problem handelte. Die Juristen nämlich wollten *regulierend* eingreifen – mit einer Vorschrift, derzufolge jedes Paar mindestens zweimal im Monat hätte ausgehen *müssen*. Schließlich aber setzten sich doch die Ökonomen durch, und es wurden einfach mehr Coupons verteilt.

Das Resultat war frappierend: Angesichts größerer Couponreserven nahm nun auch die Ausgehbereitschaft wieder zu, weshalb sich die Gelegenheiten zum Babysitten wieder häuften, was wiederum die Ausgehbereitschaft förderte – und so weiter. Das BBP – das Brutto-Babysitting-Produkt der Kooperative, gemessen in Kinderbetreuungseinheiten – stieg kräftig an. Zu kräftig allerdings, weil schließlich *zu viele* Coupons in Umlauf waren. Dadurch kam es zu Problemen anderer Art. Die Zeichen standen nun auf Inflation ...

Hier nun die angekündigte Prüffrage: Wie gefällt Ihnen die Geschichte?

Falls Sie der Meinung sind: »Na ja, ganz nett. Nur: Was hat das Ganze mit der US-Wirtschaft zu tun?« – dann kann ich Sie nicht loben. Sie haben nämlich noch nicht begriffen, dass ganz einfache Modelle äußerst nützliche Instrumente zum Verständnis der komplexen Zusammenhänge unserer realen Welt sind.

Noch schlechter wäre es allerdings, wenn Sie sich sagen: »Was soll das eigentlich? Es geht hier um Globalisierung und die neue Informationswirtschaft, und der kommt mir mit einer läppischen Geschichte vom Babysitten!« In dem Fall haben Sie nämlich nicht nur keine Vorstellung vom Nutzen einfacher Modelle, sondern unterliegen auch dem naiven Irrglauben, Kluges über wirtschaftliche Zusammenhänge könne nur in großen Worten und komplexen theoretischen Begriffen ausgedrückt werden.

Tatsache ist aber, dass uns unser Modell – die Babysitting-Kooperative, die gleichsam eine Miniversion der realen US-Wirtschaft darstellt, in der Alan Greenspan als »Couponausgeber« fungiert – äußerst wichtige Einsichten vermittelt. Und zwar

Erkenntnisse, die in der Tat vielen selbsternannten, theoriefixiert daherredenden Experten völlig zu fehlen scheinen. Zwei zentrale Erkenntnispunkte will ich herausgreifen.

Erstens lernen wir, dass es einen fundamentalen Unterschied gibt zwischen jenem Wachstum, das über ein verbessertes Geldangebot herbeizuführen ist, und dem längerfristigen Wirtschaftswachstum. Wenn das BBP nach Ausgabe zusätzlicher Coupons in die Höhe schoss, hatte dies weder etwas mit einer verbesserten technischen Infrastruktur (neuer High-Tech-Ausrüstung etwa) zu tun, noch mit Qualifikationsverbesserungen (gesteigerter Effektivität) oder dem Wegfall etwaiger struktureller Lasten und die private Initiative hemmender Beschränkungen (Vorschriften, Regulierungen, Steuern/Abgaben). Das Marktversagen hatte nur einen einzigen Grund: mangelnde Liquidität. Folglich war das Problem durch Ausweitung der Geldmenge rasch zu beheben.

Zweitens lehrt uns das Beispiel, dass die Geldpolitik auch ihre Grenzen hat. Zu wenig Geld ist schlecht; zu viel aber auch. Bis zu einem gewissen Punkt also lässt sich das BBP durch Drucken zusätzlicher Coupons durchaus steigern; danach aber kippt die ganze Sache. Sind zu viele Coupons im Umlauf, leidet die Kooperative darunter. Volkswirtschaftlich ausgedrückt: Eine übertrieben expansive Geldpolitik ist kontraproduktiv.

Diese Erkenntnisse und Schlussfolgerungen gelten also zweifellos auch für die Volkswirtschaft im Großen. Konjunkturelle Erholungsphasen (etwa die Perioden 1982 bis 1989 und 1992 bis 1994), in denen die Fed Geld in eine darniederliegende Wirtschaft pumpte und auf diese Weise ungenutzte Kapazitäten wieder in den Produktionskreislauf integrierte, sagen sehr wenig über das Wachstum aus, zu dem eine Volkswirtschaft dauerhaft und nachhaltig in der Lage ist. Wer also behauptet, der Aufschwung der Reagan-Ära sei ein Gradmesser für das potenzielle langfristige Wachstum der US-Wirtschaft – würde man nur die Steuern hinreichend senken beziehungsweise eine Einheitssteuer einführen –, hat Lektion 1 unserer Parabel überhaupt nicht begriffen. Und wer glaubt, die Fed könne nach Gutdünken eine beliebige Wachstumsrate als Ziel vorgeben und auf ewig realisieren, hat auch Lektion 2 nicht verstanden.

Konkretisierung gefällig? Bitte sehr. Was die US-Wirtschaft angeht, lassen sich die zyklischen Ausstoßschwankungen sehr leicht vom langfristigen Wachstumspotenzial unterscheiden. Für die letzten zwanzig Jahre lässt sich Folgendes ziemlich gesichert feststellen: Sobald das Wirtschaftswachstum die Marke von 2,5 Prozent überschreitet, beginnt die Arbeitslosenquote zu fallen (etwa einen halben Prozentpunkt für jeden zusätzlichen Prozentpunkt beim Wachstum). Und umgekehrt gilt: Fällt das Wirtschaftswachstum unter die Marke von 2,5 Prozent, beginnt die Arbeitslosigkeit zu steigen. Daraus lässt sich mit großer Sicherheit schließen, dass der potenzielle Ausstoß der Wirtschaft um jährlich etwa 2,5 Prozent zunimmt (die Wirtschaft also ein Wachstumspotenzial von rund 2,5 Prozent besitzt). Auch die neuesten volkswirtschaftlichen Daten enthalten keinerlei Hinweis auf eine potenziell höhere »zugrunde liegende« Wachstumsrate – möglicherweise ist sie sogar ein wenig zurückgegangen, bedingt durch ein abgeschwächtes Wachstum der Erwerbsbevölkerung.

Wo genau die Grenzen der Expansion liegen, ist weniger leicht festzustellen. Dass es aber ein Limit geben muss, ist klar – die Babysitting-Parabel lässt daran keinen Zweifel. Nach dreißig Jahren intensiver Debatte und zahllosen statistischen Untersuchungen sind sich die Ökonomen weitgehend einig, dass sich die Inflationsspirale in dem Moment in Gang setzt, in dem die Fed die Arbeitslosigkeit zu sehr zu drücken versucht. Aber was heißt das konkret – wo liegt dieser Punkt? Nun, die Erfahrungen der Vergangenheit lassen vermuten, dass die rote Linie – die Ökonomen verwenden hierfür das berüchtigte Kürzel »NAIRU« (»non-accelerating-inflation rate of unemployment«, d. h. diejenige Höhe der Arbeitslosenquote, die mit stabilisierungspolitischen Maßnahmen erreicht werden könnte, ohne eine Beschleunigung der Inflation zu verursachen) – im Bereich von 5,5 bis 6 Prozent liegt. Wie sich aber gleich zeigen wird, ist die exakte Ziffer in der Auseinandersetzung mit den Vierprozentern völlig ohne Belang.

Sehen wir uns nun – bewaffnet mit unserem Modell – die Argumente der Fed-Kritiker etwas näher an. Vor allem folgende Frage: Was ist davon zu halten, wenn jemand für 4 Prozent jährliches Wachstum als Ziel für die nächsten fünf Jahre plädiert?

Wie wir gesehen haben, liegt die Wachstumsrate des potenziellen Ausstoßes – die immanente Rate der möglichen Produktionssteigerung also – mit großer Sicherheit bei höchstens 2,5 Prozent pro Jahr; jeder zusätzliche Prozentpunkt Wachstum senkt die Arbeitslosenquote mithin um 0,5 Prozent. Ein vierprozentiges Wachstum über fünf Jahre würde also zwangsläufig bedeuten, eine Arbeitslosenquote im Bereich von 1,5 Prozent anzustreben.

Ich kenne aber niemand, der dies für realistisch halten würde. Man mag ja der Meinung sein, die rote Linie (NAIRU) liege eher bei 5 statt 5,5 Prozent, meinetwegen sogar bei 4,5 Prozent, obwohl ein so niedriger Wert den statistischen Daten ganz klar widerspricht. Aber *1,5* Prozent? Wie können also kluge Köpfe nur behaupten, ein vierprozentiges Wachstum sei ein realistisches Ziel? Nun, ich selber habe schon häufig genug Gelegenheit gehabt, mit Vertretern der Wachstumsfraktion zu diskutieren, und Kollegen berichten von ähnlichen Erfahrungen. Die Argumente der Vierprozenter lauten meist so:

Zunächst behaupten sie, es sei alles anders geworden, denn die alten Regeln könne man in Zeiten der so genannten »Produktivitätsrevolution«, wie sie es zu nennen pflegen, getrost vergessen. Das Produktionspotenzial, hören wir, wachse heute viel rascher als früher.

Was soll man von dieser These halten? Nun, die Zahlen des Bureau of Economic Analysis (BEA), das für Produktivitätsschätzungen zuständig ist, deuten in keiner Weise auf eine »Produktivitätsrevolution« hin. In Wirtschaftskreisen werden diese Zahlen zwar häufig bestritten. Es lassen jedoch auch andere, unabhängige Parameter auf eher mäßige Produktivitätszuwächse schließen. Vor allem aber hilft es den Kritikern überhaupt nichts, wenn sie die Zahlen bestreiten. Denn dieselben amtlichen Werte, die zur Produktivitätsschätzung verwendet werden, liegen *auch* der Berechnung des BIP(Bruttoinlandsprodukt)-Wachstums zugrunde. Behauptet man also, die Produktivitätszuwächse lägen nicht bei 1 Prozent (wie vom BEA ermittelt), sondern bei 3 Prozent, muss man logischerweise auch behaupten, das BIP wachse um jährlich 4 nicht 2 Prozent. In diesem Falle aber würde die Fed ja bereits für 4 Prozent Wachstum sorgen – und das Problem der Vierprozent-Fraktion würde mithin gar nicht existieren! (Fed-Ökonomen sollen übrigens versucht haben, die Vierprozenter auf genau diesen Sachverhalt – sprich ihre eigenen Widersprüche – hinzuweisen, allerdings ohne Erfolg. Die Leute können oder wollen es offenbar nicht begreifen.)

Das zweite Argument, das die Wachstumsvertreter gern bemühen, ist die Globalisierung. Die Globalisierung – die neue Offenheit der amerikanischen Märkte für Importe – verhindere ein Wiederaufflammen der Inflation. Das hört sich zunächst vielleicht plausibel an. Ein Blick auf die Wirtschaftsgeschichte belehrt uns jedoch rasch eines Besseren. Wie kann jemand nur behaupten, eine handelsoffene Volkswirtschaft sei eine Garantie gegen Inflation, wenn er das Beispiel Großbritanniens betrachtet! In den achtziger Jahren benahmen sich die Briten – deren Anteil der Einfuhren am Bruttoinlandsprodukt (BIP) dreimal so hoch ist wie der der Amerikaner – in ihrer Geldpolitik so, als gäbe es keine Wachstums- beziehungsweise Expansionsgrenzen. Und welche Konsequenz trat ein? Eine schulbuchmäßige! Die Inflation explodierte geradezu und war nur auf Kosten einer zweistelligen Arbeitslosenquote wieder in den Griff zu bekommen.

Doch es gibt noch ein weiteres wichtiges Argument: Wie kann man nur über Globalisierung reden, ohne zu berücksichtigen, dass die USA einen frei schwankenden Wechselkurs besitzen! Was geschähe denn, wenn die Fed auf eine rigoros expansive Geldpolitik einschwenken würde? Nun, der Dollar würde auf jeden Fall an Wert verlieren. Wer also behauptet, die US-Preise würden durch die Auslandskonkurrenz grundsätzlich im Zaum gehalten, muss sich sagen lassen, dass ein fallender Dollar praktisch direkt die Inflation anheizt (also genau das Gegenteil dessen bewirkt, was behauptet wird). Anhand einschlägiger Inflationsstudien lässt sich sogar feststellen: Eine expansive Geldpolitik hat bei frei schwankendem Wechselkurs umso negativeren Einfluss auf die Inflation, je größer der Außenhandels- beziehungsweise Importanteil der Volkswirtschaft ist.

Dies bedeutet, dass weder das eine noch das andere Argument – weder »Produktivitätssteigerung« noch »Globalisierung« – eine lockerere Geldpolitik zu stützen vermag. Mag ja sein, dass es andere, tragfähigere Argumente für eine solche Politik gibt – von der Rohatyn-Fraktion jedenfalls sind mir bisher keine bekannt. Womit ich sagen will: Es handelt sich hier um eine äußerst unseriöse Debatte. So wenig es den Vierprozentern an Unterstützung aus Politik und Wirtschaft fehlt, so wenig ist es ihnen gelungen, ihre Position mit handfesten Argumenten zu untermauern.

Ich höre die Kritiker schon zetern: Jaja, der Krugman. Meint wieder mal, er sei klüger als alle anderen. Bin ich natürlich nicht (sonst hätte ich ja wohl schon ein dickeres Bankkonto). Fakt ist aber nun einmal, dass auch kluge Leute mitunter sehr dumme Dinge von sich geben. Das muss Gründe haben. Warum also liegen die Vierprozenter so katastrophal daneben? An welchem Modell orientieren sie sich eigentlich?

Die Antwort lautet natürlich, dass sie überhaupt nicht mit Modellen arbeiten. Das Problem bei Felix Rohatyn und Gleichgesinnten ist, dass sie das Prinzipielle nicht verstehen. Sie betreiben Ökonomie in Juristenmanier: Erst bilden sie sich eine Meinung zu dem Fall, dann suchen sie nach möglichst vielen Argumenten, die diese Meinung stützen können. Gleichzeitig sind sie der Auffassung, dass die Grunderkenntnisse der Ökonomie – etwa die Einsicht, dass die potenzielle Wachstumsrate bei zirka 2,5 Prozent liegt, oder die Erkenntnis, dass freier Handel eine gute Sache ist – in genau der gleichen Weise gewonnen wurden.

Doch damit liegen sie völlig falsch. Seriöse Wirtschaftswissenschaft geht ganz anders vor. Ein richtiger Ökonom fängt niemals mit der Wirtschafts*politik* an, sondern mit der Wirtschafts*analyse*, er fragt sich also: »*Wie funktioniert die Welt?*«. Dazu gehört fast immer die Arbeit mit Modellen – d. h. einer vereinfachten, das Prinzipielle herausarbeitenden Darstellung der realen Welt. Hat man sein Modell erarbeitet, kann man zu prüfen beginnen, wie gut es den Realitäten entspricht. Passt es einigermaßen, lässt sich nach den implizierten Größenordnungen und Wechselbeziehungen fragen. Politische Positionen entwickeln sich allenfalls aus dem Modell heraus, niemals umgekehrt. Wenn also die Fed-Ökonomen *keine* 4 Prozent Wachstum vorgeben, dann nicht deshalb, weil sie etwas gegen Wachstum hätten oder weil sie irgendeiner hirnlosen Ideologie anhingen, sondern weil sie von einem Modell der US-Wirtschaft ausgehen, das der Realität ziemlich gut entspricht und ihnen sagt, dass ein Wachstumsziel von 4 Prozent vollkommen unrealistisch ist. Sie können sich irren, gewiss – doch jede Gegenposition, die ernst genommen werden will, muss mit einem besseren, realitätsgerechteren Modell aufwarten können. Alles andere ist billige Rhetorik jenseits der ökonomischen Fakten.

Ich muss noch etwas hinzufügen. Wer sich schon einmal die Mühe gemacht hat, ein wirklich gutes ökonomisches Modell zu verstehen und auf seine Konsequenzen abzuklopfen (etwa die einfachen Modelle, von denen die Ökonomen ihre Argumente für freien Handel ableiten), macht eine so überraschende wie wichtige Entdeckung: Das Modell ist häufig »schlauer« als sein Anwender. Damit meine ich Folgendes: Sobald man gezwungen ist, seine Gedanken zu ordnen und in den systematischen Rahmen eines kohärenten (d. h. widerspruchsfreien) Modells zu stellen, wird man nolens volens zu Schlussfolgerungen gedrängt, die man eigentlich nie im Sinn hatte, oder man wird sogar gezwungen, liebgewordene Überzeugungen aufzugeben. Deshalb ist jemand, der ein noch so einfaches und trivial klingendes ökonomisches Modell begriffen hat, häufig auf eine bestimmte Art weitaus klüger als jemand, der tausend Fakten parat hat, viele schöne Anekdoten zu erzählen vermag und mit großen Worten um sich zu werfen versteht, jedoch über keinen kohärenten, die Gedanken ordnenden, disziplinierenden Rahmen verfügt. Falls Sie meine Babysitting-Parabel wirklich begriffen haben – Glückwunsch! Damit wissen Sie bereits mehr über das Wesen der Geldpolitik und der Konjunktur als 99 Prozent der »Renaissance Weekend«-Teilnehmer (vgl. Fußnote S. 74). Und falls Sie sich die Mühe gemacht haben, intensiv über das Beispiel mit dem englischen Tuch und dem portugiesischen Wein nachzudenken, das in jedem Ökonomielehrbuch steht, so kann ich Ihnen versichern, dass Sie das Wesen der Weltwirtschaft besser begriffen haben als der derzeitige US-Handelsbeauftragte (und die meisten seiner Vorgänger).

Und noch einen Punkt will ich ansprechen. Wenn ich auf den Unterschied zwischen seriöser Ökonomie und dem glatten Geschwätz, mit dem sich manch einer zu profilieren versucht, hinweise, bringt mir das leider immer wieder den Vorwurf der Arroganz ein. Ich weiß wirklich nicht, warum. Nein, im Ernst – denken Sie einmal darüber nach. Es ist nämlich genau umgekehrt. Was jemand wie Felix Rohatyn doch tatsächlich sagen will, ist Folgendes: »Mich brauchen die Theorien und Erkenntnisse der Wirtschaftswissenschaft nicht zu interessieren; ich habe es nicht nötig, mich mit Ökonomielehrbüchern herumzuschlagen; ich bin clever genug, um mir meine eigene Makroökonomie zurechtzuzimmern, und zwar eine, die sowieso viel besser ist als das, was *die* zu bieten haben.« Dann aber kommt dieser Spielverderber von Krugman daher und zerpflückt seine Argumente eins nach dem anderen, weist ihm nach, dass er Denkfehler begeht, mit denen kein Student der Wirtschaftswissenschaft sein Vordiplom bekäme. Und trotzdem heißt es hinterher nur: »Dieser Krugman – so was Arrogantes!«

Was tun angesichts dieser Situation? Ich will gerne zugeben, dass es die Ökonomen bislang dem interessierten Publikum ziemlich schwer gemacht haben, sich ein Grundverständnis der Ökonomie anzueignen, ohne deshalb gleich ein Fachstudium absolvieren zu müssen. Mathematik ist zweifellos ein wunderbares Werkzeug, doch Ökonomen versuchen viel zu wenig, die grundlegenden wirtschaftswissenschaftlichen Modelle allgemeinverständlich darzustellen – das heißt mit einem Minimum an Formeln und Fachjargon. Wir sollten uns wirklich stärker um eine klare und einfache Sprache bemühen; die Differenzialtopologie hat ihren Platz im Fachseminar. Ich tue mein Bestes, doch der Berufsstand hat hier sicherlich noch einen weiten Weg vor sich.

Gleichzeitig aber darf und muss man auch dem an einem Grundverständnis interessierten Laien ein bisschen etwas abverlangen. Wie schon angedeutet, ist damit weniger der Zeitaufwand als vielmehr die Einstellung gemeint. Was man Geschäftsleuten, Politikern und so weiter einfach vorhalten muss, ist, dass sie sich gerne lang und breit über Wirtschaftsfragen auslassen, jedoch alles ablehnen, was nur im Geringsten mit Lernen zu tun hat. Lieber lesen sie fünf Bücher von David Halberstam*, als nur ein einziges Kapitel in einem Lehrbuch. Und schon gar nicht mögen sie, sich mit ihrer Ansicht nach läppischen Parabeln auseinandersetzen (der Tuch/Wein-Geschichte, der Babysitting-Kooperative usw.). Dogmatisierendes Geschwätz über Globalisierung und die so genannte »neue Ökonomie« fällt ja auch viel leichter – und macht sich immer gut.

---

* David Halberstam ist ein renommierter US-Journalist, der u. a. eine Biographie des Basketball-Stars Michael Jordan geschrieben hat.

Doch ohne eine gewisse Anstrengung geht es nicht. Wenn Sie sich in Wirtschaftsfragen (oder auch auf anderen Gebieten) wirklich auskennen wollen, führt am immer wieder praktizierten, lebenslangen Lernen nichts vorbei. Man muss bereit sein, sich mit kleinen Modellen auseinanderzusetzen, um mit großen Worten sinnvoll umgehen zu können. Meist ist man sogar gut beraten, die großen Begriffe erst einmal ganz beiseite zu lassen. Wenn Ihnen das nicht schmeckt – wenn Sie glauben, für so etwas zu erwachsen zu sein –, werden Sie über das Niveau des dummen Schwätzers nicht hinauskommen, auch wenn Sie es nicht wahrhaben wollen.

Eine Lanze für die Inflation

Von Paul Samuelson stammt die denkwürdige Warnung vor dem »Schibbolethismus« in der Wirtschaftspolitik. Damit tadelte er den seichten Umgang mit Schlagworten, die allenthalben das wirkliche Denken ersetzen. Das hebräische »Schibboleth« hat streng genommen allerdings eine etwas andere Bedeutung: »Erkennungszeichen«, »Losungswort«, mit dem sich verschiedene Lager jeweils voneinander abgrenzen. Doch auf einer tieferen Ebene deckt sich auch das mit Samuelsons Intentionen, denn simplifizierende Vorstellungen werden in der Tat nur allzu häufig zu Erkennungszeichen Gleichgesinnter, zum Kitt, der das Lager zusammenhält. Eingeübte Phrasen werden dann rasch für selbstverständliche Wahrheiten gehalten.

Die öffentliche Diskussion über die Geldpolitik wird zunehmend von zwei solchen Lagern dominiert. Der identitätsstiftende Begriff der einen Gruppe heißt »Wachstum«; der des anderen Lagers »stabile Preise«. Wer weder der einen noch der anderen Seite angehört, hat es schwer, sich überhaupt Gehör zu verschaffen. Vor allem Journalisten und Politiker sind häufig überfordert, wenn sie es ausnahmsweise einmal mit einem Ökonomen zu tun haben, der sich weder in die eine noch die andere Schublade stecken lässt. Für sie scheint klar, dass die Zentralbank nur zwei Optionen hat: Entweder alles dem Ziel Nullinflation unterzuordnen (stabile Preise hält diese Fraktion für einen Segen schlechthin) oder die Inflation einfach laufen zu lassen und auf Wachstum zu setzen (damit, so der

Glaube, könnten die Wachstumsraten der sechziger Jahre wieder erreicht werden).

Doch dieses Entweder-oder ist purer (und gefährlicher) Schwachsinn. Denn beide Positionen sind falsch. Weder gibt es das uneingeschränkt problemlose Wachstum, noch hat der geradezu mystische Glaube an die Segnungen stabiler Preise seine Berechtigung.

Die Wachstumsfrage habe ich im Kapitel »Die Vier-Prozent-Chimäre« bereits ausführlich behandelt. Kommen wir also gleich zu den stabilen Preisen.

Das Wachstums- und Stabilitätsgesetz, 1995 von Senator Connie Mack eingebracht, erklärt »Preisstabilität zu einer Schlüsselbedingung für die Aufrechterhaltung eines höchstmöglichen Niveaus bei Produktivität, Realeinkommen, Lebensstandard, Beschäftigung und globaler Wettbewerbsfähigkeit« und verpflichtet die Fed, diese Stabilität als primäres Ziel zu verfolgen. Diese Erklärung kommt so überzeugend daher, dass jeder Zweifel daran als Sakrileg erscheint. Tatsächlich aber steckt sie voller Widersprüche, wie eine nähere Betrachtung rasch zeigt.

Tatsache ist nämlich, dass die Kosten einer Inflation im unteren einstelligen Bereich, wie sie derzeit in fast allen Industrieländern zu beobachten ist, theoretisch wie empirisch schwer zu fassen sind. Bei sehr hoher Inflation freilich – wenn die Bürger auf kostenträchtige Weise in Festwerte flüchten – verhält sich die Sache anders; doch derzeit befinden wir uns nicht annähernd in einer solchen Situation. Außerdem lässt sich mit großer Sicherheit sagen, dass sich die Inflationskosten nichtlinear zur Inflationsrate verhalten: Eine Inflation von 3 Prozent verursacht weit weniger als ein Drittel des Schadens, den eine neunprozentige Inflation anrichten würde.

Auch wenn der Nutzen der Preisstabilität mithin viel geringer ist, als Senator Mack sich das vorstellt, lässt sich natürlich trotzdem fragen: Ist er nicht dennoch die Mühe wert? Die Antwort lautet nein, denn die Nachteile würden bei weitem überwiegen. Die große Deflation der achtziger Jahre, die die Inflationsraten von etwa 10 Prozent auf zirka 4 Prozent drückte, war nur auf Kosten einer langdauernden hohen Arbeitslosigkeit bei gleichzeitigen Überkapazitäten möglich. In den Vereinigten Staaten erreichte die Arbeitslosenquote erst 1988 wieder das Niveau von 1979, und die kumulative Produktionseinbuße belief sich auf mehr als eine Billion Dollar. Alles deutet darauf hin, dass der Versuch, Nullinflation zu realisieren, mit einer durchaus vergleichbaren »Opferquote« verbunden wäre – dass es bis zu einer halben Billion Dollar an unvermeidlichen Ausstoßverlusten kosten würde, die restlichen etwa 3 Prozent Inflation zu beseitigen. Dies wäre eine riesige kurzfristige Bürde für einen kleinen, wenn überhaupt vorhandenen langfristigen Nutzen.

Doch unter Umständen wäre die Negativbilanz noch viel schwerwiegender. Es gibt gute Gründe für die Annahme, dass das Ziel Nullinflation nicht nur mit einem kurzfristigen Produktionsrückgang, sondern auch mit einer dauerhaft höheren Arbeitslosenquote verbunden wäre. Darüber wird allerdings noch kontrovers diskutiert. Noch besagt das Standardargument der Ökonomen – verkörpert im NAIRU-Konzept (»non-accelerating-inflation rate of unemployment«, d. h. die Höhe der Arbeitslosenquote, bei der sich die Inflation noch nicht beschleunigt) –, dass unter gewissen Bedingungen kein direkter Zusammenhang zwischen Inflation und Unterbeschäftigung besteht, niedrige Inflation langfristig also nicht unbedingt mit höherer Arbeitslosigkeit erkauft werden muss. Neuere Arbeiten von George Akerlof, William Dickens und George Perry weisen demgegenüber jedoch überzeugend nach, dass diese Entkoppelungs-Annahme zumindest bei sehr niedrigen Inflationsraten nicht mehr gilt.

Die NAIRU-Hypothese basiert auf der zweifellos vernünftigen Annahme, dass die Menschen mit den Auswirkungen einer Inflation recht gut umgehen können. Sowohl die Beschäftigten als auch die Arbeitgeber wissen, dass eine elfprozentige Lohnsteigerung bei 10 Prozent Inflation das Gleiche erbringt wie eine sechsprozentige Lohnsteigerung bei 5 Prozent Inflation. Folglich wird jedwede nachhaltige Inflationsrate in den Preisen und Löhnen berücksichtigt. Es spricht daher in der Tat alles dafür, dass die NAIRU-Hypothese im Grundsatz ihre Berechtigung hat – dass sich beispielsweise also mit einer zehnprozentigen Inflation langfristig *keine* wesentlich niedrigere Arbeitslosenquote erreichen lässt als mit einer fünfprozentigen Inflation.

Angenommen jedoch, die Inflationsrate ist sehr niedrig, mit der Konsequenz, dass die Marktkräfte in bestimmten Bereichen auf eine Senkung der Reallöhne hinwirken. (Selbst wenn die durchschnittlichen Reallöhne steigen, gibt es in der Regel Branchen und Beschäftigungskategorien, in denen die Reallöhne sinken müssen, wenn Vollbeschäftigung erhalten bleiben soll.) Ist nun eine zweiprozentige Lohnsteigerung bei fünfprozentiger Inflation das Gleiche wie eine dreiprozentige Lohnsenkung bei stabilen Preisen? Der hyperrationale Betrachter mag dies bejahen; doch der gesunde Menschenverstand sagt einem, dass ein großer psychologischer Unterschied zwischen einem Lohnanstieg unterhalb des Inflationsausgleichs und einer expliziten Lohnkürzung besteht. Akerlof, Dickens und Perry haben überzeugend nachgewiesen, dass die Beschäftigten eine nominelle Lohnkürzung in der Regel für indiskutabel halten: Die Verteilung der nominellen Lohnänderungen zeigt sehr wenige Fälle tatsächlicher Lohnsenkungen, während jedoch exakt bei Null eine enorme Konzentration festzustellen ist. Dies ist ein klarer Hinweis darauf, dass es eine beträchtliche Zahl von Beschäftigten gibt, deren Reallöhne eigentlich rascher fallen sollten als die Inflationsrate, dies aber nicht geschieht, weil Lohnkürzungen einfach tabu sind.

Diese Rigidität bei den Nominallöhnen bedeutet, dass der Versuch, die Inflationsrate sehr niedrig zu bekommen, die Reallohnflexibilität beeinträchtigt, was auch langfristig eine höhere Arbeitslosigkeit zur Folge hätte. Nehmen wir zum Beispiel Kanada, ein Land, dessen Zentralbank extrem auf Preisstabilität setzt (die derzeitige Inflationsrate liegt unter 1 Prozent). In den sechziger Jahren noch hatte Kanada in etwa die gleiche Arbeitslosenquote wie die USA. Als die Quote in den siebziger und achtziger Jahren dann ständig stieg, sahen viele Ökonomen die großzügigere kanadische Arbeitslosenunterstützung als Grund an. Doch auch als diese Sozialleistungen schließlich zurückgefahren wurden, nahm die Differenz zwischen den Arbeitslosenquoten der beiden Länder weiter zu – Kanadas Quote liegt derzeit bei 10 Prozent. Wie ist das zu erklären? Wie der kanadische Ökonom Pierre Fortin zeigte, beinhalteten im Zeitraum 1992 bis 1994 verblüffende 47 Prozent aller Tarifabschlüsse des Landes Lohnstopps – d. h. exakt null Nominallohnänderung. Die meisten Ökonomen stimmen daher wohl der These zu, dass Volkswirtschaften mit hoher Arbeitslosigkeit – etwa in Kanada – an mangelnder Reallohnflexibilität leiden. Und Fortins Daten lassen zudem vermuten, dass nicht strukturelle, mikroökonomische Probleme schuld an dieser Inflexibilität sind, sondern der überzogene antiinflationäre Eifer der Bank von Kanada.

Die Vorstellung, absolute Preisstabilität sei ein großer Segen und habe nur Vorteile, wenig oder gar keine Nachteile, ist mithin reine Einbildung. Die Fakten zeigen, dass genau umgekehrt ein Schuh daraus wird: Der Nutzen der Preisstabilität ist äußerst zweifelhaft, während die Kosten ihrer Realisierung auf jeden Fall hoch sind. Und selbst langfristig ist Nullinflation möglicherweise eine schlechte Option.

Nehmen wir also an, Sie lehnen sowohl das Wundermittel der Wachstumsfraktion als auch das altbekannte Heilsversprechen des Preisstabilitätslagers ab. Was bleibt dann eigentlich noch übrig? Für welche Art von Politik würden Sie plädieren?

Nun, eine realistische Politik jenseits der Schlagworte könnte so aussehen: Man setze sich als letztendliches Ziel eine relativ niedrige, doch realistische Inflation von beispielsweise 3 oder 4, doch keinesfalls 0 Prozent. Dies ist hoch genug, um den meisten Reallohnrückgängen, die die Märkte erzwingen, Rechnung zu tragen, während die Kosten der Inflation selbst sehr gering bleiben. Da aber die Geldpolitik sich nur mit großer zeitlicher Verzögerung auf die Inflation auswirkt, wird ein operationelleres Zwischenziel benötigt. Eine vernünftige Strategie könnte in dem Versuch bestehen, die Arbeitslosigkeit auf jenem Niveau zu stabilisieren, das nach bester Schätzung mit der auf Dauer angestrebten Inflationsrate am verträglichsten ist. Solche Schätzungen werden zwangsläufig ungenau sein; außerdem unterliegt die Wirtschaft im Laufe der Zeit natürlich strukturellen Veränderungen. Man muss sich also darüber im klaren sein, dass die angestrebte Arbeitslosenquote immer wieder graduell nach unten oder oben korrigiert werden muss, je nachdem, ob die erreichte Inflationsrate über oder unter dem Zielwert liegt. Und wann immer Fehleinschätzungen dazu führen, dass die Inflation vom Zielwert abweicht, muss die Politik natürlich darauf ausgerichtet sein, sie wieder auf das angestrebte Niveau zurückzuführen.

Dieser Vorschlag wird vermutlich auf beiden Seiten Protest auslösen. Das Wachstumslager wird ihn als Kapitulation denunzieren und darauf pochen, wir bräuchten ein höheres Wachstum, um unseren Lebensstandard verbessern und den Haushalt in Ordnung bringen zu können. Dem ist entgegenzuhalten, dass es in der Ökonomie nicht nur um das Wünschenswerte, sondern auch um das Machbare geht. Wachstum ist eine wunderbare Sache. Aber bekommen kann man es nicht einfach dadurch, dass man die Inflation sozusagen für tot erklärt.

Auch die Preisstabilitätsanhänger werden zetern und diese Strategie als unverantwortlich brandmarken, weil sie eine Rückkehr zu den bösen alten Inflationstagen der siebziger Jahre darstelle. Doch unsere Strategie ist so anachronistisch nicht. Ganz im Gegenteil, denn sie ist ein ziemlich genaues Abbild der realen Geldpolitik, die von einigen der wichtigsten Zentralbanken der Welt praktiziert wird. Insbesondere kommt meine Beschreibung jenem Verhalten sehr nahe, das die so genannte »Taylor-Regel« verlangt, welcher ja auch die Politik der Fed weitgehend folgt. (Ironischerweise ist ausgerechnet die Fed, deren Politik im Vergleich zu anderen westlichen Notenbanken als ausgesprochen wachstums- und beschäftigungsorientiert bezeichnet werden kann, Hauptzielscheibe der Wachstumsanhänger!) Sie passt jedoch auch recht gut auf andere Zentralbanken, etwa die Bank von England und – man wagt es kaum zu sagen – die Bundesbank, die sich zwar immer stramm monetaristisch gibt, aber die eigenhändig vorgegebenen Ziele selten erreicht.

Natürlich werden diese vernünftig agierenden Zentralbanken bestreiten, dass sie einer solchen Strategie folgen. Das ist verständlich. Denn wer unsere Medien kennt, weiß, dass jeder Zentralbankchef besser beraten ist, sich bei aller guten Absicht und trotz eines klaren Konzepts lieber nicht in die Karten schauen zu lassen. Dieses Doppelspiel birgt freilich auch seine Gefahren – vor allem die, dass man irgendwann selber zu glauben beginnt, was man ständig wiederholt (aber eigentlich nicht so meint). Ich denke hierbei an ganz konkrete Beispiele. Derzeit gibt es mindestens zwei wichtige Zentralbanken – die kanadische und die französische –, die wirklich zu glauben scheinen, was sie über ihr Ziel, die Preisstabilität, verkünden. Leider kostet diese Art von Offenheit ihr Land Hunderttausende von Arbeitsplätzen.

Es ist erschreckend einfach, sich eine Zukunft vorzustellen, in der sich die beiden großen monetären Lager die Welt (beziehungsweise die Industrieländer) untereinander aufteilen. In den Vereinigten Staaten jedenfalls sind mächtige Gruppen von links wie rechts unentwegt damit beschäftigt, den Leuten weiszumachen, wir könnten unsere Probleme »wegwachsen« lassen. Abgesehen davon, dass uns das vermutlich die Freuden der Stagflation wiederbringen dürfte, bedeutet diese Kampagne eine ernsthafte Schwächung unserer ohnehin schon schwankenden Entschlossenheit, den Haushalt in Ordnung zu bringen. Dennoch liegt die größere Gefahr wohl in Europa. Dort haben die Preisstabilitätsrhetoriker praktisch keine Konkurrenz – trotz der im Vergleich mit den USA viel schlechteren Arbeitsmarktlage. Es steht leider zu befürchten, dass der Einfluss dieses Lagers auf die Politik noch zunehmen wird.

Vor allem eine Frage gilt es zu stellen: Was wird die Währungsunion bringen? Die neue Europäische Zentralbank (EZB) operiert unter einer Verfassung, die Preisstabilität über alles stellt. Und noch wichtiger: Sie wird vermutlich glauben, sich als würdige Nachfolgerin der Bundesbank erweisen zu müssen – mit der fatalen Konsequenz, dass sie versucht sein könnte, eine Politik zu implementieren, die die Bundesbank eigentlich nur auf dem Papier verfolgt. Das wäre mit Sicherheit Gift für einen ohnehin schon belasteten Arbeitsmarkt.

Simple Schlagwörter geben den Menschen einfach ein gutes Gefühl. Sie ersetzen das Denken. Und je breiter sie sich durchsetzen, desto stärker ist ihre identitätsstiftende, gemeinschaftsbildende Kraft (genau das ist mit dem eingangs erwähnten »Schibbolethismus« gemeint). Doch wir müssen diese emotionale Ebene des Denkens und der Diskussion hinter uns lassen, auch wenn es schwer fällt. Denn die Geldpolitik ist eine zu ernste Sache, als dass wir sie unreflektierten Positionen überlassen könnten.

Woran Japan krankt

Wenn die zweitgrößte Volkswirtschaft der Welt nach vierzig Jahren eines beeindruckenden Wirtschaftswachstums sechs Jahre lang stagniert, ohne dass ein Ende der Malaise abzusehen ist, so müsste man eigentlich erwarten, dass die Frage nach den Gründen allen auf den Nägeln brennt. Doch nichts dergleichen. Selbst jetzt noch werden Japans Probleme seltsamerweise eher beiläufig diskutiert – und das leider sogar in Japan selbst. An Stelle einer ernsthaften, tiefgreifenden Analyse bekommt man in der Regel eine lange Liste von Kritikpunkten präsentiert. Das Land besitze einen schwachen Finanzsektor, hören wir; es leide an Überregulierung; es fehle an Wettbewerb; japanische Firmen verlagerten ihre Produktion nach Südostasien; und so weiter. All das stimmt ja auch. Doch eine Auflistung ist noch lange keine Analyse. Man kann sogar behaupten, dass eine solche Additionsmentalität sehr schädlich ist, weil sie einem gewissen Fatalismus Vorschub leistet. Denn es entsteht so zweifellos der Eindruck, dass bei dermaßen vielen Problemen schnelle Hilfe schwierig sei.

In Wahrheit aber sind die Dinge gar nicht so kompliziert und schwierig. Japan mag ja viele Probleme haben – doch wo ist das anders? Das Haupthindernis für eine wirtschaftliche Erholung sind keineswegs die strukturellen Defizite. Es fehlt einfach nur an klarem Verstand und etwas Mut.

Erstens nämlich ist festzustellen, dass die meisten der allenthalben vorgebrachten Kritikpunkte mit der Ineffizienz der Wirtschaft zu tun haben. Anders ausgedrückt: Alle diese Punkte tragen in irgendeiner Weise dazu bei, die Fähigkeit zur Erzeugung von Gütern und Dienstleistungen zu mindern – sie verringern also die Produktionskapazität, schwächen mithin die Angebotsseite. Das unmittelbare Problem der japanischen Wirtschaft hat aber nichts mit der Angebotsseite zu tun, sondern mit der Nachfrageseite. Da es an Nachfrage fehlt, vermag die Wirtschaft die vorhandenen Produktionskapazitäten gar nicht zu nutzen. Und für dieses Problem sind die meisten Punkte auf den üblichen Kritiklisten schlicht irrelevant.

Theoretisch gesehen sollten moderne Volkswirtschaften eigentlich nicht allzu lange an Nachfrageschwäche leiden. Denn es ist im Grunde nichts leichter, als die Nachfrage zu steigern: Die Zentralbank (hier also die Bank von Japan) braucht nur die umlaufende Geldmenge auszuweiten, oder die Regierung legt ersatzweise Ausgabenprogramme auf. Stellt sich die Frage: Warum dauert dann Japans Misere schon über ein halbes Jahrzehnt an?

Nun, dafür gibt es zweifellos auch strukturelle Gründe. Japans Verbraucher sind noch immer Weltmeister im Sparen. Dies bedeutet, dass die Unternehmen mit entsprechenden Anreizen dazu gebracht werden müssen, eine hohe Investitionsrate aufrechtzuerhalten, will man eine Nachfrageschwäche vermeiden. Das Problem wird leider dadurch verschärft, dass aufgrund des wackligen japanischen Bankensystems die nötigen Kredite fehlen. Dies bedeutet: Will man die Nachfrage so weit steigern, dass die Wirtschaft ihre Produktionskapazität mehr oder minder voll nutzt, bedarf es eines kräftigen Anschubs. Doch ein solcher Anschub ist ja grundsätzlich möglich. Spricht denn etwas dagegen?

Der Haupteinwand stellt sich so dar: Die Zinssätze seien bereits dermaßen niedrig, dass die Bank von Japan gar nicht mehr tun könne. Gleichzeitig habe die Regierung leider ein gravierendes Haushaltsproblem, so dass ihr sowohl im Ausgabenbereich als auch mit Blick auf etwaige Steuersenkungen der Handlungsspielraum fehle. Folglich könne man nichts weiter tun, als einige strukturelle Reformen vorzunehmen und im Übrigen auf Besserung zu hoffen.

Das hört sich konsequent und verantwortungsbewusst an. Tatsächlich aber basiert die Argumentation auf einer völlig falschen Prämisse. Denn die japanische Notenbank hat ihren Handlungsspielraum mitnichten ausgeschöpft.

Streng genommen nämlich gibt es für eine Zentralbank bei der Ausweitung der Geldmenge keine Grenze. Wenn die Bank von Japan also wollte, könnte sie die Geldbasis – das heißt Bankreserven plus umlaufende Geldmenge – im Verlaufe des nächsten Jahres sagen wir verdoppeln, indem sie einfach japanische Staatstitel im nötigen Umfang ankauft. Allerdings ist es denkbar, dass selbst eine so starke Geldmengenausweitung nicht die angestrebte Zinssenkung bewirkt, da die Zinsen bereits auf sehr niedrigem Niveau sind. Doch eine solche Maßnahme hätte auch noch andere potenziell segensreiche Wirkungen. Zum Beispiel kann eine höhere Umlaufgeldmenge direkt die Nachfrage ankurbeln. Oder aber die nun in Reserven »schwimmenden« Banken werden leihwilliger und senken die Kreditzinsen. Oder die Verbraucher mit ihren dicken Sparkonten machen von anderen Anlagemöglichkeiten mehr Gebrauch. Und selbst wenn es mit all diesen Optionen nichts werden sollte, hat die Verbreiterung der monetären Basis durch Ankauf von Staatstiteln trotzdem ihr Gutes – denn die Regierung verfügt nun wieder über mehr Handlungsspielraum, den sie für Ausgabenprogramme oder Steuersenkungen nutzen kann.

Vergessen wir also all die langen Listen mit Gründen für Japans Konjunktureinbruch. Die Lösung für Japans drängendste Probleme ist recht einfach: Geld drucken, und zwar en masse.

Wie aber steht es dann mit der Inflationsgefahr? Nun, vergessen wir bitte nicht, dass die Leute der japanischen Zentralbank ja wenig zutrauen. Die Verbraucher werden also dadurch, dass die Bank Geld druckt, so schnell nicht aus der Reserve zu locken sein. Zu

Inflation kommt es indes nur, wenn die Menschen das Geld auch ausgeben, und zwar mehr, als die Angebotsseite verkraften kann, also wenn die Produktionskapazität nicht ausreicht. Man kann folglich nicht auf der einen Seite argumentieren, die Geldpolitik sei hinsichtlich der Nachfragestimulierung wirkungslos, und im gleichen Atemzug behaupten, eine Geldmengenausweitung heize die Inflation an!

Warum also versucht es die Bank von Japan nicht? Die überzeugendste Erklärung scheint mir die zu sein, dass die Bürokraten bei der Zentralbank und im Finanzministerium noch immer zittrige Hände bekommen, wenn sie an die »Blasenwirtschaft« denken – jene wilde Spekulation Ende der achtziger Jahre, die die Aktienkurse und Grundstückspreise in abenteuerliche Höhen trieb (wir erinnern uns, dass der Grund und Boden, auf dem der Kaiserpalast steht, angeblich einmal mehr wert war als der gesamte Staat Kalifornien). Sie sind der Ansicht, eine zu lockere Geldpolitik habe den ganzen Schlamassel damals verursacht (was stimmen mag) und das Platzen der Spekulationsblase habe anschließend den Niedergang der neunziger Jahre eingeleitet (wofür es ebenfalls gute Gründe gibt). Angesichts dieser Erfahrungen haben sie nun Angst, den gleichen Fehler noch einmal zu begehen.

Vielleicht kann ein alter Witz helfen, diese psychologische Blockade zu lösen: Ein Autofahrer überfährt einen Fußgänger und sieht ihn hinter sich auf der Straße liegen. Er dreht sich erschrocken um und ruft: »Tut mir furchtbar leid, machen wir's rückgängig!« – und setzt seinen Wagen zurück, wobei er sein Opfer ein zweites Mal überfährt. Genau so verhalten sich derzeit Japans Wirtschaftslenker. Es will ihnen nicht in den Kopf, dass 1997 nicht 1987 ist und dass das Gegenteil dessen, was sie damals taten, die heutigen Probleme nur noch vergrößert.

Konjunkturschwankungen und ihre Ursachen

Büchern, die mit Geschichtstheorien – also Erkenntnissen über zeit- und raumübergreifende Strukturen – aufwarten, begegnet man in Fachkreisen zu Recht mit Skepsis. Im Glücksfall kann dabei gewiss ein sehr gutes Buch herauskommen. Ein Klassiker wie William McNeills *Plagues and Peoples* (*Die großen Epidemien*) etwa vermag das Menschen- und Geschichtsbild des Lesers völlig umzukrempeln. Die meisten großangelegten Interpretationsversuche scheitern hingegen und bieten wenig mehr als bemühte Analogien, vermischt mit prätentiös präsentierten Platitüden. Die Geschichtsklitterungen der schlimmeren Sorte will ich hier erst gar nicht erwähnen.

Dessen ungeachtet hat die Öffentlichkeit ein Faible für große Entwürfe, die alles zu erklären scheinen, und folglich drängen immer wieder solche Bücher auf den Markt. David Hackett Fischers *The Great Wave: Price Revolutions and the Rhythm of History* ist so ein Werk, das bereits ziemlich viel Furore gemacht hat. Bemerkenswert bei diesem über fünfhundert Seiten starken Epos, das sich überwiegend mit Ereignissen befasst, die Jahrhunderte (und teilweise sogar Jahrtausende) zurückliegen, ist, dass der Beifall großenteils aus der Wirtschaft kommt – einem gesellschaftlichen Bereich also, dem man nicht unbedingt ein ausgeprägtes Geschichtsinteresse nachsagen kann. Und noch verwunderlicher ist es, dass Lob ausgerechnet von jenen kommt, die im selben Atemzug behaupten, wir lebten in einer »neuen Ökonomie«, in der die alten Regeln ausgedient haben.

Diese sonderbare Affinität zwischen einem Historiker, der die Dinge aus einer Jahrtausendperspektive betrachtet, und Wirtschaftskommentatoren, die auf das Neue geradezu versessen sind, hat freilich einen Grund. Die Jetztzeit-Experten sind nämlich vor allem daran interessiert, Fischers aus der alten Geschichte herausgelesene Strukturen für ihre Zwecke zu nutzen: Sie sind für diese Leute das Alibi, mit dem sie glauben, sich über die Lehren der neueren Geschichte hinwegsetzen zu können.

Fischers Buch macht auf den ersten Blick einen vielversprechenden Eindruck. Die Inflation ist ja ein durchaus plausibler Gegenstand für eine weitreichende Suche nach Parallelen und gemeinsamen Prinzipien. Auch ist Fischer mit einer mitreißenden und eloquenten Verteidigung der Rolle der Quantifizierung in der Geschichte der Einstieg recht gut geglückt (obwohl ich diesbezüglich noch immer Colin McEvedys Einleitung zum *Penguin Atlas of Ancient History* vorziehe; dort steht der eherne Satz: »Geschichte, als Zweig der Wissenschaften vom Menschen, muss sich letztlich mathematisch ausdrücken.«). Dennoch räume ich *The Great Wave* gern einen Platz in meinem Bücherregal ein, denn es enthält viele Fakten und Zahlen und stellt auch ein sehr gutes Referenzwerk für Datenquellen dar. Der Autor hat wirklich keine Mühen gescheut.

Umso bedauerlicher ist es, dass das Buch letztlich auf eine so falsche Schiene gerät. Doch urteilen wir nicht allzu hart, denn es sind interessante Fehlleistungen. Es lohnt sich also, Fischers Irrtümern und ihren Ursachen nachzugehen.

Der Autor beginnt mit einer empirischen Beobachtung: Betrachtet man die Geschichte der Preise in der westlichen Welt seit dem 12. Jahrhundert, ergibt sich grob gesehen ein zyklisches Bild – Preissteigerungsepochen wechseln mit Preisstabilitätsepochen. Wie allgemein bekannt ist, war das 12. Jahrhundert eine Epoche der Inflation, und dass ein kontinuierlicher Preisanstieg auch die Jahre zwischen 1500 und 1700 prägte, wussten wir ebenfalls schon. Fischer weist aber nach, dass es auch im Mittelalter vor der großen Pest relativ wohldefinierte Preissteigerungsepochen gab, desgleichen im 18. Jahrhundert.

Was hat eigentlich die konventionelle Wirtschaftstheorie zu diesen »Preisrevolutionen« zu sagen? Nun, die beiden bekannten Revolutionen werden in der Regel jeweils auf eine Geldmengenausweitung zurückgeführt – allerdings mit jeweils sehr unterschiedlichen Ursachenfaktoren für diese Mengensteigerungen. Die lange Inflationsphase von 1500 bis 1700 wird hauptsächlich dem Silberzustrom aus den spanischen Kolonien in der Neuen Welt zugeschrieben. In der modernen Welt ist das Schürfen nach Edelmetallen natürlich aus der Mode gekommen. Die Regierungen können nun einfach die Notenpresse anwerfen und haben dies auch immer wieder getan, um zum Beispiel ihre Schulden zu bezahlen oder – löblicher – die Arbeitslosigkeit zu bekämpfen (und dabei Inflation in Kauf zu nehmen).

Fischer aber kritisiert derlei Erklärungsversuche. Er behauptet, Inflation sei nur das Symptom eines tieferliegenden Prozesses, der auch für das Bevölkerungswachstum, die zunehmende Ungleichheit, die rückläufigen Reallöhne und eine letztendliche Krise verantwortlich sei. Ferner behauptet er, dieser Prozess sei repetitiv; in qualitativer Hinsicht handle es sich bei Preisrevolutionen mithin immer um den gleichen Vorgang. Speziell die westlichen Probleme der letzten Jahrzehnte hält er für das typische Endspiel einer Preisrevolution – wir könnten folglich Hoffnung schöpfen, denn nach einer solch schwierigen Zeitspanne folge zwangsläufig wieder eine ausgedehnte »Gleichgewichts«-Phase.

Diese These hört sich hübsch an mit ihrer beruhigenden Implikation, das Schlimmste sei offenbar vorbei. Wo also liegt der Haken? Nun, grundsätzlich macht Fischer in *The Great Wave* einen Fehler, den er mit vielen Wirtschaftshistorikern, die in erster Linie Historiker und nicht Ökonomen sind, teilt: Er jagt lieber ein ganzes Jahr lang den historischen Fakten nach, als dass er sich nur einen einzigen Tag Zeit nimmt, um sich intensiv mit einer Theorie auseinanderzusetzen – und sei es auch nur zu dem Zweck, sie zu widerlegen. Dies hat die Quijotesche Konsequenz, dass er gegen herkömmliche Inflationstheorien kämpft – wobei er behauptet, sie mit seinen Erkenntnissen widerlegen zu können –, die es in der von ihm beschriebenen Form gar nicht gibt. Mitunter liegt Fischer mit seinem Verständnis sogar ganz haarsträubend daneben.

Fischers Ungeduld mit dem analytischen Denken zeigt sich freilich auch an seinen eigenen Ideen. Das Buch enthält nicht wenige schlimme Patzer – Behauptungen, die sich ohne die geringste Anstrengung widerlegen lassen. Nehmen wir als Beispiel nur seine Ausführungen zu den Ursachen des großen Preisanstiegs nach 1500. Er stellt richtigerweise fest, dass die Preise in Europa bereits einige Zeit vor Einsetzen des Silberzustroms aus der Neuen Welt zu steigen begannen, glaubt aber, dass diese Tatsache jede monetaristische Erklärung ausschließe. Dem ist keineswegs so. Wie er selber einräumt, nahm Ende des 15. Jahrhunderts die europäische Silberproduktion stark zu, hauptsächlich in Böhmen und Süddeutschland. (Die Münzen, die zum Beispiel aus der Sankt Joachimsthaler Silbermine stammten, kamen so weit in Umlauf, dass »Thaler« sich als Bezeichnung für die Silbermünze schlechthin durchsetzte – und letztlich, nach allerlei Änderungen in Schreibweise und Aussprache, auch der US-Währung ihren Namen gab.) Fischer behauptet indes, die europäische Silberproduktion sei Ergebnis, nicht Ursache der Inflation gewesen. Die Silberminen seien deshalb eröffnet und erweitert worden, weil infolge der steigenden Preise »ein extremer Liquiditätsengpass« geherrscht habe.

Sehen wir uns dieses Argument etwas genauer an. Wir können getrost davon ausgehen, dass die deutschen Minenbesitzer des 15. Jahrhunderts von einem europäischen Liquiditätsbedarf weder etwas wussten noch sich um derlei Dinge scherten. Was sie interessierte, war allein ein guter Gewinn aus ihrem Geschäft. Fragen wir uns also: Macht Inflation (d. h. ein Anstieg der in Silber ausgedrückten Preise von Gütern und Dienstleistungen) den Betrieb einer Silbermine eigentlich profitabler oder unprofitabler? Die Antwort ist völlig klar: *unprofitabler*. Denn für ein Kilo Silber, das unter Tage gewonnen wird, lassen sich unter Inflationsbedingungen ja immer weniger Güter und Dienstleistungen kaufen. Hätte Fischer auch nur einen Moment versucht, seine These logisch zu durchdenken, hätte er rasch gemerkt, dass sie nicht stimmen kann. Leider aber beruht seine gesamte Theorie entscheidend auf der falschen Annahme, steigende Preise zögen zwangsläufig eine verstärkte Geldschöpfung nach sich.

The Great Wave leidet allerdings noch an einem anderen, sogar gravierenderen Fehler. Wie so oft, wenn versucht wird, vom großen geschichtlichen Bogen Schlussfolgerungen für die Gegenwart abzuleiten, stellt auch Fischers These implizit eine Leugnung der grundlegenden Veränderungen im Gefolge der Industriellen Revolution dar. Doch es war zweifellos ein Wandel qualitativer Art, der im 18. Jahrhundert einsetzte und nicht nur das Wirtschaftsleben, sondern die Gesellschaft insgesamt erfasste – sogar der tiefgreifendste Wandel seit den Anfängen der Zivilisation überhaupt. Dies soll nicht heißen, dass wir aus früheren Jahrhunderten nichts lernen können; allerdings sollten wir sehr vorsichtig sein, wenn wir Parallelen ziehen.

Die vorindustrielle Welt unterscheidet sich in vielerlei Hinsicht von unserer heutigen. Ich will hier nur zwei Aspekte herausgreifen, die in diesem Zusammenhang besonders wichtig sind.

Erstens ist festzustellen, dass Malthus* für 5 500 der letzten 5 700 Jahre Recht gehabt hat. Damit will ich sagen, dass praktisch in der gesamten Geschichte der Zivilisation technische Verbesserungen *keine* nachhaltige Steigerung des Lebensstandards bewirkten. Vielmehr wurden die auf technischen Errungenschaften beruhenden Produktivitätssteigerungen durch das Bevölkerungswachstum

* Thomas Robert Malthus (1766–1834), britischer Nationalökonom und Sozialphilosoph, dessen Bedeutung vor allem auf seiner Bevölkerungstheorie beruht.

wieder aufgezehrt, ja der Druck auf die Ressourcen (Nahrungsmittel) nahm schließlich so sehr zu, dass sich die Lebensbedingungen der Massen praktisch wieder auf ihr Ausgangsniveau zurückentwickelten. Die Untertanen Ludwigs XIV. waren kaum besser genährt als die Bewohner der antiken sumerischen Stadtstaaten. Anders formuliert: Während die Menschen in guten Zeiten einigermaßen über die Runden kamen und Kinder großzuziehen vermochten, war ihre Situation insgesamt doch so prekär, dass sich die Reihen durch das Wirken der vier »apokalyptischen Reiter« (Krieg, Pest, Hunger, Tod) immer wieder stark lichteten und die Bevölkerung relativ stabil blieb.

Es war Malthus' großes Pech, dass er mit seiner Theorie zwar den größten Teil der Menschheitsgeschichte zu erklären vermochte, diese aber ausgerechnet auf die zweihundert Jahre, die ihrer Veröffentlichung folgten, nicht mehr zutraf und folglich in Vergessenheit geriet. Doch das ist natürlich kein Zufall. Malthus war ein Kind seiner Zeit, und seine Betrachtungen zählen zu den vielen Symptomen des Aufkommens einer rationalistischen, wissenschaftlichen Sichtweise; ein anderes Symptom dieser Entwicklung war die Industrielle Revolution.

Doch eben weil Malthus Recht hatte, beruhten die »großen Wellen« (»great waves«) des Wirtschaftslebens der vorindustriellen Welt – so unstreitig es sie gab – auf Ursachen und Triebkräften, die für die Schwankungen der Neuzeit wenig von Belang sind. Die Schlüsseldisziplin zum Verständnis der ausgedehnten Wellenbewegungen bei Bevölkerung und Reallöhnen der vorindustriellen Zeit ist nicht die Makroökonomie, sondern gleichsam die Mikrobenökonomie. Immer wieder traten verheerende Epidemien auf (und wie McNeill in *Plagues and Peoples* (*Die großen Epidemien*) nachwies, oft als Folge von Eroberungen oder der Eröffnung neuer Handelsrouten; beides nämlich brachte ehedem getrennte Populationen miteinander in Kontakt – und damit auch die jeweiligen populationsspezifischen Krankheitserreger). Zunächst führte dies zu einem Rückgang der Bevölkerung und einem Anstieg der Löhne. In dem Maße, wie sich dann zwischen Mikroben und Menschen wieder ein Gleichgewicht einzustellen begann, wuchs die Bevölkerung wieder an und damit auch der Druck auf die Ressourcen. Die zunehmend unterernährten Massen wurden so wieder anfällig für die nächste Epidemie. Dies ist gewiss ein faszinierendes Thema; doch seine Relevanz für die ökonomischen Perspektiven des 21. Jahrhunderts darf man wohl bezweifeln.

Die andere große Veränderung ist die Erfindung des Konjunkturzyklus. Wirtschaftliche Instabilität hat es natürlich immer gegeben. Doch vor 1800 hatten Abschwünge und Krisen stets »angebotsseitige« Ursachen, etwa Missernten und Kriege. Mit modernen Rezessionen, die durch einen Rückgang der monetären (d. h. effektiven) Nachfrage bedingt sind, hatte dies wenig zu tun. Eine Rezession heutiger Art setzt über oder an Stelle der Gold- und Silberzirkulation ein Papierkreditwesen voraus – andernfalls kann es zu der Kreditschrumpfung, die dem Phänomen zu Grunde liegt, gar nicht kommen. Außerdem braucht es als weitere Voraussetzung eine Wirtschaft, die zu einem großen Teil auf den Nachfragerückgang mit einer Drosselung der Produktion statt einer Preissenkung reagiert – andernfalls nämlich führt die Geldverknappung zu Deflation, nicht aber zu einem effektiven Ausstoßrückgang. Folglich waren Rezessionen heutiger Machart in der vorindustriellen Zeit überhaupt nicht möglich. Zum einen nämlich war das Geldsystem viel zu simpel, und zum zweiten handelte es sich weitgehend um agrarische Gesellschaften. Die Bauern aber reagieren auf Nachfragerückgänge eher mit Preissenkungen als mit einer Reduzierung des Anbaus.

Die Wirtschaftshistoriker sind allgemein der Ansicht, dass die erste richtige Rezession in England stattfand, und zwar unmittelbar nach den napoleonischen Kriegen. Sie trat also – wie zu erwarten – in der ersten Industrienation auf. Länder, die erst später industrialisierten, mussten auf diese Erfahrung entsprechend länger warten. Wie ich von meinem Kollegen, dem renommierten Wirtschaftshistoriker Peter Temin, weiß, erlebten die Vereinigten Staaten erst im Zusammenhang mit der Panik von 1873 ihre erste echte Rezession. Außerdem hat Temin gezeigt, dass sich zwischen 1820 und 1860 die Volkswirtschaften der USA und Großbritanniens stark unterschiedlich verhielten. Die Amerikaner hatten damals noch immer eine »klassische« Volkswirtschaft, in der Geldverknappungen tendenziell zu Preisrückgängen führten, das Wirtschaftswachstum aber kaum beeinflussten. England hingegen begann schon deutlich keynesianisch auszusehen.

Dies zeigt uns zweierlei: Warum man allgemein glaubt, Fischers Buch sei für die heutige Zeit relevant, und warum es dies in Wahrheit nicht ist.

Wer die Wirtschaftspresse verfolgt, weiß, dass die allgemeine Stimmung momentan durch einen ziemlich sorglosen Optimismus gekennzeichnet ist. Nach sechs Jahren relativ stabilen Wachstums mit überraschend gedämpfter Inflation gehen die großen Blätter und Magazine implizit oder mitunter auch ganz explizit davon aus, der Konjunkturzyklus mit seinen relativ starken Auf- und Abschwüngen sei überwunden und ein Phänomen von gestern. Die Rezession von 1990/91 sei mithin auf viele Jahre gesehen die letzte heftige Krise gewesen.

Ich selber bin da aber ganz anderer Ansicht und behaupte, dass diese Zuversicht nur möglich ist, wenn man die Lehren der Vergangenheit ignoriert. Erinnern wir uns nur: Es ist noch nicht allzu lange her, dass George Bush aus wirtschaftlichen Gründen aus dem Amt flog. Anfang der achtziger Jahre erlebten die Vereinigten Staaten sogar eine ganz haarige Rezession, und wenn die so optimistischen Amerikaner auch nur einen kurzen Blick über ihre Grenzen werfen – nach Mexiko, Japan oder selbst in ihr unmittelbares Nachbarland Kanada –, dann merken sie rasch, dass auch die neunziger Jahre keineswegs überall so angenehm verliefen. Außerdem war ein ganz ähnlicher Optimismus schon einmal da: Auch gegen Ende eines anderen langen Aufschwungs – in den späten sechziger Jahren – war allenthalben die Rede vom Ende des Konjunkturzyklus.

Stellt sich also die Frage: Wo liegen die Gründe für dieses dauerhaft zyklische Auf und Ab? Weil – jenseits aller Schlagworte – die Dinge im Fluss sind und bleiben: Die Welt tut uns nicht den Gefallen, so zu bleiben, wie sie gerade ist, folglich kommt die Politik immer einen Schritt zu spät. Wenn man sich die konjunkturellen Höhen und Tiefen seit damals, Ende der sechziger Jahre, als der Konjunkturzyklus schon einmal für tot erklärt wurde, genauer ansieht, kann man sich nur wundern, wie überraschend und unberechenbar die Entwicklung verlief. Wer hätte sich 1969 schon vorstellen können, dass ein Krieg im Mittleren Osten – geschweige denn eine fundamentalistische Revolution im Iran – eine Rezession auslösen wird? Wer hätte schon erwartet, dass ausgerechnet die streng kontrollierte japanische Wirtschaft von einer horrenden Spekulationsblase gebeutelt werden könnte, bei der die Aktien- und Bodenpreise in abenteuerlichste Höhen stiegen, bevor alles wie ein Kartenhaus in sich zusammenbrach? Wer hätte schon zu prognostizieren gewagt, dass zwei gut gemeinte Projekte – die Wiedervereinigung Deutschlands und die Europäische Währungsunion – im Zusammenspiel zu einer verheerenden Rezession führen würden? Natürlich lernen wir auch aus der Erfahrung: Der Börsenkrach von 1987 hatte bei weitem nicht die Konsequenzen des Crashs von 1929, weil ein Alan Greenspan diesmal wusste, was zu tun war. Doch wir hinken immer einen Schritt hinterher. Kaum haben wir die alten Ursachen einigermaßen im Griff, tun sich neue Probleme auf.

Immer wieder hören wir, die Triebkräfte früherer Rezessionen hätten inzwischen aufgehört zu existieren oder zumindest an Bedeutung verloren: Der Stellenwert der verarbeitenden Industrie nehme ab; die Lagerbestände verlören ihre Bedeutung als »Akzelerator« des Abschwungs – und so weiter. Gewiss trifft all dies zu.

Doch damit sind wir nicht aus dem Schneider – die Probleme der Zukunft werden nämlich andere sein als in der Vergangenheit. Und weil die Probleme neu sind, werden wir zunächst unsere Fehler machen. Genau deshalb werden wir auch künftig mit dem Auf und Ab der Konjunktur leben müssen.

Freilich ist das eine Botschaft, die viele Wirtschaftsexperten ungern hören. Deshalb kommt ihnen Fischers Buch gerade recht. Natürlich, können sie jetzt sagen, hatten wir 150 Jahre lang konjunkturelle Hochs und Tiefs, doch der großen historischen Perspektive lässt sich entnehmen, dass solche Instabilitäten nur für Epochen der Preisrevolution typisch sind; ist jedoch die Krise überstanden und das neue »Gleichgewicht« erreicht, befindet man sich erneut in ruhigem Fahrwasser. Und flugs versichern die Apologeten dieser Sichtweise, das Gelobte Land sei nicht mehr weit.

Leider aber hat der moderne Konjunkturzyklus so wenig mit den wirtschaftlichen Aufs und Abs des vorindustriellen Europa zu tun, wie die NATO mit dem Heiligen Römischen Reich. Man mag ja versucht sein, die sehr realen Lektionen der letzten hundert Jahre wegen ein paar in die Diskussion geworfener Parallelen zu längst vergangenen Zeiten zu ignorieren. Damit würde man jedoch die Funktion von Geschichte pervertieren. Denn sie wäre nicht mehr Wegweiser für die Gegenwart, sondern nur noch Alibi für ein völlig ahistorisches Wunschdenken.

TEIL 5

DER TANZ DER SPEKULANTEN

Die neunziger Jahre waren eine grandiose Zeit für Spekulationsgeschäfte. Börsenkurse wurden manipuliert, Währungen gekippt, Riesensummen gewonnen und verloren, und das in einem Ausmaß wie seit Generationen nicht mehr. Die Kapitel dieses Teils suchen dafür nach Erklärungen. Der erste Beitrag – »Der Untergang des Kupferkönigs« – befasst sich mit der erstaunlichen Geschichte von Sumitomos anfänglich erfolgreicher »Schwänze« auf dem Weltkupfermarkt (d. h. des Versuchs, mittels eines Spekulationsrings die gesamten globalen Kupfervorräte aufzukaufen). Das folgende Kapitel – »Der Tequila-Effekt« – behandelt ein etwas tragischeres Thema – die schlimmen Konsequenzen der Ende 1994 einsetzenden Währungskrise für Mexiko und andere lateinamerikanische Länder. Das Kapitel »Bahtulismus« bringt uns zur Asienkrise des Jahres 1997. Und in dem Essay »Was tun gegen George Soros?« schließlich bemühe ich mich um eine breitere Perspektive, wobei Europa im Mittelpunkt der Betrachtungen steht.

Der Untergang des Kupferkönigs

1995 vernahm die Welt mit Erstaunen, dass ein junger Angestellter der britischen Barings Bank mit spekulativen Börsengeschäften über eine Milliarde Dollar Verluste gemacht, es schließlich sogar geschafft hatte, das traditionsreiche, seriöse Haus in den Ruin zu stürzen. Als aber ein Jahr später ein noch größeres Desaster den Weg in die Gazetten fand – ein Angestellter der japanischen Firma Sumitomo hatte im Kupfermarkt mehr als drei Milliarden Dollar verspielt –, war die Geschichte rasch wieder von den Titelseiten verschwunden. »Naja, wieder mal so ein betrügerischer Hund!« So etwa lautete die allgemeine Reaktion.

Es kam aber schließlich heraus, dass Yasuo Hamanaka im Unterschied zu Nick Leeson von der Barings Bank kein unbeaufsichtigter Mitarbeiter war, der mit Firmengeldern auf eigene Faust in hochriskanten Märkten operierte. Ganz im Gegenteil. Es kann wenig Zweifel daran bestehen, dass er auf Basis einer wohldurchdachten Unternehmensstrategie zu Werke ging mit dem Ziel, die Weltkupfermärkte »aufzuschwänzen« (d. h. komplett aufzukaufen) – wobei diese Strategie mehrere Jahre lang sehr gut funktionierte und der Firma riesige Gewinne bescherte. Hybris führte schließlich zum Fall; doch nicht dies ist der beunruhigende Aspekt an der ganzen Geschichte, sondern der anfängliche Erfolg.

Um zu verstehen, worum es bei all dem ging, braucht man kein Kupfermarktexperte zu sein. Es genügt, zwei Grundfakten zu kennen, die nicht nur für Kupfer, sondern auch für viele andere Rohstoffe gelten: (1) Es handelt sich dabei um eine Ware mit großen Schwankungen zwischen Angebot und Nachfrage. (2) Die Ware lässt sich gut lagern, sodass die Produktion nicht sofortigem Verbrauch unterliegt. Dies bedeutet, dass eine Spekulation normal, ja sogar notwendige Marktbedingung ist: Es ist sowohl unvermeidlich als auch wünschenswert, dass die Marktteilnehmer versuchen, billig anzukaufen und teuer zu verkaufen – sich also Vorräte zuzulegen, wenn der Preis als niedrig angesehen wird, und sie bei hohen Kursen wieder abzustoßen.

So weit, so gut. Doch schon vor sehr langer Zeit erkannte jemand (sagen wir ein phönizischer Zinnhändler im ersten Jahrtausend v. Chr.), dass ein Cleverling mit genügend Kapital einen solchen Markt theoretisch völlig dominieren und jeden Preis erpressen könnte. Auf der Durchführungsebene gestaltet sich so etwas in der Regel zwar überaus kompliziert, doch das Grundprinzip ist einfach: Man kaufe einen Großteil des jeweiligen Rohstoffs auf – wobei es unerheblich ist, ob man die Ware physisch in Besitz nimmt oder mit »Futures« (Warenterminkontrakten) arbeitet, die ja nichts anderes darstellen als ein Versprechen, die Ware zu einem festgelegten Datum zu liefern – und halte einen Teil der gekauften Ware (aber eben nicht alles) zunächst vom Markt fern. Im Erfolgsfall wird so eine künstliche Verknappung erzeugt, die den Kurs der Ware nach oben treibt, so dass mit dem wiederverkauften Teil dicke Gewinne erzielt werden. Zwar kann dies dazu führen, dass die zurückgehaltene Ware später zu einem niedrigeren Kurs oder gar mit Verlust abgestoßen werden muss; stellt man es aber geschickt an, werden die Gewinne aus den zwischenzeitlich erzielten höheren Preisen die späteren Verluste bei weitem überwiegen.

Eine prima Idee also, die allerdings drei nicht unbeträchtliche Haken hat. Erstens muss man auf einer hinreichend breiten Basis operieren können. Zweitens funktioniert die Strategie nur, wenn der Kreis der Eingeweihten relativ klein bleibt – andernfalls bekommt man die Ware natürlich nur zu einem so hohen Preis, dass sich das Spiel nicht mehr lohnt. Drittens ist das Ganze aus offensichtlichen Gründen ziemlich illegal. (Der erste Phönizier, der den Trick praktizierte, wurde vermutlich steinreich; der zweite wurde den Göttern geopfert.)

Erstaunlicherweise vermochte Sumitomo alle diese Hindernisse zu meistern. Der globale Kupfermarkt ist ja riesig. Dennoch war offenbar ein einziger, entschlossen agierender Händler in der Lage, diesen Markt unter seine Kontrolle zu bekommen. Man könnte meinen, die zur Manipulation eines so großen Marktes erforderliche Geheimhaltung sei im modernen Informationszeitalter überhaupt nicht mehr möglich – doch Hamanaka bewies, dass es trotzdem funktionierte, teilweise über britische Zwischenhändler (beziehungsweise Mittelsmänner), hauptsächlich aber über eine verdeckte Allianz mit zum Teil staatlichen chinesischen Firmen. Und die Aufsichtsbehörden – ja, was war eigentlich mit denen?

Dies ist in der Tat der wundeste und irritierendste Punkt an der ganzen Sumitomo-Geschichte. Hätte es sich bei Hamanaka wirklich nur um einen über die Stränge schlagenden Angestellten gehandelt, könnte man den Aufsichtsbehörden sicherlich keinen Vorwurf machen; es wäre ja schließlich Aufgabe seines Arbeitgebers gewesen, ihn zu kontrollieren. Aber die Sache lief ja anders – Hamanaka führte die Preisabsprache im Namen und Auftrag seines Arbeitgebers durch. Und auch wenn es nicht sofort auffiel, was Sumitomo im Sinn hatte, so war die Rolle von »Mr. Copper« und seiner Firma bei der Manipulation der Kupferpreise doch allem Anschein nach jahrelang bekannt, und zwar jedem, der sich im Kupfermarkt einigermaßen auskannte. Dies wird auch dadurch belegt, dass Kupfer-Futures Gegenstand massiver spekulativer Verkäufe waren, etwa durch George Soros und Gleichgesinnte, eben weil diese Insider witterten, dass Hamanaka versuchte, den Preis künstlich hoch zu halten, sodass er zwangsläufig irgendwann fallen musste. (Soros gab allerdings ein paar Monate zu früh auf, offenbar entnervt von Sumitomos scheinbar unerschöpflichen Ressourcen.) Stellt sich also die Frage: Warum ließ man Hamanaka einfach gewähren?

Eine Teilantwort könnte lauten, dass aufgrund des globalen Charakters seiner Aktivitäten die Verantwortlichkeiten unklar waren. War Japan zuständig, da es sich bei Sumitomo ja um eine japanische Firma handelte? Oder Großbritannien, weil dort die Metallbörse (London Metal Exchange) ansässig ist? Oder gar die Vereinigten Staaten, wo ein Großteil des Kupfers, das sich Sumitomo beschaffte, eingelagert war? Doch neben der ungeklärten Zuständigkeitsfrage hatten die Aufsichtsbehörden wohl auch aufgrund der heute herrschenden unkritischen Pro-Markt-Ideologie Hemmungen, einzugreifen. Vielen gilt es als Glaubenssatz, dass die freien Märkte grundsätzlich sich selbst überlassen bleiben sollten – dass folglich überhaupt keine Notwendigkeit bestehe, Leuten wie Hamanaka auf die Finger zu schauen. Der Markt werde das alles schon richten und den allzu Übermütigen eine kräftige Lektion erteilen.

Und in der Tat fiel die Firma Sumitomo mit ihrer Strategie letztlich auf die Nase – allerdings nur deshalb, weil Hamanaka offenbar partout nicht begreifen wollte, dass auch der beste Marktmanipulateur neben Kursgewinnen hin und wieder auch einmal Preisrückgänge in Kauf nehmen muss. Statt also einen Teil seines Kupfers letztlich mit Verlust zu verkaufen, betrieb er ein Alles-oder-nichts-Spiel und versuchte die Preise immer höher zu treiben. Da aber ein solches Aufkaufspiel zwangsläufig irgendwann auffliegen muss, führte der verpasste Ausstieg prompt ins Desaster. Hätte sich Hamanaka ein wenig flexibler und realistischer verhalten, wäre seine Firma aus der ganzen Sache nicht nur ungeschoren herausgekommen, sondern hätte mit ihrer krummen Tour per Saldo einen unglaublichen Reibach gemacht.

Lässt man bei der Sumitomo-Affäre das Exotische – den japanischen Namen, die chinesischen Verbindungen – einmal beiseite, dann könnte die Geschichte genauso gut aus den Tagen der amerikanischen Finanzgaukler und Räuberbarone Jay Gould und Jim Fisk stammen. Weltweit laufen Bemühungen, die Finanzmärkte zu deregulieren, so als wolle man unbedingt zurück zu den guten alten Tagen des 19. Jahrhunderts, als die Investoren ihrer Gewinnsucht noch völlig freien Lauf lassen konnten. Vielleicht macht uns die Sumitomo-Affäre wieder einmal klar, dass ungehemmtes Profitdenken nicht immer sozial produktiv ist; vielleicht begreifen wir sogar auch, dass eine Regulierung der Finanzmärkte auch ihr Gutes hat.

Der Tequila-Effekt

Die Beziehungen zwischen Mexiko und den Vereinigten Staaten sind nicht mehr das, was sie zu Beginn der neunziger Jahre einmal waren. In den Augen vieler Amerikaner ist Mexiko ein korruptes Land, in dem die Drogenbosse den Ton angeben und Wirtschaftskrisen zum Alltag gehören. In den Augen vieler Mexikaner wiederum sind die USA so tyrannisch wie eigensüchtig, weil sie ihrem wirtschaftlich kranken Nachbarn eine harte Medizin verabreichen und ihm die Drogengeschäfte vorhalten, an denen sie selber schuld sind. Auch die Wähler, die 1997 Mexikos herrschender Partei den Rücken kehrten, brachten damit zumindest teilweise ihren Unmut über eine zu amerikafreundliche Regierung zum Ausdruck.

Und doch hätte alles noch viel schlimmer kommen können, vor allem Anfang 1995. Damals wäre Mexikos Wirtschaft wohl zusammengebrochen, hätte Bill Clinton nicht das Richtige getan. Die Reformhoffnungen eines leidgeprüften Landes wären wohl für immer begraben worden.

In den Monaten nach dem Erdrutschsieg der Republikaner bei den Kongresswahlen (1994) schien ein Großteil des inneren Kreises der Clinton-Administration lange Zeit wie gelähmt. Dennoch gelang es einer Handvoll Mitarbeiter, Clinton für eine wagemutige, riskante und äußerst unpopuläre Initiative zu gewinnen: ein Hilfspaket in Form eines gewaltigen Kredits für die kollabierende mexikanische Wirtschaft. Es stand wirklich viel auf dem Spiel: Wäre die Aktion schief gegangen, hätte es mit Clintons Wiederwahl (und vielem anderen auch) wohl nicht geklappt. Aber es ging glücklicherweise gut, und im Rückblick zählt die Entscheidung für diesen Plan sicherlich zu Clintons Sternstunden.

Anfang der neunziger Jahre war Mexiko das Hätschelkind der internationalen Großinvestoren – die Finanzwelt war überzeugt, dass die Wirtschaftsreformen des damaligen Präsidenten Carlos Salinas dem Land ein robustes Wirtschaftswachstum bescheren würden. Die Warnungen einiger Ökonomen vor überzogenen Erwartungen wurden in den Wind geschlagen; das Geld strömte mit 30 Milliarden Dollar jährlich nur so ins Land. Im Laufe des Jahres 1994 jedoch kam es zu einer Reihe äußerst beunruhigender Ereignisse – Bauernaufstand, Ermordung eines Präsidentschaftskandidaten, schwache Wirtschaftsdaten –, sodass die Märkte zunehmend nervös reagierten. Im Dezember schließlich erreichte die Zahl der skeptisch gewordenen Investoren die kritische Masse, und es setzte ein heftiger Ansturm auf den Peso ein.

So weit hat die Geschichte wenig Originelles an sich; Währungskrisen sind ziemlich verbreitet, und der langfristige Schaden hält sich meist in Grenzen. Bald aber zeigte sich, dass Mexiko ein Sonderfall war: Da die Investoren das Land jahrelang sozusagen auf einen Sockel gestellt hatten, war die Ernüchterung nun sehr groß. Die Finanzwelt schien regelrecht geschockt, feststellen zu müssen, dass Mexiko sich offenbar doch nicht zu der erhofften Mischung der Sorte »Singapur plus Schweiz« entwickelte. Und schon begann man die Gelder genauso blind wieder abzuziehen, wie man sie zuvor nach Mexiko transferiert hatte.

Was in der Folge in Washington geschah, weiß im Detail niemand ganz genau. Klar scheint aber, dass Lawrence Summers, damals Unterstaatssekretär im Schatzamt, eine Schlüsselrolle spielte (inzwischen ist Summers, ein früherer Harvard-Professor und einflussreichster Wirtschaftsexperte der Clinton-Administration, als Rubin-Nachfolger zum US-Finanzminister aufgestiegen). Summers zog aus der mexikanischen Krise zwei Schlussfolgerungen:

a) dass eine amerikanische Intervention die Katastrophe möglicherweise verhindern konnte; und b) dass es sich lohnen würde, den Versuch zu machen.

Summers und andere im US-Finanzministerium begriffen also, dass Mexiko auf dem Weg in eine politisch-ökonomische Todesspirale war. Die Panik der Investoren ließ sich keineswegs durch die schwache Wirtschaft allein erklären. Hinter der Kapitalflucht standen auch politische Befürchtungen – die Angst nämlich, Mexiko könnte eine Kehrtwendung vollziehen, würde die Öffnung der Märkte für ausländisches Kapital und ausländische Waren rückgängig machen und zu einem populistischen Anti-Amerikanismus zurückkehren. Die einsetzende Kapitalflucht resultierte in einem katastrophalen Konjunktureinbruch, und die Wirtschaftskrise wiederum war der Zündstoff für politische Unruhen. Es bestand demnach aller Grund zu der Annahme, dass dieser Teufelskreis das Land in den Ruin treiben würde.

Daher kam es den Verantwortlichen in erster Linie darauf an, Mexiko eine Verschnaufpause zu verschaffen. Ein finanzielles Hilfspaket sollte der Regierung unter die Arme greifen, damit sie den gebeutelten Privatsektor stabilisieren konnte. Gelang das, würden sich auch die Privatinvestoren wieder besinnen – der Teufelskreis des Abschwungs wäre somit gebrochen, ein neuer Aufschwung könnte beginnen. Ging der Plan allerdings schief, stand möglicherweise der gesamte Kredit auf dem Spiel. Und dieser war sehr hoch. Mexiko ist ja kein kleines Land, mit lediglich ein paar Milliarden Dollar wäre da nichts gewonnen. Konkret handelte es sich schließlich um eine Kreditlinie von 50 Milliarden Dollar, die von den USA und einigen anderen Ländern (die mit Ach und Krach und einigem Druck für die Aktion gewonnen werden konnten) bewilligt wurde. Stellen wir uns die Reaktion der Öffentlichkeit vor, hätte man auch nur einen nennenswerten Teil dieser Gelder abschreiben müssen!

Warum also ein so hohes Risiko eingehen? Nun, Mexiko ist

nicht irgendein Land. Nicht nur haben Amerikaner und Mexikaner eine 3 000 Kilometer lange gemeinsame Grenze; es handelt sich zudem auch um ein traditionell sehr schwieriges Nachbarland, das derzeit glücklicherweise von in den USA ausgebildeten Technokraten regiert wird. Freilich darf man diese freundschaftlichen Bande nie als selbstverständlich ansehen. Hätten die amerikafreundlichen Technokraten einen wirtschaftlichen Kollaps zu verantworten gehabt, wie dies Anfang 1995 nur allzu wahrscheinlich schien, wäre dies für die USA einem außenpolitischen Desaster gleichgekommen. Und sagen wir es ganz offen: Die Amerikaner hatten bereits auch viel privates Kapital in Mexiko; auch dieses galt es also zu schützen. Allerdings sollte man das nicht zu zynisch sehen. Denn nach dem Quellenmaterial, das mir vorliegt, war das außenpolitische Argument ganz klar das entscheidende. Private Interessen (Rubins Wall-Street-Verbindungen) spielten dabei sicherlich nur eine Nebenrolle.

Eines Wintertages kreuzten Rubin und Summers also mit ihrem Plan im Oval Office auf – und Clinton stimmte tatsächlich zu. Steuergelder nach Mexiko zu pumpen, während dort die privaten Investoren ihr Kapital fluchtartig abzogen, war allerdings keine Idee, mit der viele Freunde zu gewinnen waren. So wurde rasch klar, dass der (inzwischen von den Republikanern dominierte) Kongress die erforderlichen Mittel verweigern würde. Glücklicherweise aber bot sich dem Schatzamt infolge eines lückenhaftes Gesetzes, das man kreativ auslegte, ein Weg, das Geld am Kongress vorbei zu beschaffen. Die Republikaner, geführt von Senator Alfonse D'Amato, reagierten entsprechend empört, und Summers hätte mit Sicherheit ein heißer Tanz bevorgestanden, wenn die Sache schief gegangen wäre.

Doch sie ging nicht schief. Mexikos Wirtschaft schrumpfte zwar im ersten Jahr nach der Krise um 10 Prozent, hat aber seitdem den verlorenen Boden wieder gutgemacht. Die privaten Investoren sind zurückgekehrt, so dass sich der Peso wieder stabilisierte. Und die mexikanische Regierung konnte den Notkredit sogar vorzeitig zurückzahlen. Noch ist das Land nicht ganz aus dem Schneider – wohl aber der amerikanische Steuerzahler.

Was also lässt sich aus dieser Geschichte lernen? Zum einen, dass es sich manchmal lohnt, auf die Experten zu hören. Viele haben etwas gegen arrogante Technokraten wie Larry Summers – doch gescheit bleibt gescheit, wie man an diesem Beispiel sieht. Die zweite Lektion lautet, dass es sich mitunter durchaus lohnen kann, das Unpopuläre zu tun. Hätte sich Clinton damals an den Meinungsumfragen orientiert, wäre Mexiko heute vermutlich ein wirtschaftliches Wrack – und Bob Dole Präsident.

Bahtulismus: Wer hat Asiens Währungskrisen auf dem Gewissen?

Währungskrisen-Fachleute erinnern sich sicherlich noch gut an George Brown, den Mitte der sechziger Jahre amtierenden britischen Minister für Wirtschaftsangelegenheiten, der seine Wirtschaftsprobleme kurzerhand den »Gnomen von Zürich« anlastete (womit er ohnehin nicht ganz richtig lag; die gemeinten Gnomen sitzen nämlich in Basel). Nun aber muss Brown auf diesem Podest wohl einem Politikerkollegen Platz machen – Mahathir Mohamad, seines Zeichens malaysischer Ministerpräsident. Letzten Monat (Anfang Juli 1997) wertete Malaysias Nachbarland Thailand nach monatelangen Beteuerungen, dies keinesfalls zu tun, seinen Baht schließlich doch ab, und verängstigte Investoren begannen daraufhin auch den malaysischen Ringgit abzustoßen (ebenso den philippinischen Peso, die indonesische Rupiah usw.). Dies provozierte Mahathir zu einer Attacke, die man ohne Zweifel zu den Klassikern auf diesem Gebiet rechnen darf. Während Brown seinerzeit nur dunkel auf seine vermuteten Widersacher und ihre Motive anspielte, übertraf ihn Mahathir bei weitem und präsentierte der verblüfften Öffentlichkeit eine ausgewachsene Verschwörungstheorie: Die US-Regierung habe den berüchtigten Spekulanten George Soros gleichsam animiert, die asiatischen Volkswirtschaften aufs Korn zu nehmen und zu unterminieren, weil sie darauf aus sei, der Region ihre westlichen Werte (Demokratie, Bürgerrechte usw.) aufzudrücken. Und auch Mahathirs Minister griffen die Rhetorik ihres Chefs in einer Weise auf, wie es sich eine Regierung, die langfristig auf den Goodwill der internationalen Investoren angewiesen ist, besser nicht leisten sollte. Die Währungsschwankungen, so hörte man, seien durch »feindliche Elemente« verursacht, deren »unselige Aktivitäten« »verbrecherische Sabotageakte« und einen »Ausbund internationaler Kriminalität« darstellten.

Diese Bemerkungen entbehren nicht eines gewissen Unterhaltungswerts. Soweit mir bekannt ist, fungierte Soros weder als Agent, noch hatte er überhaupt seine Finger in diesem Spiel (tatsächlich scheint hier seine Spürnase einmal versagt zu haben). Außerdem gab es Anfang der neunziger Jahre einen höchst ehrgeizigen und ebenso rücksichtslosen Währungsspekulanten in Gestalt von Malaysias eigener staatlich kontrollierter Zentralbank, die schließlich mit sechs Milliarden Dollar Verlust aus dem Geschäft aussteigen musste.

Währungskrisen lösen in Regierungskreisen häufig hysterische Reaktionen aus. Was irgendwie ja verständlich ist. War doch gestern mit der Wirtschaft noch alles bestens: Staatsanleihen liefen unter dem Gütesiegel »AAA«, im Tresor lagen Milliarden Dollar an Devisenreserven. Plötzlich aber sind die Reserven weg, die Staatstitel will keiner mehr, und das Auslandskapital kann nur durch extrem hohe, rezessionsinduzierende Zinsen im Land gehalten werden. Warum eigentlich kann sich das Blatt so rasch wenden?

Die Standardantwort der Ökonomen lautet: Wer den Finanzmärkten die Schuld zuschiebt, köpft den Boten. Durch die Krise mache der Markt dem jeweiligen Land lediglich klar, dass es eine falsche Politik betreibt. Man mag sich zwar über die Abruptheit wundern, mit der all dies abläuft. Das aber, so das kanonische Modell, ergebe sich einfach aus der Logik der Situation.

Um das zu verstehen, lassen wir Währungen am besten gedanklich für einen Moment beiseite. Stellen wir uns eine Regierung vor, die den Kurs eines Rohstoffs – sagen wir Gold – zu stabilisieren versucht. Das geht zumindest eine Zeit lang gut, sofern das

Land über hinreichend große Bestände verfügt. Es braucht nur einen Teil seiner gehorteten Ware auf den Markt zu werfen, sobald der Preis über eine bestimmte vorgegebene Marke klettert.

Nehmen wir nun aber an, die Vorräte nehmen im Laufe der Zeit ab, sodass clevere Spekulanten den Tag nahen sehen (der aber durchaus noch Jahre in der Zukunft liegen kann), an dem die Vorräte aufgezehrt sein werden. Sie begreifen natürlich sofort, dass das eine Chance für sie ist. Sobald nämlich die Reserven aufgebraucht sind, ist eine Preisstabilisierung nicht mehr möglich – folglich wird der Kurs in die Höhe schießen. Die Spekulanten brauchen also nichts weiter zu tun, als sich rechtzeitig – noch bevor die Reserven des jeweiligen Landes zur Neige gehen – eigene Vorräte anzulegen, um die Ware anschließend mit hohem Gewinn zu verkaufen.

Freilich tragen diese spekulativen Käufe ihrerseits zu einem beschleunigten Abbau der Reserven des jeweiligen Landes bei, so dass der Tag der Offenbarung immer näher rückt. Folglich werden die cleveren Spekulanten immer früher kaufen, um der Masse einen Schritt voraus zu sein, was den Abbau der Reserven weiter beschleunigt, was wiederum weitere Käufe auslöst ... Während also die Reserven lange Zeit recht gemächlich abnehmen, geht ab einem kritischen Punkt alles sehr schnell, und zwar ganz zwangsläufig (die Goldmarkt-Geschehnisse des Jahres 1969 sind ein Beispiel dafür).

Mit ein bisschen Phantasie lässt sich dies auch auf Währungskrisen übertragen. Nehmen wir an, eine Regierung versucht den Dollarwert des Ringgit zu stützen – oder, was auf dasselbe hinausläuft, den Wechselkurs des Dollar gegenüber dem Ringgit unter Kontrolle zu halten –, indem sie auf den Devisenmärkten entsprechend »interveniert«, im Prinzip also Dollar verkauft, um den Ringgit-Kurs des Dollars niedrig zu halten. Nehmen wir weiter an, die Politik der Regierung ist, aus welchen Gründen auch immer, mit einer dauerhaften Fixierung des Wechselkurses nicht vereinbar. Schon haben wir eine exakte Parallele zur vorherigen Geschichte, wobei jetzt die Devisenreserven die Rolle der Goldvorräte spielen. Und nach der gleichen Logik wie zuvor lässt sich auch jetzt feststellen: Die Spekulanten werden bestimmt nicht einfach nur zusehen, wie sich die Dinge entwickeln; ab einem kritischen Punkt werden sie allesamt plötzlich auf den Plan treten – und Milliarden Dollar an Reserven können binnen Tagen, ja Stunden dahinschmelzen.

Das abrupte Zuschlagen einer Währungskrise bedeutet demnach nicht, dass die Krise aus heiterem Himmel kommt. In den ökonomischen Standardmodellen ist vielmehr die Regierung selbst schuld an der Situation, bedingt durch die Ungereimtheiten ihrer Politik.

Sind Mahathirs Vorwürfe demnach völliger Unsinn? Nun, nicht ganz. Tatsache ist, dass auch die Spekulanten nicht immer ganz so schuldlos sind, wie es unser Modell suggeriert.

Erstens nämlich verhalten sich die Märkte keineswegs immer ruhig, gemäßigt und rational. Insbesondere in den Finanzmärkten ist das Herden- beziehungsweise Lemmingeverhalten ein wohlbekanntes Phänomen: Man verkauft, weil alle anderen auch verkaufen. Grund kann eine kollektive Irrationalität sein; er kann aber auch darin liegen, dass große institutionelle Investoren, die einen Großteil des globalen Anlagekapitals kontrollieren, auf dem Markt aktiv werden (was ihnen ja niemand verbieten kann) und eine entsprechende Lawine auslösen. Dies kann aber durchaus bedeuten, dass eine Landeswährung als Folge einer solchen Verkaufswelle völlig ungerechtfertigterweise in eine existenzielle Krise gerät.

Auch lässt sich argumentieren, dass die Beurteilung der Güte beziehungsweise langfristigen Tragfähigkeit der Politik eines Landes eine ziemlich subjektive Angelegenheit ist – oder dass ein Land aufgrund des Drucks durch die Märkte gar gezwungen sein kann, von einer vernünftigen und tragfähigen Politik abzurücken. Die Geschehnisse können sich dann leicht zu einer sich selbst erfüllenden Prophezeiung – einem Selbstläufer – entwickeln. Beispiel: Ein fähiger Finanzminister wird wegen einer Währungskrise gefeuert; sein Nachfolger betreibt dann wirklich eine unverantwortliche Politik, sodass sich die vorgefasste Meinung des Marktes am Ende schließlich tatsächlich bestätigt.

All dies wiederum eröffnet privaten Investoren mit ausreichender Liquidität die Chance zu einem bösen Spiel. Theoretisch funktioniert das so: Angenommen, die Währung eines Landes befindet sich in einer etwas unklaren Situation – niemand weiß so genau, ob der Kurs wirklich Zukunft hat oder nicht. Ein Großinvestor legt sich also still und leise eine Short-Position (d. h. eine Verkaufsbeziehungsweise Leerposition) in dieser Währung zu – leiht sich also Kapital in Pfund, Baht oder Ringgit und investiert es dann in ein anderes Land. Sobald seine Position umfangreich genug ist, beginnt er damit, die Währung ostentativ zu verkaufen, sie in den Medien herunterzureden und so weiter. Mit etwas Glück vermag er so einen Ansturm auf die Währung – das heißt eine Verkaufswelle – auszulösen und eine Abwertung zu erzwingen. Dadurch schmelzen die über die Short-Position sorgfältig angehäuften Schulden wertmäßig binnen kürzester Zeit zusammen, nicht aber die parallel eröffneten Kaufpositionen: Der Investor ist mit einem Schlag um Hunderte Millionen Dollar reicher.

Derlei windige Praktiken *können* bei der Destabilisierung einer Währung zweifellos eine Rolle spielen. Die Frage ist nur, wie sehr dies in der Realität der Fall ist.

Nun, George Soros hat diesen Trick tatsächlich einmal geschafft, nämlich 1992 im Zusammenhang mit der Abwertung des britischen Pfunds. Soweit bekannt, ist es aber auch ihm nur dieses eine Mal gelungen. Es war in der Tat ein erstaunlicher Coup – und dem Vernehmen nach brachte er Soros über eine Milliarde Dollar ein. Man kann allerdings auch feststellen, dass es für die Abwertung des britischen Pfunds gute objektive Gründe gab. Daher lässt sich schwer sagen, ob Soros die Krise tatsächlich eigenhändig schuf oder ob er nur den richtigen Riecher hatte. Möglicherweise beschleunigte er die Sache nur um ein paar Wochen.

Die übrigen Währungskrisen der neunziger Jahre – und davon gab es ja nicht wenige – haben sich ganz ohne Zutun dunkler Drahtzieher ereignet. Was allerdings wenig überrascht. Denn Gelegenheiten wie jene, die sich Soros 1992 bot, sind selten. Sie setzen voraus, dass eine Währung deutlich schwächelt, aber noch nicht unter Druck ist – dass sich also höchstens erst ein kleines Fenster geöffnet hat, denn in diesen Dingen herrscht eine Art Murphysches Gesetz: Was mit einer Währung schiefgehen kann, geht in der Regel auch schief. Die Finanzmärkte pflegen im Zweifelsfall keinen Pardon zu geben.

Muss man daraus nun schließen, dass gegen eine spekulative Attacke kein Kraut gewachsen ist? Mitnichten. Es gibt sogar zwei sehr wirksame Möglichkeiten, einem Währungsansturm einen Riegel vorzuschieben. Die eine Methode könnte man als »Strategie der wohlwollenden Distanz« gegenüber der eigenen Währung bezeichnen. Sie beruht darauf, dass man den Spekulanten einfach kein echtes Ziel bietet. Beim US-Dollar zum Beispiel haben es die Spekulanten schwer, weil die US-Regierung nicht an einem bestimmten Wechselkurs klebt. Dies bedeutet, dass jedes erkennbare Wertverfallrisiko bereits im Kurs enthalten ist und dass der Dollar tagtäglich mit etwa der gleichen Wahrscheinlichkeit steigen wie fallen kann. Die zweite Option könnte man als »Strategie der absoluten Treue« bezeichnen. Bei ihr gilt es sicherzustellen, dass an der Entschlossenheit zur Stützung eines bestimmten Wechselkurses kein Zweifel aufkommt. Niemand greift beispielsweise den holländischen Gulden an. Denn die niederländische Regierung macht unmissverständlich klar, dass der Gulden erstens fest an die Deutsche Mark gekoppelt bleibt und sie zweitens auch die Mittel hat, dies nötigenfalls durchzusetzen.

Freilich gibt es theoretisch noch eine dritte Option. Man kann natürlich auch Devisenkontrollen einführen, um zu verhindern, dass die Leute ihr Kapital außer Landes schaffen. Da die Investoren aber nicht dumm sind, werden sie erst gar nicht kommen, wenn sie so etwas vermuten. Dagegen lässt sich argumentieren (nicht mit den besten Gründen zwar, aber immerhin), es sei besser, auf die Vorteile von Kapitalzuflüssen ganz zu verzichten, wenn sich dadurch die Nachteile von Kapitalabflüssen vermeiden lassen. Seltsamerweise aber hörte man von den asiatischen Führern nicht die leiseste Klage, als Gelder ins Land (und anschließend vielfach in dunkle Grundstücksgeschäfte) flossen; die Anschuldigungen tauchten erst auf, als die überzogene Begeisterung der Investoren einer nicht gänzlich unverständlichen Nervosität wich.

Mahathirs Behauptung, er sei das Opfer einer amerikanischen Verschwörung, ist jedenfalls blanker Unsinn. Seine Schwierigkeiten hat er ganz allein sich selber zuzuschreiben. Anders wird man es kaum sehen können.

Eine Anmerkung zu Währungskrisen

Immer wieder bekommt man zu hören, massive spekulative Attacken, wie sie 1992 auf das britische Pfund, 1994/95 auf den mexikanischen Peso und 1997 auf den thailändischen Baht stattfanden, seien ein Beleg dafür, dass in einer Welt des Computerhandels, der Satellitenverbindungen und so weiter die alten Regeln der Wirtschaft und die konventionelle Wirtschaftstheorie ausgedient hätten. (Ein Physiker behauptete einmal, in der Wirtschaft gehe es nun »nonlinear« zu; sie sei folglich am besten mit der Chaostheorie zu erklären.) In Wahrheit aber sind Währungskrisen ein alter Hut; bei den Turbulenzen um den französischen Franc in den zwanziger Jahren ging es nicht anders zu als heute, und auch die spekulativen Attacken, denen das Bretton-Woods-Wechselkurssystem Anfang der siebziger Jahre zum Opfer fiel, waren – gemessen an der Größe der involvierten Länder – kaum weniger massiv als der größte Coup der letzten Zeit. Im Übrigen sind Währungskrisen seit den siebziger Jahren ein beliebtes Thema der internationalen Finanzexperten – und nicht zuletzt auch eines meiner eigenen Spezialgebiete, da ich ja zu den Mitbegründern dieses Wissenschaftsgebiets zähle.

Das ökonomische Standardmodell zur Erklärung von Währungskrisen geht auf eine brillante Goldmarktstudie von Dale Henderson und Steve Salant (beides Fed-Ökonomen) aus der Mitte der siebziger Jahre zurück. Sie zeigten, dass abrupte spekulative Attacken, die staatliche Goldreserven praktisch mit einem Schlag in nichts auflösen, eine völlig logische Konsequenz der üblichen Preisstabilisierungsversuche darstellen. 1977, als ich bei der Fed ein Praktikum absolvierte, ging mir auf, dass sich der Erklärungsansatz der beiden Autoren im Grunde auch auf Währungskrisen anwenden lässt, bei denen die staatlichen Devisenreserven schlagartig aufgezehrt werden. Kurze Zeit später dann entwickelten Robert Flood (inzwischen IWF) und Peter Garber (Brown) die kanonische Fassung des konventionellen Erklärungsansatzes.

Die Haupterkenntnis aus dem konventionellen Modell lässt sich so formulieren: Abrupte Anstürme auf eine Währung, bei denen in kürzester Zeit Milliarden Dollar bewegt werden, beruhen keineswegs zwangsläufig auf panisch-irrationalem Anlegerverhalten oder hinterhältiger Finanzmanipulation. Im Gegenteil. Sie sind sogar ein völlig erwartbares Ergebnis, wenn sich die Investoren rational verhalten, das heißt aus einer widersprüchlichen Politik ihre logischen Konsequenzen ziehen.

Einige Ökonomen – insbesondere die Berkeley-Professoren Maurice Obstfeld und Barry Eichengreen – kritisieren das Standardmodell allerdings als zu mechanistisch in Bezug auf die Regierungspolitik. Diese sei in ihren komplexeren Motiven für den Markt relativ schwer zu durchschauen, was den rationalen Charakter einer Spekulation zwangsläufig schwäche und solche Aktivitäten insofern auch gefährlicher mache. Willkürliche, sich die eigene Daseinsberechtigung selbst schaffende Krisen, denen auch an sich ziemlich stabile Währungen zum Opfer fallen können, sind derzeit in der Tat ein heißes Thema. Dennoch sind sich die Ökonomen einig, dass eine hinreichend glaubwürdige Währung niemals attackiert wird. Ein Wackelkandidat hingegen wird immer unter Druck geraten.

Was tun gegen George Soros?

Mein erster richtiger wissenschaftlicher Aufsatz, geschrieben 1977, trug den Titel »A Model of Balance of Payments Crises« (Ein Modell der Zahlungsbilanzkrisen). In dieser theoretischen Analyse befasste ich mich mit den Gründen, aus denen Versuche der Wechselkursstabilisierung in der Regel in einer urplötzlichen spekulativen Attacke ihr Ende finden, wobei binnen weniger Tage oder gar Stunden Milliarden Dollar an Devisenreserven verloren gehen. Damals ging es mir allerdings hauptsächlich um die Angriffe, denen 1971 zuerst das Bretton-Woods-System und eineinhalb Jahre später auch dessen Nachfolger, das Washingtoner Währungsabkommen, zum Opfer fiel. Im Grunde also verstand ich die Arbeit als primär historische Untersuchung. Ich konnte mir eigentlich nicht vorstellen, dass es Vorgänge dieser Art und Größenordnung noch einmal geben würde.

Zum Glück irrte ich mich. Zum Glück für mich natürlich. Denn als Gründervater der Theorie spekulativer Währungsattacken – eines inzwischen längst etablierten akademischen Fachgebiets – bewegt sich mein Zitationsindex bei jeder neuen Währungskrise angesichts der damit verbundenen Vielzahl ökonomischer Analysen und Erklärungsversuche sprunghaft nach oben. Und die neunziger Jahre waren bis dato alles andere als arm an solchen Krisen. Mich kann das insofern freuen. Doch weniger lustig sind diese Ereignisse für die involvierten Länder und politisch Verantwortlichen.

Warum aber gibt es eigentlich so viele Krisen dieser Art? Haben die Finanzminister, Zentralbankchefs und so weiter aus der Vergangenheit denn nichts gelernt? Um die Hartnäckigkeit des Problems zu verstehen, muss man sich freilich ein Grunddilemma jeder Währungspolitik klarmachen. Am besten lässt es sich anhand einer kleinen Meinungsmatrix illustrieren. Sie ergibt sich aus zwei Fragen, auf die jeweils zwei Antworten möglich sind.

Die erste Frage lautet: Ist Wechselkursflexibilität sinnvoll oder nicht? Ein Land mit festem Wechselkurs verzichtet in einer Welt des freien Kapitalverkehrs praktisch auf eine eigenständige Geldpolitik; die Höhe der Zinssätze richtet sich mehr oder weniger allein danach, wie sich der Kurs der an den Devisenbörsen gehandelten Landeswährung im vorgegebenen Zielbereich halten lässt. Ein Land mit frei schwankendem Wechselkurs hingegen hat Handlungsspielraum. Es kann die Zinsen senken, wenn eine Rezession naht, und sie erhöhen, wenn Inflation droht. Doch lohnt sich dieser politische Spielraum denn wirklich, oder sind die damit verbundenen Vorteile illusorisch?

Die zweite Frage lautet: Ist dem Markt im Falle einer frei schwankenden Währung denn zu trauen? Oder anders formuliert: Kann man davon ausgehen, dass der freie Wechselkurs rationalen Kriterien folgt und sich so einpendelt, dass dies der Stärke der Wirtschaft und der Solidität der staatlichen Politik in etwa angemessen ist? Oder verhält sich der Markt erratisch, neigt mal zu Euphorie (»irrationaler Übertreibung«, um ein berühmtes Wort von Alan Greenspan zu benutzen), mal zu unberechtigtem Pessimismus?

Aus den Anworten auf diese beiden Fragen ergeben sich vier mögliche Positionen, die in den vier Kästchen der nachfolgenden Matrix dargestellt sind und alle auch ihre Anhänger haben:

		Ist Wechselkursflexibilität nützlich?	
		nein	ja
Kann man dem Devisenmarkt trauen?	ja	Der Sorglose	Der gelassene Floater
	nein	Der entschlossene Fixkursler	Das Nervenbündel

Angenommen, Sie halten den politischen Spielraum, den ein frei schwankender Wechselkurs eröffnet, für relativ unbedeutend, haben aber volles Vertrauen in die Devisenmärkte. Dann gehören Sie zweifellos zu den Sorglosen: Welches Wechselkurssystem benutzt wird, ist Ihnen vermutlich ziemlich egal. Ein fester Wechselkurs wäre Ihnen im Prinzip ganz lieb, noch lieber aber eine gemeinsame Währung, denn Sie sagen sich: Stabile Kurse kommen der Wirtschaft zugute, weil sie deren Transaktionskosten verringern. Schlaflose Nächte bereiten Ihnen solche Fragen aber nicht. Dies dürfte die Position der so genannten »Real-Business-Cycle«-Theoretiker (Konjunkturtheoretiker der Neuen Klassischen Makroökonomik) sein, für die die Effizienz der freien Märkte eine ausgemachte Sache ist und die gleichzeitig aber vom funktionalen Nutzen einer Geld- und Währungspolitik gar nichts halten.

Nehmen wir nun an, Sie schätzen die Vorteile eines frei schwankenden Wechselkurses sehr hoch ein und haben gleichzeitig volles Vertrauen in die Märkte. Dann sind Sie der Typ des gelassenen Floaters: Freiheit von den Zwängen eines festen Zielkurses ist für Sie grundsätzlich eine gute Sache, weil sich so eine Politik der Vollbeschäftigung verfolgen lässt. Dies war Ende der sechziger und Anfang der siebziger Jahre in der Tat die Position vieler Ökonomen. Ich erinnere mich noch gut daran, dass in meiner Studienzeit das gesamte Bretton-Woods-System den akademischen Lehrern als altertümliches Relikt galt, als eine unnütze Zwangsjacke, die man der makroökonomischen Politik anlegt.

Nicht weniger selbstsicher werden Sie freilich auftreten, wenn Sie sich der Gegenposition zurechnen. In diesem Fall sind Sie der

Auffassung, dass den Devisenmärkten überhaupt nicht zu trauen ist, weil sie in irrationaler Weise zwischen Optimismus und Pessimismus hin- und herschwanken. Gleichzeitig glauben Sie, dass ein floatender Wechselkurs wenig bringt. Sie sind demnach ein entschlossener Fixkursler, dem jede Kursschwankung ein Greuel ist und der am allerliebsten eine gemeinsame Währung mit möglichst vielen Teilnehmerländern hätte. Aus meiner Sicht ist das die Position, der viele europäische Zentralbanker anhängen.

Was aber, wenn Sie vom Nutzen freier Wechselkurse überzeugt sind, aber den Devisenmärkten misstrauen? Dann gehören Sie leider zu den Nervenbündeln der vierten Kategorie. Jede Entscheidung für ein Währungssystem ist für Sie nur eine Wahl zwischen mehreren Übeln, verbunden mit der steten Angst, die falsche Wahl getroffen zu haben.

Nun, die Erfahrungen der letzten zehn Jahre haben uns bezüglich dieser Konstellationen einiges gelehrt. Zwar ist die Ökonomie keine Disziplin, in der sich quasi-naturwissenschaftliche Experimente mit eindeutigen Ergebnissen durchführen lassen, doch relativ gesicherte Erkenntnisse sind trotzdem möglich. (Als Irland 1987 seine Währung vom britischen Pfund ab- und an die Mark ankoppelte, folgten auch die irischen Warenpreise abrupt nicht mehr dem britischen, sondern dem deutschen Preisindex – was sehr deutlich zeigt, dass die Währung eine Rolle spielt und dass die Geld- und Währungspolitik folglich auch in kleinen Ländern von Bedeutung sein kann.) Ich denke jedoch, dass sich auf Basis der gewonnenen Erkenntnisse folgende klare Aussage treffen lässt: »Das Nervenbündel« sieht die Sache am realistischsten. Ein Ja also zum Nutzen eines freien Wechselkurses; ein Nein indes zur Frage, ob den Devisenmärkten zu trauen ist!

Zunächst zum frei schwankenden Wechselkurs. Der klassische Einwand lautet: Jeder Versuch, die monetäre Autonomie zu nutzen, sei sowieso ein Schuss in den Ofen. Angenommen, ein Land gibt seine Wechselkursbindung auf und senkt anschließend die

Zinssätze (was natürlich den Kurs der Währung drückt). Die Verteidiger eines festen Wechselkurses behaupten nun, dies komme keineswegs der Beschäftigung zugute, sondern führe rasch zu Inflation, was sowohl den Zugewinn an Wettbewerbsfähigkeit auf den Weltmärkten als auch den Effekt der Ankurbelung der heimischen Nachfrage eliminiere. Diese Position schien sich vor allem auf die Erfahrungen im Zusammenhang mit der wiederholten Abwertung des britischen Pfunds in den siebziger Jahren und die Abwertung der schwedischen Krone im Jahr 1982 stützen zu können.

Um ehrlich zu sein: Selbst bei den genannten Ereignissen erscheint mir diese Interpretation zweifelhaft. Auf jeden Fall aber widersprechen ihr die Erfahrungen der neueren Zeit immer deutlicher. Mitte der achtziger Jahre fiel zum Beispiel der US-Dollar rasch von 240 auf 140 Yen beziehungsweise von 3 DM auf 1,80 DM. Dies hatte jedoch nicht einmal im Ansatz einen Inflationsanstieg zur Folge, wie er von einigen Ökonomen prognostiziert worden war. Viele Europäer taten diese Erfahrung jedoch ab – schließlich sei Amerika mit seinem riesigen Markt und seiner geringen Abhängigkeit vom Welthandel ein Sonderfall; würde ein europäisches Land etwas Ähnliches versuchen, käme ganz anderes dabei heraus. Dann kam die Krise des Jahres 1992. Von vielen französischen Ökonomen bekam ich zu hören, die Briten würden wegen ihres Ausstiegs aus dem europäischen Währungsverbund (ERM) ganz schnell auf die Nase fallen, und Schwedens Finanzministerin Wibble gab sich in einem persönlichen Gespräch felsenfest davon überzeugt, dass eine Abwertung der Krone ein Inflationsdesaster nach sich ziehen würde. Tatsächlich haben die Briten das Ganze völlig unbeschadet überstanden, und auch in Schweden stellten sich die prognostizierten Probleme keineswegs ein, als das Land ein paar Wochen später dann doch abwertete.

Damit soll keineswegs behauptet werden, eine Abwertung sei immer und unter jeden Umständen ein guter Schachzug. Was man aufgrund der historischen Erfahrungen jedoch sagen kann, ist, dass eine unabhängige Geldpolitik, wie sie ein freier Wechselkurs ermöglicht, unter zwei Bedingungen klare Vorzüge hat: a) niedrige Inflationsrate; b) hohe Überkapazitäten in der Produktion (weil dies Preissteigerungstendenzen entgegenwirkt). Dies mag man auf den ersten Blick als einschränkende Bedingungen verstehen, doch das ist ein Irrtum. Denn nur unter genau diesen Bedingungen macht eine Zinssenkung überhaupt Sinn.

So weit, so gut – kommen wir also zur zweiten Frage der Matrix, den Devisenmärkten.

Ökonomen sind – aus verständlichen Gründen – Anhänger der »Effizienzthese« der Kapitalmarkttheorie. Demnach sehen sie alle Preis- beziehungsweise Kursschwankungen als Reaktion auf Informationen über die jeweilige Volkswirtschaft (beziehungsweise dadurch ausgelöste Erwartungsänderungen) an. Als eine Art Benchmark – das heißt als erster Orientierungsmaßstab für das Kursverhalten von Anlagewerten – hat sich diese Theorie zweifellos bewährt, ja gleichsam in barer Münze ausgezahlt, da sich das moderne Risikomanagement ja hauptsächlich auf dieser Grundlage bewegt. In vielen Märkten aber, und insbesondere im Devisenmarkt, hat diese Theorie ihre unmittelbare Glaubwürdigkeit und Brauchbarkeit schon lange eingebüßt. Dazu haben vor allem technische Tests beigetragen – die Anomalien sind einfach viel zu zahlreich, und jeder Versuch, sie doch in das Effizienzmarkt-Modell zu integrieren, führt nur von einem Epizyklus zum nächsten.

Doch jenseits dieser technischen Analysen und Evaluierungen besteht die schlichte Frage der Plausibilität (sozusagen der Bauchtest; im Englischen spricht man vom »smell test« – wie die Sache »riecht«). Vermag mir irgendjemand vielleicht einen guten Grund – sprich: fundamentaldatenbezogene Informationen, über die der Markt verfügt haben kann – für die Wechselkurskapriolen des Dollars zu nennen, der von über 120 Yen im Jahr 1993 auf 80 Yen im Jahr 1995 sank, um dann 1997 wieder auf den alten Stand zu klettern? Kommt es der Wahrheit nicht viel näher, wenn man die ganze Entwicklung Devisenhändlern in die Schuhe schiebt, die einem selbstgeschaffenen Trend folgten? Und halten wir, bitteschön, auch fest, dass es sich bei dieser Fluktuation um keine Kleinigkeit handelte; für die japanische Industrie war der absurd überbewertete Yen eine schwere Hypothek.

Wie schon gesagt: Wir sitzen bei Licht betrachtet fest und sauber in Kästchen Nummer vier unserer Matrix – bei den Nervenbündeln. Die Spezialistenzunft in Sachen Währungsattacken hat mithin Konjunktur und Zukunft. Eigentlich sollte ich pluralisch von »Zünften« reden, denn gemeint sind ja sowohl Leute wie ich, die sich wissenschaftlich mit diesen Dingen beschäftigen, als auch – weit wichtiger – jene Praktikerspezies vom Schlage eines George Soros, die sich mit solchen Unternehmungen liebend gern die Zeit vertreibt.

Wären die Finanzminister dieser Welt nämlich »gelassene Floater«, würden sie sich um die Devisenmärkte herzlich wenig kümmern, sie jedenfalls aus einer Position wohlwollender Distanz betrachten; dadurch böten sie einer spekulativen Attacke überhaupt keine Angriffsfläche. Wären sie andererseits »entschlossene Fixkursler«, würden sie sich gegen eine spekulative Attacke mit aller Konsequenz zur Wehr setzen – was die Spekulanten in aller Regel von einer solchen Aktion abhalten würde. Anders ausgedrückt: Was Soros die Chance auf einen finanziellen Reibach eröffnet (und mir ein Aufsatzthema beschert), ist die Tatsache, dass sich die meisten Finanzminister für einen festen Wechselkurs entscheiden, dann aber Zweifel an ihrem Mut zur Konsequenz aufkommen lassen.

Ich will noch ein paar Ausführungen über die Art der spekulativen Attacken anfügen, die in einem solchen Umfeld gedeihen. Denn seit der inzwischen zwanzig Jahre zurückliegenden Begründung dieses wissenschaftlichen Fachgebiets (durch mich und andere) hat es einige theoretische Weiterentwicklungen gegeben.

Die ursprünglichen Modelle solcher Angriffe beruhten auf dem folgenden Szenario: Ein Land betreibt eine Politik, die zur Aufrechterhaltung eines festen Wechselkurses in Widerspruch steht – indem es zum Beispiel fleißig Geld druckt, um sein Haushaltsdefizit auszugleichen. Für jeden kompetenten Beobachter ist in einem solchen Fall klar, dass der Wechselkurs irgendwann nachgeben muss. Das spekulative Element rührt folglich allein daher, dass die Investoren versuchen werden, das ohnehin Unvermeidliche für sich zu nutzen, indem sie rechtzeitig aussteigen. Sobald jedoch die Anleger aus einer schwachen Währung auszusteigen beginnen, beschleunigt dies automatisch den Kursverfall. Clevere Investoren wissen dies natürlich und versuchen daher noch früher zu liquidieren. Auf diese Weise entsteht ein massiver Ansturm auf die Währung – und zwar zu einem Zeitpunkt, wo man glauben könnte, die Devisenreserven reichen noch Monate oder gar Jahre.

Dies ist noch immer das gängige Interpretationsmodell. Allerdings haben sich in der neueren Diskussion drei weitere wichtige Aspekte herausgeschält.

Erstens haben verschiedene Ökonomen auf die Bedeutung von »Selbstläufern« (den Mechanismus einer sich gleichsam selbst erfüllenden Prophezeiung) hingewiesen. Zur Illustration stelle man sich ein Land vor, dessen Regierung unter normalen Bedingungen durchaus bereit ist, strikt an einem bestimmten Wechselkurs festzuhalten, das aber die Kosten hoher Zinsen, wie sie zur Stützung der Währung anfallen, wenn die Märkte auf eine Abwertung spekulieren, nicht tragen will oder kann. In einem solchen Fall liegt das Schicksal der Währung völlig in Händen der Spekulanten. Blasen sie zum Angriff, fällt sie. Tun sie es nicht, überlebt sie.

Zweitens darf man den folgenden Punkt nicht übersehen: Wenn Märkte generell zu irrationalen Meinungsumschwüngen (d. h. zum Herdenverhalten) neigen, dann gilt das für spekulative Attacken auf feste Wechselkurse logischerweise genauso wie im Falle starker Kursausschläge bei flexiblen Wechselkursen. Bemerkenswerterweise gibt es keinerlei Anzeichen dafür, dass die großen

Währungskrisen der neunziger Jahre von den Märkten erwartet wurden. Konkret gesprochen: Noch in den letzten Wochen vor Großbritanniens Schwarzem Mittwoch oder vor dem Beginn der mexikanischen Krise des Jahres 1994 steckten die Investoren ihr Geld bedenkenlos – das heißt ohne besondere Risikoprämie! – in britische Pfund und mexikanische Pesos (wiewohl nicht wenige Ökonomen vor einer möglicherweise bevorstehenden Krise warnten!). Urplötzlich aber ergriffen alle die Flucht. Lässt sich da von rationalem, auf echten Informationen beruhendem Verhalten sprechen? War es vielmehr nicht einfach der Herdentrieb?

Drittens schließlich kommen wir noch einmal zu den »Gnomen von Zürich«. Finanzminister, deren Währung unter Spekulationsdruck steht, pflegen ihre Probleme bekanntlich gern den bösen Machenschaften ausländischer Marktmanipulateure anzulasten. Die Ökonomen wiederum tun derlei Argumente meist lächelnd ab – schließlich hatte ja auch der britische Politiker, auf den der zitierte Ausdruck zurückgeht, so wenig Ahnung von der Sache, dass er nicht einmal wusste, wo die ach so bösen Gnomen sitzen (in Basel nämlich). Die letzten Jahre haben uns allerdings eines Besseren belehrt. Wer Wirtschaftsblätter liest, der weiß, dass es tatsächlich Investoren gibt, die nicht nur in kluger Erwartung einer Währungskrise riesige Summen bewegen, sondern aus Spaß und Profitgier auch ihr Bestes tun, um eine solche Krise auszulösen. Diese neuen Akteure auf dem internationalen Parkett haben freilich noch nicht einmal einen richtigen Namen. Nennen wir sie also doch einfach »Sorosi«.

Es gibt, wie gesehen, theoretisch zwei Möglichkeiten, all diese spekulativen Umtriebe zu umgehen. Die eine besteht darin, dem Wechselkurs grundsätzlich gleichgültig gegenüberzustehen, den Sorosi also gar keine Angriffsfläche zu bieten. Die zweite wäre, den Wechselkurs jenseits aller Zweifel festzunageln – am allerbesten durch Schaffung einer gemeinsamen Währung, denn dann hat das Spekulieren definitiv ein Ende.

Welche dieser beiden Optionen ist nun die bessere? Die Antwort ist ausgesprochen schwierig. Wir besitzen zwar eine Theorie »optimaler Währungsgebiete« und damit auch eine Checkliste der dafür relevanten Punkte; doch ist es bekanntermaßen schwierig, aus dieser Checkliste einen operationalisierbaren Kriterienkatalog zu entwickeln. Eines aber scheinen neuere theoretische Untersuchungen (wie auch die Erfahrungen der letzten Zeit) definitiv nahezulegen: dass man sich auf jeden Fall für eine der beiden Optionen entscheiden sollte – egal welche. Anders ausgedrückt: In einer Welt, in der heißes Geld so problemlos von da nach dort wandert wie heute, handelt man sich mit einer nicht hundertprozentig glaubwürdigen Wechselkursfixierung nur Nachteile ein: Man verliert die Handlungsfreiheit, die ein beweglicher Kurs bietet, ist den Spekulanten aber dennoch ausgeliefert.

Entschließt sich eine Gruppe von Ländern tatsächlich zu einer gemeinsamen Währung, so können die Wirtschaftswissenschaftler eigentlich nur raten, nach der (von Barry Eichengreen so genannten) »Nike-Strategie« zu verfahren, die da lautet: Tu's einfach! Also: Wenn schon, dann zügig. Eine lange Übergangsperiode bietet den Spekulanten nur unnötige Angriffsflächen, da die Märkte Zeit haben, sich zu fragen: Tun sie's, oder tun sie's nicht?

Es bleibt der Fantasie überlassen, was Spekulanten alles anrichten können, wenn die Schaffung einer gemeinsamen Währung viele Jahre dauert; wenn für diese Übergangsperiode Richtlinien gelten, die den beteiligten Ländern Disziplin und Opfer abverlangen, so dass sich in der Bevölkerung Widerstand regt und die Vorbereitungen nicht vorankommen; und wenn, nicht zu vergessen, eine grundsätzliche Unsicherheit besteht, ob die jeweiligen Länder auch wirklich beitreten dürfen, wie groß auch immer ihr Engagement für eine Währungsunion ist – weil die Aufnahme in den Club letztlich von Kriterien abhängt, die zum einen sehr schwer zu erfüllen und zum zweiten auch noch interpretierbar sind.

Könnte es sein, dass die Konstrukteure des Maastrichter Vertrages – Europas Plan zur Schaffung einer Wirtschafts- und Währungsunion – insgeheim im Sold der Sorosi standen? Oder dass sie sich einen Jux daraus machten, ihren ahnungslosen europäischen Landsleuten einen bösen Streich zu spielen? Oder hat man die Dinge vielleicht einfach nicht richtig durchdacht?

TEIL 6

JENSEITS DES MARKTES

Geld ist der Motor der Wirtschaft, doch es ist ein Mittel, nicht Selbstzweck. Die in diesem Teil versammelten Aufsätze haben alle in der einen oder anderen Weise mit dem Unterschied zwischen Preis und Wert zu tun – und damit, was die Wirtschaftswissenschaft zur Klärung dieses Verhältnisses beizutragen hat.

Das erste Kapitel – »Die natürlichen Ressourcen und die Bilanz« – greift anhand der Umweltpolitik ein altes Thema der Ökonomie neu auf: dass Märkte sich fehlentwickeln, wenn wichtige knappe Rohstoffe *nicht* in die Kostenrechnung einbezogen werden. Dieses Thema steht auch im Zentrum des folgenden Kapitels, diesmal illustriert am Problem der Überlastung öffentlicher Straßen. In beiden Fällen spricht das Marktversagen deutlich für eine staatliche Intervention. Unglücklicherweise aber ist in Demokratien der politische Prozess, der die Marktdefizite beheben könnte oder sollte, selbst sehr stark mit den gleichen Defiziten behaftet. Diesem Problem werde ich im dritten Kapitel, »Demokratie und Rationalität«, nachgehen.

Die restlichen Kapitel befassen sich mit etwas ungewöhnlicheren Themen. In »Ein medizinisches Dilemma« geht es um die These, dass uns die medizintechnischen Fortschritte vor ein großes moralisches und politisches Problem stellen, das sich folgendermaßen formulieren lässt: Soll mit Geld alles erkaufbar sein – oder muss es Grenzen geben? In »Der VPI und die Hetzjagd des Lebens« setze ich mich – ausgehend von der Kontroverse ausgerechnet um die Messung der Inflation – mit den Implikationen der unbestreitbaren Tatsache auseinander, dass es den Menschen keineswegs nur um ihren absoluten Lebensstandard geht, sondern ebenso sehr auch um ihren relativen sozialen Status.

»Eine fiktive Rückschau« schließlich hat eine ganz besondere Geschichte. Ursprünglich handelte es sich dabei um einen Beitrag für eine Jubiläums-Sonderausgabe des *New York Times Magazine*. Die wissenschaftlichen Autoren des Heftes hatten den Auftrag, in Form eines fiktiven Rückblicks aus dem Jahr 2096 über ihr jeweiliges

Fachgebiet zu berichten. Man mag es kaum glauben, aber von den etwa 15 Beiträgern waren nur zwei bereit oder in der Lage, das Spiel mitzumachen – alle übrigen ignorierten die Prämisse und lieferten fantasielos-langweilige Elaborate nach dem Motto »Dieses und jenes wird meiner Meinung nach in den nächsten hundert Jahren geschehen«. Mich wundert diese merkwürdige Haltung, fand ich die Idee doch ausgesprochen lustig. Trotzdem ist der Aufsatz ernster, als es zunächst den Anschein hat.

Die natürlichen Ressourcen und die Bilanz: Die Ökonomen entdecken die Natur

Wer darüber nachdenkt, wie sehr unser moderner Lebensstil den Planeten Erde belastet, bekommt leicht ein schlechtes Gewissen. So geht es auch mir. Doch am »Tag der Erde«, der 1997 stattfand, ging es meinem Gewissen um einiges besser als sonst – und bei zweieinhalbtausend meiner Kollegen war es bestimmt ähnlich.

Ein paar Monate zuvor nämlich hatte eine Organisation namens »Redefining Progress« fünf Ökonomen – die Nobelpreisträger Robert Solow und Kenneth Arrow sowie Dale Jorgenson (Harvard), William Nordhaus (Yale) und mich – dafür gewonnen, eine »Stellungnahme der Ökonomen zur Klimaänderung«, in der ernsthafte Maßnahmen zur Begrenzung der Emission von Treibhausgasen gefordert wurden, öffentlich zu unterstützen. Um ehrlich zu sein: Ich betrachtete meine Rolle als einer der Erstunterzeichner des Aufrufs vor allem als Geste des guten Willens und erwartete eigentlich nicht, jemals wieder etwas von der Aktion zu hören. Tatsächlich aber schlossen sich dem Aufruf sage und schreibe über zweieinhalbtausend Fachkollegen an. Was immer dabei sonst noch herauskommen mag, auf jeden Fall förderte die Aktion in beeindruckender Weise ein kaum vermutetes Faktum zutage: Viele Ökonomen haben auch ein Herz für die Umwelt.

Zum Teil hat das wohl einfach auch biografische Gründe: Als per definitionem wohlgebildete und in der Regel gut situierte Bürger teilen Ökonomen natürlich auch die üblichen Vorurteile ihrer sozialen Schicht – und die meisten Angehörigen der oberen

Mittelschicht Amerikas pflegen ein ziemlich sentimentales Verhältnis zur Natur, solange der Umweltschutz sie nicht in ihrem Lebensstil behindert (die meisten bringen ja ganz ordentlich Flaschen und Verpackungsmüll zur nächsten Sammelstelle – im spritfressenden 16-Ventiler, versteht sich). Doch wenn mich mein ganz subjektiv-unwissenschaftlicher Eindruck nicht trügt, sind Ökonomen im Durchschnitt noch eine Spur umweltbewusster als Leute mit ähnlichem Einkommen und Hintergrund. Warum das? Weil die ökonomische Standardtheorie bei ihren Vertretern und Anhängern ganz automatisch eine stark umweltfreundliche Disposition erzeugt.

Das allgemeine Image der Ökonomen ist freilich ein anderes. In der öffentlichen Wahrnehmung sind Ökonomen Leute, die von allem den Preis, aber von nichts den Wert kennen; für die alles gut ist, was das Bruttoinlandsprodukt erhöht, während alles andere nichts taugt; für die der Markt das Nonplusultra darstellt, was immer dabei herauskommt. (Ich muss in diesem Zusammenhang leider feststellen, dass auch von Redefining Progress – 1995 in der Zeitschrift *Atlantic* – ein ziemlich gehässiger, von keiner Sachkenntnis zeugender Artikel veröffentlicht wurde, der in diese Richtung geht.)

In Wahrheit aber ist selbst die konventionellste ökonomische Lehre noch um ein Vielfaches subtiler als das, was das allgemeine Image suggeriert. Natürlich stimmt es, dass die Ökonomen in der Regel ein System freier Märkte für das beste Wirtschaftssystem halten, unter der Voraussetzung freilich, dass die Preise stimmen – solange also, konkret gesprochen, jeder für die tatsächlichen gesellschaftlichen Kosten dessen, was er tut, aufkommt. Bei Umweltfragen jedoch geht es mehr oder weniger per definitionem um Situationen, in denen der Preis nicht stimmt – in denen die privaten Kosten einer Aktivität deren effektive soziale Kosten mithin nicht decken. Ich will hier kurz eine Passage aus dem in wirtschaftswissenschaftlichen Grundkursen häufig verwendeten Lehrbuch zur

Mikroökonomie von William Baumol und Alan Blinder zitieren: »Leitet ein Unternehmen Schadstoffe in einen Fluss ein, verbraucht es zweifellos genauso sehr gesellschaftliche Ressourcen (d. h. Gemeingüter), wie wenn es Kohleöfen betreibt. Wenn nun das Unternehmen die Kohlen kaufen, für die Nutzung des sauberen Flusses jedoch nichts bezahlen muss, so ist zu erwarten, dass es mit der Kohle sparsam, mit dem Flusswasser aber verschwenderisch umgehen wird.« Anders formuliert: Wenn es um die Umwelt geht, erwarten wir *nicht*, dass der freie Markt die Sache regelt.

Was also tun? In allen mir bekannten Ökonomielehrbüchern der letzten fünfzig Jahre (angefangen bei Paul Samuelson) lautet die Standardlösung: Der Staat muss intervenieren, um die Märkte von umweltschädlichen Aktivitäten abzuhalten. Dabei werden in der Regel zwei Empfehlungen angeboten: Entweder für das Recht zur Ausübung umweltschädlicher Aktivitäten eine Gebühr (so genannte »Umwelt(verbrauchs)steuern« bzw. »Ökosteuern«) zu erheben oder solche Rechte meistbietend zu versteigern. So weit, so gut. Wie die erstaunliche Reaktion auf die Klimaerklärung zeigt, gehört die Idee von Umweltsteuern – ähnlich wie der Freimarktgedanke – zu jenen klassisch-anschaulichen Positionen der Ökonomie, die praktisch jeder Vertreter der Zunft sofort zu unterschreiben bereit ist. Leider aber hapert es mit der Umsetzung. Während Umweltverschmutzung und damit verbundene »negative Externalitäten« wie Verkehrsstaus offenkundige und vielbeklagte Probleme darstellen, sorgt in der Praxis trotzdem kaum jemand dafür, dass die Märkte Umweltkosten adäquat berücksichtigen. Wir haben also die typische Situation, dass Ökonomen, die ihre Lehre ernst nehmen, in der Regel für ein viel rigideres Umweltschutzprogramm eintreten, als es in der Praxis vorhanden ist. Freilich sind sie meist gegen detaillierte Vorschriften (beziehungsweise Bürgerbevormundungsmaßnahmen) eingestellt, ziehen vielmehr Programme vor, die dem Bürger und der Wirtschaft finanzielle Anreize bieten, Umweltbelastungen zu reduzieren. Der Staat ist insofern also nur für die Rahmenbedingungen verantwortlich, während die Details im Privatsektor geregelt werden sollten. Es würde mir demgegenüber schwerfallen, auf Anhieb auch nur einen einzigen Ökonomen zu nennen, der für weniger Umweltschutz eintritt, als wir gegenwärtig betreiben – abgesehen einmal von Kollegen, die bei erklärten Umweltschutzgegnern in Diensten stehen. (Übrigens zählten zu den Unterzeichnern der Klimaerklärung auch dreizehn Wirtschaftswissenschaftler der Universität von Chicago, jenem Tempel der reinen Marktwirtschaftslehre.)

Freilich stellt sich die Frage: Geht Umweltschutz denn nicht zu Lasten des Bruttoinlandsprodukts? Nun, nicht zwangsläufig – und wenn, dann wäre das nicht einmal besonders schlimm. Schauen wir uns die Sache etwas genauer an.

Auf den ersten Blick scheint es naheliegend zu sein, dass Umweltsteuern und -abgaben das BIP reduzieren. Schließlich führen alle Steuern tendenziell zu einer Verringerung der Arbeits-, Spar- und Investitionsanreize. Eine Steuer auf Autoabgase wird die Menschen also veranlassen, sauberere Autos zu fahren oder ganz auf ein Auto zu verzichten. Da dies aber auch den potenziellen Nutzen von Mehrverdienst schmälert (man würde sich dann ja auch keinen Zweitwagen mehr zulegen), reduziert eine solche Maßnahme auch die allgemeine Arbeitsmoral – die Leute legen schneller die Hände in den Schoß, als sie dies ohne Steuer tun würden. Folglich lässt sich feststellen: Eine Umweltsteuer führt, wie jede Steuer, bei sonst gleichbleibenden Bedingungen tendenziell zu einer Verringerung der volkswirtschaftlichen Gesamtgeldproduktion – sprich des BIP.

Nur: Die Voraussetzung der »sonst gleichbleibenden Bedingungen« trifft ja nicht zu, weil es ohnehin bereits eine ganze Latte von Steuern und Staatsausgaben gibt. Selbst in den USA, dem Land mit dem kleinsten Staatssektor, verglichen mit anderen Industrienationen, fließt etwa ein Drittel des BIP durch die öffentliche Hand. Es gibt folglich schon mehr als genug Steuerbelastungen, die die Wirtschaftsbürger davon abhalten, besteuerungsfähigen Aktivitäten (Arbeit, Investitionen) nachzugehen. Dies bedeutet, dass die Einnahmen aus neuen Umweltsteuern dazu dienen könnten, in anderen Bereichen Entlastung zu schaffen – etwa bei den Sozialversicherungsbeiträgen oder der Einkommensteuer (aber selbstverständlich nicht bei der Kapitalertragssteuer!). Während eine Umweltsteuer an sich also zweifellos zu Lasten einiger zum BIP beitragender Wirtschaftstätigkeiten ginge, würde dies durch eine entsprechende Stärkung anderer Aktivitäten wieder ausgeglichen. Unter dem Strich braucht das gemessene BIP also keineswegs stark zu fallen, ja es kann sogar steigen.

Lässt sich daraus nun ein prinzipielles, d. h. unabhängiges Argument für eine Umweltsteuer ableiten, völlig abgesehen also vom damit verbundenen umweltbezogenen Nutzen? Oder konkreter gefragt: Wäre etwa eine Kohlenstoffsteuer sinnvoll, auch wenn man sich keine Sorgen über eine globale Klimaerwärmung machen müsste? Nun, diese Frage wurde in der Wirtschaftswissenschaft auf einem leider hochtechnischen Niveau – im Rahmen der so genannten »Doppeldividendendebatte« – diskutiert. Die Mehrheit der Ökonomen scheint der Auffassung zu sein, dass Umweltsteuern unter dem Strich das BIP wohl eher leicht senken als erhöhen würden.

»Na und?« darf man sich da gleichwohl fragen. Denn wie ein Blick ins Lehrbuch zeigt, wird schon bei der Einführung in das Doppeldividenden-Konzept folgende klare Feststellung getroffen: »Das Bruttoinlandsprodukt ist kein Maßstab für den materiellen Wohlstand eines Landes.« Wenn also die angemessene Bepreisung beziehungsweise kostenmäßige Berücksichtigung der Umwelt den Verbrauch von *nicht* auf dem Markt gehandelten Gütern (wie saubere Luft und Freizeit) auf Kosten des Verbrauchs marktgängiger Güter steigert – auch gut!

Ist das nicht erstaunlich? Nicht nur sind sich die Ökonomen ausnahmsweise einmal über etwas einig; sie sind es sogar in Bezug auf die schöne und herzerwärmende Idee, dass wir mehr für unsere Umwelt tun sollten. Können sich zweieinhalbtausend Ökonomen denn irren? Gute Frage. Im Prinzip natürlich schon – diesmal aber nicht. Die »große grüne Steuerreform« (Great Green Tax Shift) als Umschichtungsmaßnahme – weg von der Besteuerung der Beschäftigung und Einkommen; hin zu Steuern auf Umweltbelastung und sonstige wertzerstörende negative Effekte – hat nicht nur die gute Absicht, sondern auch alle guten Argumente auf ihrer Seite, naturwissenschaftliche und ökonomische eingeschlossen.

Trotzdem – oder vielleicht eben deshalb – ist dieser Ansatz auf dem politischen Parkett derzeit wenig gefragt. Denn wie alle guten politischen Ideen steht auch der »grüne Wechsel« vor dem Problem, gegen die drei großen »I« anrennen zu müssen.

Zunächst ist da die allgemeine *Ignoranz*. 1996 zum Beispiel senkte der US-Kongress kurzerhand die Benzinsteuer, um einen temporären Ölpreisanstieg aufzufangen. Kaum jemand wunderte sich, wo der Staat eigentlich das Geld dafür hernehmen wollte. Welcher Politiker wird also schon so töricht sein, den ersten Schritt zu machen und für eine umfassende neue Umweltverbrauchsbesteuerung zu plädieren, selbst wenn er gleichzeitig versprechen könnte, im Gegenzug andere Steuern zu senken? (Zuverlässigen Quellen zufolge wurde in der Clinton-Administration das Wort »Steuern« im Zusammenhang mit der Umweltpolitik sogar aus der internen Diskussion verbannt.)

Zweitens sind *Interessen* im Spiel. Man kann sich gewiss schwer vorstellen, wie die globale Klimaerwärmung in den Griff zu kriegen sein soll, ohne dass nach und nach Zechen stillgelegt werden. Angesichts der Tatsache, dass die arbeitsmarktspezifischen Anpassungsprobleme inzwischen nachlassen, wäre die Zechenfrage bestimmt nicht unlösbar. Aber natürlich wehren sich die Interessenverbände der Bergleute im Verein mit den Energieunternehmen mit Händen und Füßen gegen »grüne Steuern«, während die breite Öffentlichkeit, die von solchen Maßnahmen profitieren würde, dem Thema ziemlich gleichgültig gegenübersteht.

Drittens schließlich ist die *Ideologie* zu nennen. Das größte Problem, das – in den USA jedenfalls – der Formulierung einer vernünftigen Umweltpolitik lange Zeit im Wege stand, war auf der politischen Linken angesiedelt. Dort gab es Leute, die Umweltverschmutzung für grundsätzlich inakzeptabel hielten und folglich argumentierten, es sei unmoralisch, ein solch verwerfliches Verhalten sozusagen gegen Gebühr freizugeben und zu legitimieren. Inzwischen hat sich die Situation allerdings gewandelt. Heute sitzen die Gegner auf der rechten Seite des politischen Spektrums – Konservative, die im Unterschied zu den meisten Ökonomen wirklich glauben, man müsse den Markt über alles erheben, und die daher jedwede Staatsintervention rigoros ablehnen, auch in Fällen, in denen die wissenschaftliche Beweislage ihre Position ganz eindeutig widerlegt.

Ich bin daher Realist genug, nicht unbedingt zu erwarten, dass unsere Erklärung die Welt verändern wird. Andererseits erlebt man doch auch immer wieder positive Überraschungen. Zum Beispiel hatte bestimmt niemand erwartet, dass sich so viele Ökonomen dem genannten Aufruf anschließen würden. Jedenfalls haben wir Unterzeichner der Erklärung das Richtige getan. Und vielleicht sogar – wirklich nur vielleicht – trugen wir damit ein klein wenig dazu bei, diesen Planeten zu retten.

Steuern und Verkehrsstaus

Warum vergeuden wir eigentlich so viel Zeit damit, über Steuerreformen zu diskutieren? Warum versuchen wir nicht einfach, unsere Verkehrsstaus zu beseitigen?

Das scheint eine dumme Frage zu sein, ist es aber nicht. Denn die Lösung des Verkehrsproblems hat mindestens genauso viel mit Marktwirtschaft zu tun wie das Engagement für eine Steuerreform. Der kleine Unterschied ist nur, dass eine Steuerreform eine unsichere Sache mit vielen Wenn und Aber darstellt – die derzeit in den USA kursierenden Pläne würden vermutlich mehr Negatives als Positives bewirken –, während die Lösung der Verkehrsproblematik für ganze 40 Milliarden Dollar definitiv zu haben ist. Die Tatsache, dass das Stauproblem – ebenso wie eine Reihe ähnlicher Themen, etwa Umweltmanagement und Wasserrechte – in der gegenwärtigen politischen Diskussion überhaupt keine Rolle spielt, zeigt also nur, mit welchen Scheuklappen manch einer durch die Gegend läuft, der sich für einen Verfechter des Freimarktgedankens hält. Und kommen solche Themen wirklich einmal kurz auf, verirren sich diese Konservativen häufig genug auch noch auf die falsche Seite.

Bleiben wir für einen Moment bei der Steuerreform. Es wimmelt nur so von Plänen für Einheitssteuern, Mehrwertsteuern, nationale Umsatzsteuern und so weiter. Seriöse Vertreter solcher Vorschläge berufen sich darauf, dass das derzeitige System bezogen auf die volkswirtschaftliche Leistungsfähigkeit zwei Hauptschwachpunkte aufweise. Erstens liege der Spitzensteuersatz mit 40 Prozent viel zu hoch. Von jedem zusätzlich verdienten Dollar gingen mithin 40 Cent an das Finanzamt. Dies sei absolut Gift für die Arbeitsmoral. Zweitens halte das System die Leute davon ab, für die Zukunft zu sparen, weil auch Zinserträge und Gewinne besteuert werden. Es wurden daher alternative Ansätze entwickelt mit dem Ziel, zum einen die Arbeitsmoral zu stärken und zum anderen zu einer höheren Sparquote zu gelangen, um in der Konsequenz mehr Wirtschaftswachstum zu erreichen.

Stellt sich natürlich die Frage: Wie hoch ist der zu erwartende Nutzen zu veranschlagen? Viele Spareinlagen sind aufgrund besonderer Steuerklassen für Altersversorgungskonten ja bereits steuerbefreit. Und die Steuern ganz abschaffen können wir ja schließlich auch nicht. Ob es einem also gefällt oder nicht: Die staatlichen Leistungen, die wir uns genehmigen, kosten eben auch etwas. Irgendwo wird die Senkung der Spitzensteuersätze letztlich ihre Grenze haben müssen. Beispiel: Eine realistische Einheitssteuer, mit der dem Staat genauso viel Geld in die Kassen fließen würde wie beim derzeitigen Einkommensteuersystem, bräuchte in der Spitze immer noch deutlich über 20 Prozent. Das ist zweifellos viel weniger als der heutige Spitzensteuersatz von 40 Prozent – doch wer zahlt schon 40 Prozent! Auch die angesetzten gut 20 Prozent sind im Übrigen nur möglich, wenn man die steuerliche Abzugsfähigkeit von Hypothekenzinsen streicht. Dies würde jedoch bedeuten, dass zwar die Wirtschaft insgesamt möglicherweise profitiert, Millionen von Mittelschichtfamilien aber die Verlierer wären.

Tatsache ist, dass seriöse Steuerfachleute den Nettonutzen selbst einer umfassenden Steuerreform für bescheiden halten. Die Mehrzahl der Steuerzahler würde zwar gewinnen, viele aber würden auch verlieren. Um die Mittelschicht nicht auf die Barrikaden zu treiben, werden bei Plänen für eine Einheitssteuer daher in der Praxis meist unrealistisch niedrige Steuersätze versprochen (siehe etwa die 17 Prozent der Republikaner im Rahmen des »Vertrags mit Amerika« – der Übers.). Während man insgesamt also feststellen kann, dass sich eine realistische Steuerreform durchaus positiv auf das Wirtschaftswachstum auswirken würde, hätte der typische Reformvorschlag – starke Steuersenkungen für die Reichen, ohne Steuererhöhungen für die Mittelschicht – faktisch ein massives Haushaltsdefizit zur Folge. Der Volkswirtschaft würde dies weit mehr schaden als nützen.

Kommen wir nun zum Verkehrsproblem. Staus sind keineswegs ein kleines Übel. 1995 verloren die Amerikaner infolge dieser Verzögerungen über acht Milliarden Stunden, was volkswirtschaftlichen Gesamtkosten in Höhe von über 80 Milliarden Dollar entspricht. Ausfallzeiten machen sicherlich den größten Teil dieser Summe aus, doch auch Faktoren wie der Mehrverbrauch an Sprit und der Fahrzeugverschleiß sind hierbei berücksichtigt.

Aber sind Verkehrsstaus denn nicht ein unvermeidliches Faktum unseres modernen Lebens? Nein, keineswegs. Größtenteils nämlich sind sie das Resultat eines Systems, das – ähnlich dem Steuersystem – die Menschen zu unwirtschaftlichen Entscheidungen animiert.

Nehmen wir ein persönliches Beispiel gemeinschaftsfeindlichen Verhaltens. 1996, während meiner Zeit an der Universität Stanford, war ich – ebenso wie ein in der Nachbarschaft wohnender Kollege – zu einer Konferenz ins nur fünfzig Kilometer entfernte San Francisco eingeladen. Wären wir nur etwas weniger bequem gewesen, hätten wir genauso gut gemeinsam in einem Auto fahren können. Doch nein, ich benutzte mein eigenes Fahrzeug und trug so marginal zur weiteren Verstopfung des ohnehin schon hochverstopften Highway 101 bei. Vermutlich erlitt jeder einzelne Pendler auf dem Highway durch meine Anwesenheit nur eine minimale zusätzliche Verzögerung, sagen wir den Bruchteil einer Sekunde – doch diese geringe Verzögerung galt ja für jedes der Tausende von Fahrzeugen, die hinter mir herschlichen. Die Gesamtverzögerung, die ich durch meine Bequemlichkeit verursachte, lässt sich bezogen auf alle Autos mit Sicherheit auf eine Stunde oder mehr beziffern.

Es hätte doch eigentlich möglich sein müssen, sich besser zu arrangieren. Zum Beispiel so: Ich halte mich mit dem eigenen Wagen vom Highway fern, und die übrigen Highwaybenutzer entschädigen mich angemessen für meinen Aufwand im Zusammenhang mit der Bildung einer Fahrgemeinschaft. Da die Kosten, die ich anderen durch meine Verkehrsteilnahme in der Stoßzeit auferlegt hatte, viel größer waren als der Nutzen für mich selbst, liegt eine solche Absprache eigentlich im Interesse aller. Natürlich lässt sich so etwas nicht direkt und persönlich durchführen. Man muss daher versuchen, die entsprechenden Ergebnisse über geeignete Maßnahmen zu reproduzieren.

Das klassische Rezept der Verkehrsökonomen heißt staatliche »Staugebühren« – also ein Wegzoll für die Benutzung von Straßen in Zeiten übermäßiger Frequentierung. In unseren hochtechnologischen Zeiten ist eine solche »Maut« kinderleicht und ohne zusätzlich verursachte Verkehrsbehinderungen zu erheben – etwa mit einem elektronischen Sensor, der ein von einem kleinen Sender am Armaturenbrett abgegebenes Signal aufnimmt, oder über einen kleinen Laser, der einen Strichcode an der Windschutzscheibe liest. Die so erhobenen Gebühren könnten dann zum Beispiel über Steuernachlässe der Allgemeinheit zugute kommen. Realistische Schätzungen lassen vermuten, dass auf diese Weise die (gesamtgesellschaftlichen) Verkehrsstaukosten drastisch gesenkt werden könnten, wobei im Endeffekt die große Mehrheit profitiert. Andererseits würden die meisten Autofahrer, die während der Stoßzeiten auf die Straßennutzung verzichten, durch die Steuerersparnis für diese Unannehmlichkeit mehr als entschädigt. Jene wiederum, die die Straße trotzdem benutzen, hätten zwar eine entsprechende Gebühr zu entrichten, kämen dadurch aber viel rascher voran.

Ich kann mir vorstellen, was einige konservative Leser jetzt denken: Wieder mal so ein Eingriff des Staates in Privatbereiche, in denen er nichts verloren hat. Doch Moment – betrachten wir das Ganze doch einmal von einer anderen Seite: Der Kern des Problems besteht doch darin, dass die betreffenden Nutzungs- bzw. Verfügungsrechte unzureichend definiert sind. Der Highway 101 bietet während der Stoßzeiten schlicht zu wenig Platz – Verkehrsraum ist also eine knappe Ressource, ähnlich wie Grundstücke in Ufer- oder Küstenzonen. Da auf dem Highway aber leider niemand ein exklusives Verfügungsrecht besitzt, ist der verfügbare Raum total überfüllt.

Warum also organisieren wir die Nutzung des Straßenraums nicht nach marktwirtschaftlichen Prinzipien, richten also einen freien Markt ein? Angenommen, man stattet die Halter aller im Einzugsbereich zugelassenen Fahrzeuge mit einer bestimmten Anzahl von »Stoßzeitpunkten« aus, mit denen sie tun können, was sie wollen – sie können diese also auch an Interessenten verkaufen (bzw. übertragen). Jedenfalls muss jeder, der den Highway in Stoßzeiten benutzt, eine bestimmte Punktzahl abgeben (zum Beispiel durch elektronische Abbuchung). Auch in diesem Bereich – bei den Punkten – wollen wir jedoch einen Markt schaffen. Bestimmte Leute werden den Highway sehr häufig benutzen wollen oder müssen; sie sollten also die Möglichkeit haben, zusätzliche Punkte zu erwerben. Andere wiederum schaffen sich Alternativen, haben also ein Interesse daran, ihre Punkte zum »Verkehrsmarktpreis« zu verkaufen. Der Marktorientierung sind mithin kaum Grenzen gesetzt. Vor allem aber führt ein solches System – ähnlich wie Staugebühren – dazu, dass die Mehrzahl aller Beteiligten davon profitiert. Denn entweder haben sie Zusatzeinnahmen durch den Verkauf ihrer Punkte, oder sie kommen viel rascher ans Ziel, was die Kosten zusätzlicher Punkte mehr als ausgleicht.

Der Grund, weshalb die Schaffung eines solchen Marktes zu

ähnlichen Ergebnissen führt wie die Erhebung von Staugebühren, ist unschwer zu erkennen – beide Maßnahmen beruhen auf demselben Prinzip. In beiden Fällen nämlich erreicht man über einen Marktanreiz, dass die Straßennutzer die Kosten berücksichtigen, die sie sich wechselseitig auferlegen, wenn sie von ihrem Nutzungs- beziehungsweise Verfügungsrecht während der Stoßzeiten Gebrauch machen.

Der Nutzen eines solchen Systems ist keineswegs gering. Verkehrsexperten zufolge kann ein funktionierendes Staugebührensystem die jährlichen staubedingten Kosten um bis zu 40 Milliarden Dollar verringern. Diesen Ersparnissen steht lediglich die relativ geringe Unannehmlichkeit – der »Verzichtspreis« – für jene Fahrer gegenüber, die das Auto in diesen Zeiten stehen lassen oder sich Alternativen suchen. Der jährliche Nettonutzen dürfte bei gut und gerne 15 Milliarden Dollar liegen. Nimmt man etwa noch Gebühren für straßenschädigende LKW und für die Frequentierung überlasteter Flughäfen hinzu, so ergibt eine vorsichtige Schätzung (und mehr ist weder verlangt noch möglich), dass eine Reform des amerikanischen Verkehrswesens der öffentlichen Hand 40 bis 50 Milliarden Dollar pro Jahr in die Kassen brächte.

Es sind allerdings noch weitere Bereiche denkbar, in denen wohldefinierte Verfügungsrechte einen hohen Nutzen erbringen könnten. Ein Beispiel dafür wäre Wasser – eine im amerikanischen Westen sehr knappe Ressource. Im Rahmen des gegenwärtigen Systems werden durstige Städte rationiert, während Wüstenfarmer ihre Rinder mit künstlich bewässertem Alfalfa füttern. Warum also nicht auch hier einen freien Markt der Wasserrechte schaffen? Ein weiteres Beispiel sind die Funkwellen der Atmosphäre. Früher wurden sie ja im Grunde nur für die Übertragung von Ton- und Bildsignalen der öffentlichen Sendeanstalten gebraucht; inzwischen aber besteht ein steigender Nutzungsbedarf für die drahtlose Kommunikation nicht nur im Telefonwesen, sondern auch zwischen Computern. Senderechte stellen daher heute ein höchst wertvolles Gut dar, dessen Preisgestaltung man sinnvollerweise dem freien Markt überlassen sollte. Doch obwohl kürzlich ein kleiner Abschnitt des Frequenzbandes auf einer Auktion versteigert wurde, wird der Markt insgesamt leider noch immer außen vor gehalten – mit dem Ergebnis, dass ein großer Teil des Spektrums nicht für wichtigen Datenverkehr, sondern für Werbezwecke genutzt wird.

Es ist schon sehr sonderbar, dass nicht ein einziger namhafter konservativer Politiker zu finden ist, der sich für eine breite gesellschaftliche Anwendung des Marktprinzips einsetzt, also dort Verfügungsrechtsregelungen zu schaffen, wo sie sinnvoll, aber eben nicht vorhanden sind! Zumal dies den Damen und Herren des rechten Lagers die Chance böte, den Wählern ausnahmsweise einmal ungelogen zu versprechen, das Volkseinkommen um jährlich 60, 80, ja vielleicht 100 Milliarden Dollar zu steigern.

Fairerweise will ich festhalten, dass auch viele konservative Ökonomen schon für die von mir hier skizzierten Reformen eingetreten sind (ebenso wie Kollegen, die sich dem liberalen Lager zurechnen). Leider aber wurden ihre Stimmen vollkommen ignoriert.

Der Grund liegt meines Erachtens darin, dass die politische Anziehungskraft des ökonomischen Konservatismus in den USA in Wahrheit sehr wenig mit einer Wertschätzung des Freimarktgedankens zu tun hat. Vielmehr setzt sich das Ganze aus billigen Versprechungen und wohlfeilen Forderungen zusammen – »Weg mit den Steuern!« »Weg mit dem Schutz knapper Ressourcen!« Steuerreformpläne sind bei den Wählern ja leider auch nur deshalb so beliebt, weil es vordergründig immer nur um Steuerentlastung geht, frei nach dem Motto: Wir zahlen Steuern, andere haben den Nutzen. Dabei kann sich jeder, der will, mit Leichtigkeit ein Bild davon machen, wohin die Steuergelder tatsächlich fließen. Er wird dann sehr rasch feststellen, dass es den Feind – die profitierenden »anderen« – so gar nicht gibt. Das Problem liegt bei uns selbst.

Kann es also noch wundern, dass prominente Konservative selten Vorschläge unterstützen, die auf eine Ausweitung des freien Marktes zielen, dass sie solche Vorschläge häufig sogar mit Vehemenz bekämpfen? Nehmen wir beispielsweise einen »Supply-Sider« wie George Gilder. Dieser Guru der Angebotsideologen hat sich heftig gegen die bereits erwähnte Versteigerung eines kleinen Frequenzbandabschnitts gewandt. Und wie sieht sein Gegenvorschlag aus? Man glaubt es kaum – er macht sich für die Anarchie stark: Soll doch jeder in Frequenzbereichen herumfunken und -senden, wie es ihm passt! Etwas Verrückteres fällt einem ja so leicht gar nicht ein. Vermutlich steckt hinter solchen Absurditäten aber ein systematischer Grund – die grundsätzliche Weigerung nämlich, anzuerkennen, dass es knappe Ressourcen gibt, dass Grenzen existieren, denen wir Rechnung zu tragen haben.

Wenn Sie also demnächst einem Konservativen begegnen, der das Loblied auf die freien Märkte singt, fragen Sie ihn doch einmal, was er von einem Markt für Straßennutzungsrechte zur Lösung der Stauproblematik hält. Oder von einem Markt für Wasserrechte in Gegenden, in denen dieses Gut besonders kostbar ist. Falls er sich sehr zurückhaltend gibt, wissen Sie, woran Sie sind. Sie haben dann keinen Marktwirtschaftsanhänger vor sich, sondern jemand, der meint, es gäbe in Wirtschaftsdingen etwas zum Nulltarif. Dass das barer Unsinn ist, wird Ihnen jeder seriöse Ökonom, welcher Couleur auch immer, ohne Wenn und Aber bestätigen.

Demokratie und Rationalität

Wie die meisten Menschen, die sich einst Besseres erhofften, habe ich mich inzwischen mit der geschmacklosen Art abgefunden, mit der Präsident Clinton seine Wiederwahlkampagne finanzierte. Freilich ist es auch leicht, Clintons unverfrorenen Opportunismus zu geißeln. Denn dahinter verbirgt sich ja die Frage: Wer oder was ermöglicht eigentlich ein solches Verhalten?

Man könnte meinen, dies sei keine Frage für einen Ökonomen, sondern eher für einen Politologen. Es gibt in der Politikwissenschaft jedoch das so genannte Konzept der »rationalen Wahl«, das beide Disziplinen eng miteinander verbindet. Dieser Erklärungsansatz basiert auf der Arbeitshypothese, das Wahlverhalten der Bürger sei Resultat einer mehr oder weniger rationalen Verfolgung individueller Interessen. Dies mag unspektakulär, harmlos, ja sogar ausgesprochen optimistisch klingen. Doch wenn man sich die Konsequenzen einmal genauer ansieht, gewinnt man schnell ein anderes, ziemlich subversives Bild. Man kann es sogar auf folgenden Nenner bringen: Nimmt man das Postulat der rationalen Wahl wirklich ernst, stellt man sich nicht mehr die Frage, warum die Demokratie so schlecht, sondern warum sie überhaupt funktioniert.

Wo liegt nun eigentlich das Problem? Stimmt es denn nicht, dass rationale Wähler sich einfach für jene Politiker entscheiden, die ihre Interessen zu vertreten versprechen? Doch, in einem groben Sinn natürlich schon. Die Logik demokratischer Prozesse sorgt in der Regel ja dafür, dass beide Parteien (hier: des amerikanischen Zwei-Parteien-Systems) zur politischen Mitte tendieren – hin also zu einer Politik, die den Interessen des »durchschnittlichen« Wählers entspricht. Nehmen wir zum Beispiel die Frage, wie groß der Staatssektor sein darf. Wie viel Staat wollen die Bürger? Die grundsätzliche Antwort lautet: Wer ein geringes Einkommen hat, will viel Staat (sprich: ein hohes Steueraufkommen, damit der Staat großzügige Sozialleistungen finanzieren kann); die Einkommensstarken hingegen wollen möglichst wenig Staat. Für das politische System der USA gilt insofern: Die Demokraten sind von ihrer gesellschaftlichen und ideologischen Ausrichtung her die Partei der ausgestreckten Hand, die Republikaner hingegen die Partei der geschlossenen Faust. Beide aber werden jenseits ihrer Grundtendenz zu einer Politik gedrängt, die sich mehr oder minder mit den Interessen der Wähler in der Mitte deckt. Und was will die politische Mitte? Möglichst wenig Steuern zahlen natürlich, aber auch nicht die Arztrechnungen der Großmutter am Hals haben.

Freilich gibt es nicht nur die großen politischen Fragen, sondern auch eine Vielzahl kleiner, die im Jahr vielleicht mit zehn oder zwanzig Milliarden Dollar zu Buche schlagen. Dabei geht es zum Beispiel darum, wer von einer Deregulierung des Energiesektors profitiert oder ob und wie stark ein bestimmter Sektor subventioniert werden soll. Kumulativ betrachtet sind das natürlich durchaus wichtige Fragen für die Wählerschaft – doch es wählt ja letztlich nicht »die Wählerschaft«, sondern der einzelne Wähler. Und der fühlt sich in den seltensten Fällen bemüßigt, sich mit der staatlichen Politik im Ganzen auseinanderzusetzen. Zumal er sich vermutlich auch sagt: Was macht meine kleine Stimme schon aus!

Wahrscheinlich wird es bei jenen Lesern, die sich theoretisch ein bisschen auskennen, schon klingeln. Es geht hier ja wirklich ans Eingemachte. Meine eben getroffene Feststellung besagt ja nichts anderes, als dass es den pflichtbewussten Staatsbürger, der sich zunächst gut informiert (und sich schließlich auch die Mühe macht, wählen zu gehen), so offenbar nicht gibt. Der Grund ist das gefürchtete »Trittbrettfahrer-Problem«, wie es die Ökonomen nennen. Dieses Phänomen taucht überall dort auf, wo ein wertvolles Gut oder eine begehrte Dienstleistung nicht »exklusiv nutzbar« ist – wenn sich also der Nutzen daraus nicht individuell auf jene begrenzen lässt, die dafür bezahlen. So liegt es zum Beispiel ganz klar im Interesse eines jeden Seglers, dass es einen Rettungsdienst gibt. Andererseits aber besteht für den einzelnen Segler keinerlei Anreiz, freiwillig für einen solchen Dienst zu bezahlen, solange andere das tun. Würde man also die Einrichtung und Aufrechterhaltung eines Rettungsdienstes den individuellen Entscheidungen der Beteiligten überlassen, würde jeder versuchen, vom Engagement des anderen zu profitieren. Was herauskäme, kann man sich vorstellen – gewiss kein zuverlässiger und funktionsfähiger Dienst.

Die Lösung heißt Staat. Es liegt im kollektiven Interesse aller Segler, dass jeder einzelne Bootbesitzer eine Gebühr zu entrichten hat, damit eine Küstenwache eingerichtet werden kann, die diese überindividuellen, nichtexklusiven Leistungen erbringt. Gleiches gilt für Polizeischutz, Gesundheitsschutz, nationale Verteidigung, Gesundheitsämter und so weiter. Das Trittbrettfahrerproblem ist der zentrale Grund, weshalb jeder vernünftige Bürger einräumt, dass es ohne einen mit gewissen Zwangsbefugnissen ausgestatteten Staat nicht geht – dass also eine Institution vorhanden sein muss, die fällige Steuern notfalls auch mit Gewalt einzutreiben vermag.

Allerdings hat die Sache einen gar nicht so kleinen Haken: Der demokratische Prozess – das heißt das einzig anständige Verfahren, Staatsgewalt zu übertragen und die Art ihrer Ausübung zu kontrollieren – kämpft nämlich selber auch gegen solche Trittbrettfahrerprobleme. So schreibt zum Beispiel Samuel Popkin, ein Theoretiker des Konzepts der rationalen Wahl, in seinem 1991 erschienenen

Buch *The Reasoning Voter* (Der berechnende Wähler): »Jedermanns Aufgabe ist [leider] niemandes Aufgabe. Wenn jeder Wähler nur eine einzige zusätzliche Stunde dafür investiert, sich über die Kandidaten und ihre Programme ein Bild zu verschaffen, profitieren wir alle von einer besser informierten Wählerschaft. Wenn aber nur die anderen diese Stunde investieren, ich selber jedoch in dieser Zeit versuche, mein Geld besser anzulegen, bekomme ich beides: eine bessere Rendite *und* eine bessere Regierung.« Mit anderen Worten: Die breite Öffentlichkeit ist – insofern völlig logisch – bemerkenswert schlecht über Politik informiert, im Ganzen ebenso wie im Besonderen. Dies ist die Chance für Vertreter von Sonderinteressen (d. h. Personen und Lobbyisten, die in Spezialbereichen bestimmte Ziele verfolgen), die Politiker für ihre Zwecke zu gewinnen.

Nehmen wir ein konkretes Beispiel: Nur wenige Wähler wissen oder interessieren sich dafür, wie die Vereinigten Staaten ihr diplomatisches Kapital einsetzen – inwieweit sie es etwa dafür nutzen, die europäischen Märkte für zentralamerikanische Bananen zu öffnen. Warum sollten sie auch! (Ich verfolge den Bananenstreit ja auch nur deshalb, weil ich in meinem Lehrbuch, das ich immer wieder auf den neuesten Stand bringen muss, den Satz stehen habe: »Bemühungen, den Bananenstreit mit Europa beizulegen, haben sich bisher als fruchtlos erwiesen.«) Doch Carl Lindner, der Übernahmegeier, dem nun auch die Marke Chiquita gehört, steht dem bei weitem weniger distanziert gegenüber als der normale Bürger, und Gleiches gilt für Präsident Clinton – dank der 500 000 Dollar, die Lindner für dessen Wahlkampagne locker machte. Sicher, Geld allein konnte Clinton die Wiederwahl nicht garantieren. Aber Geld hilft, und einem pragmatisch veranlagten Politiker wird kaum verborgen bleiben, dass ein Verrat am öffentlichen Interesse im Kleinen meist ohne politische Folgen bleibt, weil die Wähler keine Lust haben, sich mit diesen Dingen abzugeben.

Was also lässt sich gegen dieses Problem tun? Ein Ansatz bestünde darin, die diesbezüglichen Anreize auf Politikerseite abzubauen, indem man es den Sonderinteressen erschwert, sich Einfluss zu erkaufen. Dagegen lässt sich leicht polemisieren, doch es kann kein Zweifel daran bestehen, dass eine gesetzliche Regelung respektive Einschränkung von Spendengeldern eine erhebliche Wirkung hätte. Nehmen wir nur das extremste Beispiel: Nach allem, was man weiß, spielen echte Bestechungen in der US-Bundespolitik keine nennenswerte Rolle. Doch wer zweifelt daran, dass dies ganz anders wäre, würde man solche Praktiken legalisieren? Ich plädiere deshalb durchaus für eine Reform der Wahlkampffinanzierung – auch wenn man sich davon sicher nicht zuviel versprechen sollte.

Eine zweite Möglichkeit besteht darin, die Staatsbürgertugenden zu fördern. Manche glauben ja, dass sich die Masse viel verantwortungsvoller verhalten würde, würden die Medien damit aufhören, dieses dumme und respektlose Spiel mit ihnen zu treiben – dass sich in Wahrheit also kein Mensch nach den läppischen oder schlüpfrigen Geschichten über die Berühmtheiten dieser Welt sehnt, sondern dass sich die Mehrheit im Grunde ganz gerne mit ernsthafteren Dingen befassen würde. Wie dem auch sei – jedenfalls stimmt es wohl, dass die Qualität der amerikanischen Politik unter dem Vertrauensverlust in jene Institutionen gelitten hat, die sich einst, teilweise zumindest, als Wachhunde der Demokratie verstanden. Es gab ja einmal eine Zeit, in der ein Politiker die Reaktionen von Gewerkschaften, Kirchen, Zeitungsredakteuren, ja selbst lokalen Parteigrößen mit einkalkulieren musste, da sie alle die Zeit und Neigung hatten, sich mit Politik jenseits des Drei-Sätze-Statements zu befassen. Doch inzwischen sind wir eine atomisierte Gesellschaft, in welcher der Einzelne seine Informationen aus dem Fernsehen bezieht (wenn überhaupt). Sollte also jemand eine gute Idee haben, wie man die Meinungsbildner von früher reaktivieren könnte – meine Unterstützung ist ihm sicher.

Drittens schließlich könnte man der Versuchung wehren, indem man alles vermeidet, was Politiker in die Gefahr der Kumpanei bringt. Denken wir nur an die Amigos aus der Wirtschaft, die einflussreiche Politiker auf ihren Auslandsreisen (nach China und anderswohin) begleiten. Jenseits ihres wie auch immer zu beurteilenden wirtschaftlichen und außenpolitischen Nutzens (bzw. ihrer Relevanz als Instrument ausländischer Einflussnahme auf unsere Außenpolitik) werfen solche Reisen auf jeden Fall die Frage auf, wer ins Flugzeug kam – und wie er das anstellte.

Letztendlich führt jedenfalls kein Weg daran vorbei: Es muss uns gelingen, eine vom Volk gewählte Regierung wirklich auch zu einer Regierung für das Volk zu machen. Diese Schlussfolgerung ergibt sich aus dem Modell der rationalen Wahl, und niemand hat sie bislang widerlegt – nicht einmal in der Theorie.

Ein medizinisches Dilemma

Schon Anfang der achtziger Jahre, noch bevor es das Internet überhaupt gab, kreierten Science-Fiction-Autoren wie Bruce Sterling ein Genre, das man als »Cyberpunk« bezeichnete. Die Helden des Genres waren meist verbrecherische Computer-Hacker, multinationale Unternehmen, die Böses im Schilde führten und sich um die Vorherrschaft im »Cyberspace« (ein Terminus, der übrigens von einem anderen SF-Autor, William Gibson, geprägt wurde) stritten. In seinem 1996 erschienenen Roman *Holy Fire* jedoch imaginiert Sterling eine ganz andere Zukunft: eine Welt, die von einer allmächtigen Gerontokratie regiert wird, welche sich den Wohlstand der Welt aneignet, um damit immer teurere Lebensverlängerungstechniken zu finanzieren. Und die Heldin ist, man staune, eine vierundneunzigjährige Gesundheitsökonomin.

Bei Erscheinen des Romans schien Sterling den Anschluss freilich schon verpasst zu haben. Das öffentliche Interesse an den Gesundheitsfürsorgekosten hatte in den USA 1993 bereits seinen Höhepunkt erreicht; danach verschwand das Thema wieder in der Versenkung. Das hatte zwei Gründe. Erstens scheiterte Clintons Gesundheitsreform. Zweitens ließ der langfristige Aufwärtstrend bei den privaten Gesundheitskosten infolge der Einrichtung kostenbewusster »HMOs« (Health Maintenance Organizations) deutlich nach. Und obwohl heftig über die Sicherung der Sozialsysteme diskutiert wird, bestreiten nur wenige, dass im Gesundheitswesen (Medicare) Sparpotenziale stecken, die sich ohne besonders negative Folgen für die Versorgungsqualität der Versicherten nutzen lassen (hinsichtlich der Einzelheiten halten sich Kongress und Regierung freilich nach wie vor bedeckt). Insofern ist es bemerkenswert, wie rasch der Krisenton einem gewissen Optimismus Platz gemacht hat.

In letzter Zeit sind allerdings wieder Wolken aufgezogen: Berichten zufolge sollen die Kosten im Gesundheitswesen inzwischen nun doch wieder ansteigen. Plötzlich also scheint unser neu gewonnener Optimismus so ungerechtfertigt wie die vorausgegangene Panik. In der Tat scheint mir beides – Optimismus wie Panik – auf einer Fehleinschätzung des zugrunde liegenden Problems zu beruhen.

In den letzten zwanzig bis dreißig Jahren hat sich in der US-Wirtschaft zweifellos eine Menge getan: Digitalisierung und Globalisierung sind hier wichtige Stichworte. Doch nicht weniger bedeutsam ist die »Medizinisierung«, die stattgefunden hat. 1970 noch machte die Gesundheitsfürsorge nur 7 Prozent des amerikanischen Bruttoinlandsprodukts (BIP) aus; heute ist der Anteil mehr als doppelt so groß. Einer von zehn Beschäftigten ist im medizinischen Dienstleistungssektor tätig. Setzt sich dieser Trend fort, werden in ein paar Jahren mehr Leute in Arztpraxen und Krankenhäusern arbeiten als in Fabriken.

Was heißt das nun? Wie sollen wir das bewerten? Um den Gesundheitsökonomen Joseph Newhouse (Harvard) zu zitieren: »Weder die Bürger noch die Wirtschaftswissenschaftler (...) machen sich sonderlich Sorgen über das rapide Wachstum, das in den meisten Bereichen der Wirtschaft stattfindet, etwa in der Computerindustrie, der Faxindustrie oder der Funktelefonbranche.« Doch während in den übrigen Branchen Wachstum normalerweise ein Grund zur Freude ist, gilt für den medizinischen Sektor im Allgemeinen das Gegenteil. (Vor nicht allzu langer Zeit erschien in *Atlantic Monthly* ein Artikel, in dem sogar vorgeschlagen wurde, die Wirtschaftswachstumsziffer um das Gesundheitswesen zu bereinigen, weil medizinische Ausgaben nur als Kosten zu werten seien, nicht als Nutzen.) In der Tat könnte man meinen, der Terminus »Gesundheitskosten« hänge per definitionem mit dem Adjektiv »aufgebläht« zusammen. Jeder scheint zu glauben: Wir kriegen niemals raus, was wir da reinstecken.

Aber stimmt das wirklich? Natürlich steckt ein Körnchen Wahrheit in dem, was der Ökonom Newhouse die »Cocktailparty-Mentalität des Gesundheitswesens« nennt. Die herkömmliche Krankenversicherung schafft weder für die Ärzte noch die Patienten einen Anreiz, kostenbewusst zu handeln. Das kann sehr leicht zu einem Phänomen führen, das der Kritiker und Reformanhänger Alain Enthoven ironisch »Flachkurven-Medizin« nennt: Die Ärzte verschreiben blindlings alles, was auch nur ansatzweise einen medizinischen Nutzen verspricht, wie teuer es auch immer sei. Die Wiedereinführung von entsprechenden Anreizen kann hier zweifellos zu deutlichen Einsparungen führen. Erinnern wir uns nur an die 1983 vorgenommene Änderung bei der Erstattung der Krankenhauskosten (die Kosten werden von der Versicherung nicht mehr komplett übernommen; die Krankenhäuser erhalten nun unabhängig von der gewählten Therapie eine Fallpauschale). Ergebnis war ein sofortiger starker Rückgang bei der durchschnittlichen Verweildauer, ohne dass dies erkennbare negative Auswirkungen auf die Qualität der Behandlung gehabt hätte.

Allerdings begannen die Krankenhauskosten nach kurzer Zeit wieder anzusteigen. Es lässt sich daher im Gesundheitswesen eine deutliche Zyklizität feststellen. Immer wieder einmal werden kostensenkende Maßnahmen durchgeführt – Pauschalen für ärztliche Leistungen (Medicare); »HMOs« an Stelle der traditionellen Krankenversicherung –, die die Kosten im Gesundheitswesen für ein paar Jahre dämpfen. Dann aber steigt die Kurve wieder an.

Warum aber ist das so? Warum scheinen die Gesundheitskosten offenbar immer wieder unverhältnismäßig anzusteigen? Die Antwort – das hübsche kleine Geheimnis des Gesundheitswesens – ist denkbar einfach: Wir bekommen tatsächlich etwas für unser Geld. Die Gesundheitsexperten sind sich in der Tat einig, dass der hauptsächliche Kostentreiber weder Profitgier noch Ineffizienz, noch die Vergreisung der Bevölkerung ist, sondern der technische Fortschritt. Die medizinischen Kosten waren früher nicht deshalb niedrig, weil die Ärzte billiger oder Krankenhäuser besser geführt gewesen wären, sondern weil es schlicht nicht mehr Leistungen gab – was immer man zu berappen bereit war. Seit den vierziger Jahren jedoch hat die Medizin Jahr für Jahr Fortschritte vorzuweisen: neue diagnostische Verfahren, mit denen sich (unter erheblichen Kosten) die Ursachen gesundheitlicher Probleme klären lassen, die früher Gegenstand von Vermutungen bleiben mussten; neue chirurgische Verfahren, mit denen (unter erheblichen Kosten) Eingriffe möglich sind, an die früher nicht einmal zu denken war; neue Therapien, mit denen (unter erheblichen Kosten) Erkrankungen geheilt oder zumindest gemildert werden können, denen der Mensch früher hilflos ausgeliefert war. Und wir geben hauptsächlich deshalb immer mehr für Arzneimittel aus, weil ständig gute neue Produkte entwickelt werden, die sich mit (viel) Geld kaufen lassen.

Man hört oft, unsere Ausgaben für die Gesundheitsfürsorge – gemessen am Volkseinkommen – könnten keinesfalls weiter so steigen wie bisher. Aber warum denn nicht? Ist denn Gesundheit nicht das Allerwichtigste im Leben? Die Protagonistin in Sterlings Roman holt sich ihre Jugend zurück (mit etwas unklaren Methoden zwar, die aber immerhin auf einem realen Forschungsansatz beruhen). Wer von uns würde dafür nicht all seine irdischen Güter hingeben? Doch auch ohne solche medizinischen Wunder kann man sich leicht vorstellen, dass wir eines Tages vielleicht bis zu 30 Prozent unseres Einkommens für lebensverlängernde und die Lebensqualität steigernde Maßnahmen ausgeben werden.

Einige Ökonomen plädieren deshalb dafür, dass wir endlich

aufhören sollten, uns über den Anstieg der Kosten im Gesundheitswesen übermäßig Sorgen zu machen. Stattdessen empfehlen sie, mehr Wirtschaftlichkeit ins System zu bringen – man könnte zum Beispiel anregen, nicht nur die Löhne, sondern auch medizinische Leistungen zu besteuern. Wenn die Leute ihr Geld dann trotzdem für solche Leistungen ausgeben wollen, bitte sehr!

Ganz so einfach sind die Dinge allerdings doch nicht. Denn medizinische Leistungen lassen sich nicht ganz mit anderen Leistungen vergleichen.

Der unmittelbarste Unterschied zwischen dem medizinischen Sektor und anderen Bereichen liegt darin, dass der Staat für einen Großteil der Leistungen aufkommt. Dies ist in den meisten Industrieländern so; selbst im marktwirtschaftlichen, staatsfeindlichen Amerika bestreitet der öffentliche Sektor mehr als 40 Prozent der medizinischen Kosten. Dies schafft aus sich heraus wieder ein neues Problem. Im Prinzip wäre es für die amerikanische Volkswirtschaft überhaupt nicht schwierig, einen wachsenden medizinischen Sektor zu verkraften; schwierig ist allein die Frage, wie der Staat in Zukunft seinen Anteil an den wachsenden Kosten dieses Sektors tragen soll. Wenn Kassandren wie Pete Peterson von der »Concord Coalition« (einer für einen ausgeglichenen Haushalt kämpfenden Gruppierung) alarmierende Zahlen über die künftige Belastung des Staatshaushalts durch die in die Jahre kommenden »Baby-Boomer« (die heute etwa Vierzig- bis Fünfzigjährigen) vorlegen, so muss man relativierend feststellen, dass lediglich ein Teil dieser künftigen Lasten durch den demographischen Effekt einer alternden Bevölkerung bedingt ist. Der Rest erklärt sich durch die prognostizierten Steigerungen bei den Gesundheitskosten. Denn trotz der Vergreisung der Bevölkerung besagen etwa die Berechnungen des Budget Office im Kongress, dass die Sozialleistungen bis zum Jahr 2030 von derzeit 5 Prozent des BIP auf lediglich etwas über 7 Prozent des BIP ansteigen werden, während hingegen die Ausgaben für Medicare (staatliche Krankenversicherung für

Rentner) und Medicaid (staatliches Programm zur medizinischen Armenversorgung) der Prognose zufolge von derzeit 4 auf über 10 Prozent des BIP ansteigen werden. Gegen diese Berechnungen wird mitunter eingewandt, ein dermaßen starker Anstieg der medizinischen Kosten würde ja bedeuten, dass die Gesundheitsfürsorge in der Rentenzeit der »Baby-Boomer« einen viel größeren BIP-Anteil ausmachen wird als heute – das aber könne einfach nicht sein. Stellt sich die Gegenfrage: Warum denn nicht?

Manche sagen sich angesichts einer solchen Entwicklung vielleicht, die Antwort liege doch auf der Hand: Wir müssen uns eben von der Vorstellung verabschieden, jedermann habe Anspruch auf die bestmögliche medizinische Versorgung. (Genau das steckt übrigens auch hinter den Aussagen jener Politiker, die immer betonen, Medicare werde keineswegs zurückgefahren – nur die Leistungszuwächse würden etwas gebremst!) Aber sind wir wirklich bereit, mit den Konsequenzen einer Eliminierung des Gleichbehandlungsgrundsatzes zu leben?

Wir gehen inzwischen wie selbstverständlich davon aus, dass sich in den fortgeschrittenen Ländern praktisch alle wenigstens das Lebensnotwendige leisten können. Gewiss, nicht jeder kann im Drei-Sterne-Hotel dinieren, doch hungern muss niemand. Nicht jeder kann sich italienische Schuhe leisten, aber barfuß braucht keiner zu gehen. Nicht jeder hat ein Häuschen in Florida oder auf Mallorca, wohl aber ein Dach über dem Kopf. Doch so war es nicht immer. Früher waren die Angehörigen des Adels ihren Untertanen auch körperlich überlegen, weil nur sie genug zu essen hatten, die breite Masse aber darbte: Im England des Charles Dickens wurden die männlichen Nachkommen der Oberschicht durchschnittlich rund zehn Zentimeter größer als ihre Pendants in der Arbeiterklasse. Seitdem hat eine buchstäbliche Angleichung der Lebensbedingungen stattgefunden, und zwar in einer Weise, die anhand der Geldeinkommensverteilung allein nicht zu erfassen ist.

Nur ein einziges lebenswichtiges Gut ist nicht allen gleichermaßen zugänglich (zumindest in den USA): die medizinische Versorgung. Und die steigenden Kosten dieser Güter und Leistungen – der permanent sich erweiternden Liste nützlicher Dinge, mit denen uns die Ärzte inzwischen zu versorgen vermögen – drohen die alte Ungleichheit in sogar verstärkter Form wiederherzustellen.

Angenommen, Lyndon B. Johnson hätte das Medicare-Programm 1965 nicht eingeführt. Dann gäbe es selbst heute noch einen radikalen Unterschied zwischen der Lebenserwartung der Wohlhabenden und jener der Normalbürger. Die Gutbetuchten bekämen künstliche Hüftgelenke und koronare Bypässe; der Rest könnte – schauen wir nur in die Dritte Welt! – unter Qualen dahinvegetieren oder sterben.

Wie gesagt, derzeit glauben viele, die Haushaltsbelastung durch das Gesundheitswesen werde man durch Rationierung lindern müssen – der Staat werde viele der teuren Verfahren, über welche die Medizin verfügt, schlicht nicht mehr bezahlen können. Was aber, wenn – und es sieht ganz danach aus – diese Verfahren wirklich sinnvoll und hilfreich sind? Sollen demnächst nur die Wohlhabenden bei guter Gesundheit hundert Jahre alt werden, sich mit ihrem Geld vielleicht sogar gesündere oder intelligentere Kinder kaufen können, während der Rest sich mit den biblischen siebzig Jährchen bescheiden muss? Wäre das wirklich ein hinnehmbarer Zustand?

Manche werden einwenden: Es gibt ja keine Alternative. Weit gefehlt – natürlich gibt es eine! Es ist sehr wohl eine Gesellschaft vorstellbar, in der ein hohes Steueraufkommen dafür sorgt, dass eine moderne medizinische Versorgung jedermann offensteht – eine Gesellschaft, in der keine Rationierung nach Vermögensgesichtspunkten stattfindet, wohl aber ein nach anderen Kriterien funktionierendes Berechtigungssystem bestehen könnte. (In Bruce Sterlings Fiktion zum Beispiel regiert ein Ammenstaat, in dem es nicht auf Wohlstand, sondern Gesundheits- und Körperpflege ankommt: Die Gesellschaft hilft jenen, die sich selber helfen.)

So etwas scheint in der gegenwärtigen Diskussion freilich unvorstellbar. Heute heißen die Schlagworte »Steuersenkung« und »Deregulierung«. Doch die Menschheitsgeschichte ist noch nicht an ihrem Ende; Ideologien können rasch vergessen sein. Es zeichnet sich heute schon ab, dass die Zukunft sehr wahrscheinlich dem medizinischen Wohlfahrtsstaat gehören wird. Und dessen Credo könnte lauten: »Ein jeder nach seinen Möglichkeiten; einem jeden nach seinen Bedürfnissen.«

Der VPI und die Hetzjagd des Lebens

Befassen wir uns einen Moment lang mit der Inflationsindexierung und dem Sinn des Lebens.

Ende 1996 machte eine Expertengruppe um den Ökonomen Michael Boskin (Stanford) halbamtlich, was die meisten Fachleute ohnehin schon eine ganze Weile behauptet hatten: dass der Verbraucherpreisindex (VPI) die Inflation zu hoch ansetzt. Um wie viel, weiß niemand so genau, doch die Schätzung von Boskin und Kollegen liegt bei 1,1 Prozent jährlich. Kumulativ – d. h. über die Jahrzehnte gesehen – ergibt dies allerdings eine riesige Differenz.

Diese Schlussfolgerung ist freilich umstritten. Manche sind äußerst verstimmt, weil jede Reduzierung der Inflationsschätzwerte die zu erwartenden Sozialleistungen drückt, da diese (Renten usw.) an den VPI gebunden sind. Andere wiederum regen sich auf, weil eine Korrektur der bisherigen Preisentwicklung ihren Ruf untergraben würde. Und nicht wenige haben sich bekanntlich der Sichtweise verschrieben, die Produktivität sei die ganze Zeit gestiegen, die Reallöhne hingegen seien gesunken. War die Inflation aber tatsächlich niedriger als bisher angenommen, kann dies unter Umständen bedeuten, dass die Reallöhne nicht nur nicht gesunken, sondern de facto sogar gestiegen sind. Mancher Wirtschaftswissenschaftler wiederum hat jenseits spezifischer Einwände ganz einfach methodologische Bedenken.

Ob Boskin Recht hat oder nicht, darüber kann man streiten. Ein Argument der Kritiker ist allerdings mit Sicherheit falsch. Es lautet wie folgt: Einmal angenommen, es stimmt, dass die Inflation geringer gestiegen ist, als dies der Anstieg des VPI über die letzten Jahrzehnte offiziell ausweist. Berechnet man die Realeinkommen also auf Basis einer niedrigeren Inflationsrate neu, etwa zurück bis ins Jahr 1950, ergebe sich die doch absurde Schlussfolgerung, dass Anfang der fünfziger Jahre, in der Zeit des Nachkriegswohlstands, die Mehrheit der Amerikaner unterhalb dessen lebte, was wir heute als Armutsgrenze ansehen. Das, so behaupten manche Kritiker, mache den Boskin-Bericht vollkommen unglaubwürdig.

Die Vorstellung, die Mehrheit der Amerikaner sei 1950 arm gewesen, ist in der Tat absurd, wie wir gleich sehen werden – doch nicht wegen Boskins Zahlen! Zunächst nämlich gilt es Folgendes festzustellen: Auch wenn man den unberichtigten VPI heranzieht, erscheint der Lebensstandard der durchschnittlichen Familie (50. Perzentil) im Amerika des Jahres 1950 *nach heutigen Maßstäben* erschreckend niedrig. Damals lag das Familieneinkommen bei einem mittleren Wert von lediglich etwa 18 000 Dollar (ausgedrückt im Dollarwert von 1994). Dies entspräche heute etwa dem 20. Perzentil. Familien dieser Einkommensgruppe sind zwar ärmer als 80 Prozent der Bevölkerung, zählen aber im rechtlichen Sinn noch immer nicht zu den wirklich Armen (offiziell liegen nur etwa 12 Prozent der Familien unter der Armutsgrenze). Freilich würden sie sich dennoch als sehr benachteiligt und wenig erfolgreich empfinden. Mit anderen Worten: Auch anhand der bisherigen Zahlen ergibt sich bei direkter Gegenüberstellung das Bild, dass 1950 die meisten Familien einen materiellen Lebensstandard hatten, der dem der heutigen Armen (oder fast Armen) vergleichbar ist.

Diese abstrakte Feststellung lässt sich durchaus konkret belegen. Wir brauchen uns nur die Lebensverhältnisse von damals einmal näher anzusehen. 1950 verfügten etwa 35 Prozent der Wohnungen noch nicht über eine komplette sanitäre Einrichtung. Die meisten Menschen hatten weder Telefon noch Auto. Und natürlich gab es noch so gut wie kein Fernsehen. Nehmen wir dagegen eine heutige amerikanische Familie des 12. Perzentils (d. h. genau an der Armutsgrenze): Ohne Frage hat sie eine Toilette mit Wasserspülung, eine funktionierende Dusche, Telefon, vermutlich einen Farbfernseher, ja vielleicht sogar ein Auto. Wenn wir die Qualitätsverbesserungen bei vielen anderen Produkten noch hinzunehmen, ist es wohl keineswegs abenteuerlich, festzustellen, dass der materielle Lebensstandard der Armenfamilie des Jahres 1996 mindestens so hoch ist wie jener der Durchschnittsfamilie des Jahres 1950.

Was aber bedeutet das? Nun, zunächst impliziert es: Hätte man *unter sonst gleichen Bedingungen* die Wahl, würde man sich wohl nicht für das 50. Perzentil des Jahres 1950, sondern für das 12. Perzentil des Jahres 1996 entscheiden. Heißt das aber nicht auch, dass die meisten Menschen im Jahr 1950 arm waren? Nein – denn der Mensch lebt nicht vom Brot (sprich: Auto, Fernseher usw.) allein!

Stellen wir uns einmal vor, ein verrückter Wissenschaftler machte eine Zeitreise zurück ins Jahr 1950 und böte einer Familie des 50. Perzentils an, sie in die wunderbare Welt der neunziger Jahre mitzunehmen, um sie dort im 25. Perzentil zu platzieren. Dieses Perzentil stellt gegenüber dem mittleren Einkommenswert des Jahres 1950 zweifellos eine deutliche materielle Verbesserung dar. Würde die Familie das Angebot annehmen? Wohl mit Sicherheit nicht. Denn 1950 gehörte sie der Mittelschicht an; 1996 würde sie zu den Armen zählen, obwohl der materielle Lebensstandard höher wäre. Die Menschen orientieren sich eben nicht nur am absoluten, sondern auch am relativen Lebensstandard – das heißt *gemessen an den Lebensverhältnissen der anderen.*

Dafür gibt es viele Beispiele. Ich kenne nicht wenige Akademiker, die ein nettes Haus, zwei Autos und wunderbare Arbeitsbedingungen besitzen und dennoch enttäuscht und verbittert sind – weil sie nie einen Ruf von der Universität Harvard erhalten haben und aller Voraussicht nach auch nie den Nobelpreis bekommen werden. Materiell geht es ihnen zwar prächtig, doch sie beurteilen sich eben in Relation zu ihrer Referenzgruppe, und nach diesem Maßstab fühlen sie sich minderwertig und zu kurz gekommen. Auch ist es ein offenes Geheimnis, dass echter Reichtum vor allem bedeutet, dass man sich – um mit Tom Wolfe zu sprechen – das Vergnügen gönnen kann, »sie springen zu sehen«. Privilegien sind also keineswegs nur Mittel zum Zweck, sondern auch Selbstzweck.

Robert Wright, mein Mitkolumnist vom Online-Magazin *Slate*, würde hier bestimmt einwerfen, unser Statusdenken habe gute evolutionsgeschichtliche Gründe. In der frühen menschlichen Gesellschaft hatten vermutlich jene Männer die besten Chancen, ihr Erbgut weiterzugeben, die die gebärfreudigsten Frauen um sich zu scharen vermochten. Dies wiederum hing vom sozialen Status ab, nicht vom absoluten Lebensstandard. Folglich zeugten Männer mit ausgeprägtem Statusdenken mehr Nachkommen als ihre Konkurrenten. Das Endergebnis präsentiere sich uns in Bill G-g-g – will sagen, Ronald Perelman*.

»Was soll eigentlich dieses Psychologisieren bei einem Ökonomen?«, mag sich der Leser irritiert fragen. Wo bleibt da der Homo oeconomicus? Gräbt es der Ökonomie denn nicht das Wasser ab, wenn man zugibt, dass der Mensch so diffuse Dinge wie Status im Kopf hat? Durchaus nicht. Denn der Homo oeconomicus steht keineswegs im Zentrum meines Weltbildes. Er ist lediglich eine Arbeitshypothese – wiewohl eine, die sich unter vielerlei Bedingungen außerordentlich gut bewährt hat.

Doch wenn man anerkennt, dass das Glück des Menschen nicht nur von seinen absoluten wirtschaftlichen Mitteln, sondern eben-

---

* Ronald O. Perelman, Finanzier und Lebemann, gilt neben Bill Gates, Warren E. Buffett und anderen als einer der reichsten Männer Amerikas. Er baute sich in den letzten 15 Jahren ein Wirtschaftsimperium auf (etwa mit der Kosmetikmarke Revlon), machte sich darüber hinaus aber auch mit seinem sozialen Engagement einen Namen (Stiftungen/Wissenschaftsförderung in den Bereichen Medizin und Finanzwissenschaft).

so von seinem relativen wirtschaftlichen Niveau abhängt, ergeben sich einige durchaus subversive Implikationen. Zwar pflegen die Konservativen den Boskin-Bericht als Keule zu benutzen, mit der sie auf jene Liberalen eindreschen, die in Amerika rückläufige Einkommen und zunehmende Armut beklagen. »Alles nur falscher Alarm!«, behaupten sie. Tatsächlich aber kann man aus dem Bericht genauso gut das Gegenteil ableiten: Das Amerika der fünfziger Jahre war eine Mittelschichtgesellschaft, wie es sie in den neunziger Jahren längst nicht mehr gibt. Oder anders formuliert: Die damalige Gesellschaft wies eine viel flachere Einkommensverteilung auf als unsere heutige, weshalb weit mehr Homogenität und ein viel stärkeres Gefühl eines gemeinsamen nationalen Lebensstils vorhanden war. Die Menschen in jenem egalitäreren Amerika schienen zufrieden mit ihrem Leben, ungeachtet der Tatsache, dass sie nach modernen Maßstäben arm waren – ärmer noch, als wir bisher dachten, wenn Boskin Recht hat. Zwingt das denn nicht geradezu zu dem Schluss, dass eine relativ gleichmäßige Einkommensverteilung zu einer glücklicheren Gesellschaft führt, selbst wenn damit keinerlei Steigerung des materiellen Lebensstandards einhergeht? Anders ausgedrückt: Die Tatsache, dass sich die Menschen in den fünfziger Jahren *nicht* arm fühlten, stellt ein Argument für einen Egalitarismus dar, der selbst die Ansätze eingefleischter Linker an Radikalität noch übertrifft.

Man könnte sogar noch einen Schritt weiter gehen und provokativ behaupten, die amerikanische Gesellschaft der neunziger Jahre sei im Grunde eine große Maschinerie zur Maximierung der Leistung und Minimierung der Zufriedenheit der Menschen. In einer Gesellschaft mit einer flachen Einkommens- und Statusverteilung fühlt sich niemand ausgeschlossen. In einer Gesellschaft mit einer starren Hierarchie andererseits erwarten die Menschen nicht einmal, je über ihren Stand hinauszukommen; folglich ist der fehlende soziale Aufstieg für sie auch kein psychisches Problem (Adlige gehören nicht zur Referenzgruppe eines Bauern). Das moderne Amerika indes ist eine enorm ungleiche Gesellschaft, in der theoretisch jeder den ganz großen Erfolg haben kann, was faktisch aber nur wenigen gelingt. Ergebnis: Viele – vielleicht sogar die meisten – Menschen haben das Gefühl, es irgendwie nicht ganz gepackt zu haben, wie gut es ihnen auch immer gehen mag. (In einem Land, in dem theoretisch jeder Präsident werden kann, ist jeder, der dies *nicht* schafft, eben tendenziell ein Versager.) Meine europäischen Bekannten staunen immer, wie arbeitsversessen wir Amerikaner sind, selbst wenn es an Geld längst nicht mehr fehlt. Warum nur lehnen wir uns nicht einfach einmal zurück und genießen, was wir haben? Die Antwort lautet natürlich: Weil wir unbedingt vorankommen wollen. Leider aber ist dieses Bestreben (für die Gesellschaft insgesamt) von vornherein zum Scheitern verurteilt, weil der Statuswettbewerb ein Nullsummenspiel ist. Es können unmöglich alle »vorankommen«. Auch wenn wir alle noch so schnell laufen – manche Menschen bleiben zurück.

Verfolgt man diesen Gedankengang weiter, kann man in der Tat rasch bei einigen ausgesprochen radikalen wirtschaftspolitischen Schlussfolgerungen landen – Ansichten, die überhaupt nicht mit dem vereinbar sind, was heute so gepredigt wird. Leider kann ich mich damit im Moment nicht weiter auseinandersetzen. Ehrlich gesagt fehlt mir die Zeit dazu. Die Arbeit drängt. Wenn ich mich nicht spute, ist der Nobelpreis nämlich weg.

Eine fiktive Rückschau

Wer zurückblickt, muss immer gewisse Zugeständnisse machen. Es wäre unfair, etwa den Beobachtern am Ausgang des 20. Jahrhunderts vorzuwerfen, dass sie nicht alle Entwicklungen des 21. Jahrhunderts vorhersahen. Langfristige gesellschaftliche Prognosen bergen wissenschaftlich gesehen selbst heute, 100 Jahre später, noch immer das Risiko, nicht ganz exakt zu sein, und die nichtlineare Sozioökonomie steckte 1996 ja noch in den Kinderschuhen. Trotzdem wurde schon damals recht klar gesehen, dass die Haupttriebkräfte des wirtschaftlichen Wandels zum einen der systematische Fortschritt der Digitaltechnologie und zum anderen die wirtschaftliche Entwicklung der Dritten Welt sein würden; insofern gab es in der Tat keine großen Überraschungen. Rätselhaft bleibt allerdings, weshalb die Experten jener Zeit die *Folgen* dieser Veränderungen so völlig falsch einschätzten.

Am besten lässt sich diese fehlerhafte Vision der Futuristen am Ende des 20. Jahrhunderts wohl so beschreiben: Mit nur wenigen Ausnahmen erwarteten sie alle eine blitzsaubere Wirtschaft – niemand werde sich mehr die Finger schmutzig machen müssen. Weil ja die »Informationswirtschaft« im Anmarsch sei: Die Produktion werde sich in den Bereich der immateriellen Güter verlagern; bei den Jobs würden vor allem die »Symbolanalysten« gefragt sein, deren Haupttätigkeit darin bestehen werde, am Bildschirm Icons hin und her zu schieben; und Hauptquelle von Reichtum und Macht werde fortan das Wissen sein, nicht mehr traditionell bedeutende Ressourcen wie Öl oder Grund und Boden.

Aber selbst 1996 hätte man eigentlich merken müssen, wie idiotisch diese Vorstellung war. Erstens nämlich muss eine Volkswirtschaft – jenseits aller Informationstechnologie – die Bedürfnisse der Verbraucher befriedigen. Diese aber fordern außer Informationen vor allem auch handfeste Waren. Insbesondere den Milliarden Familien der Dritten Welt, die am Beginn des 21. Jahrhunderts nach und nach endlich zu Kaufkraft gelangten, war mit hübschen Internet-Grafiken überhaupt nicht gedient. Ihnen stand der Sinn vielmehr nach schönen Häusern, Autos und Nahrungsmitteln. Zweitens war die Informationsrevolution des späten 20. Jahrhunderts ein zwar spektakulärer, aber eben nur halber Erfolg; auch das war damals schon für jedermann leicht erkennbar. Die einfache Informationsverarbeitung beschleunigte und verbilligte sich zwar in einer Weise, wie dies niemand für möglich gehalten hatte; doch die ehedem stolze und vielversprechende Künstliche-Intelligenz-Bewegung erlitt Niederlage auf Niederlage. Wie Marvin Minsky, einer der Gründer der Bewegung, verzweifelt feststellte, ist »das, was man gemeinhin gesunden Menschenverstand nennt, komplexer und vertrackter als all das von uns so bewunderte hochtechnische Spezialwissen«. Doch genau dieser gesunde Menschenverstand ist im Umgang mit der physischen Welt gefragt. So erklärt es sich, dass selbst am Ende des 21. Jahrhunderts noch immer kein Roboter in der Lage ist, beispielsweise Sanitäranlagen zu installieren.

Vor allem aber scheinen die Propheten einer »Informationswirtschaft« das ökonomische Einmaleins nicht ganz beherrscht zu haben. Denn wenn etwas in großen Mengen vorhanden ist, verbilligt es sich zwangsläufig. In einer von Informationen überfluteten Welt ist der Marktwert der Information als solcher ausgesprochen gering. Außerdem gilt ganz allgemein folgendes Gesetz: Je effizienter etwas hergestellt werden kann, desto stärker sinkt die

Bedeutung der betreffenden Tätigkeit. Am Ende des 20. Jahrhunderts besaß Amerika zum Beispiel eine äußerst effiziente Landwirtschaft; eben deshalb aber gab es nur relativ wenige Farmer. Das Amerika am Ende des 21. Jahrhunderts verfügt über eine äußerst effiziente Verarbeitung von Routineinformationen; eben deshalb sind die früheren typischen Bürokräfte praktisch von der Bildfläche verschwunden.

Nach diesen allgemeinen Hintergrundbetrachtungen will ich nun zu den fünf großen wirtschaftlichen Entwicklungslinien kommen, die den Beobachtern des Jahres 1996 ganz unverständlicherweise entgingen.

Steigende Rohstoffpreise. Die erste Hälfte der neunziger Jahre des 20. Jahrhunderts war eine Zeit extrem niedriger Rohstoffpreise. Man wundert sich allerdings, wie man damals allgemein erwarten konnte, es werde so weitergehen. Die Erde ist, wie ein paar einsame Rufer damals auch durchaus mahnten, ein Planet mit begrenzten Ressourcen. Als zwei Milliarden Asiaten nach westlichem Konsumniveau zu streben begannen, löste dies ganz unvermeidlicherweise einen Kampf um knappe Güter aus: Minerale, fossile Brennstoffe, ja selbst Nahrungsmittel.

Schon 1996 gab es außerdem Warnzeichen. Im Frühjahr jenes Jahres zogen die Ölpreise kurzzeitig stark an, bedingt durch einen ungewöhnlich kalten Winter und Fehlkalkulationen hinsichtlich der Ölvorräte des Mittleren Ostens. Diese Episode zeigte deutlich, dass die Industrienationen Mitte der neunziger Jahre wieder (oder noch) so abhängig vom Öl waren wie Anfang der siebziger Jahre. Doch die Warnung wurde ignoriert.

Bald aber wurde der Welt vor Augen geführt, dass die Bodenschätze keineswegs an Bedeutung verloren, sondern im Gegenteil einen größeren Stellenwert gewannen als je zuvor. Im neunzehnten Jahrhundert wurden die großen Vermögen in der Industrie erwirtschaftet, Ende des 20. Jahrhunderts in der Technologie. Doch die Superreichen von heute sind jene, die begehrte Grundstücke oder Abbaurechte besitzen.

Die Umwelt als Verfügungsrecht an Gemeineigentum. Im 20. Jahrhundert benutzten die Leute mitunter sonderbare Ausdrücke. Zum Beispiel konnte etwas »billig wie Wasser« sein – so als gäbe es Wasser, Luft et cetera in unbegrenzter Menge. Doch in einer Welt, in der Milliarden von Menschen finanziell in der Lage sind, sich ein Auto zu kaufen, in Urlaub zu fahren und folienverpackte Lebensmittel zu konsumieren, ist die begrenzte Belastungsfähigkeit der Umwelt vielleicht das größte Hindernis überhaupt für die allgemeine Steigerung des Lebensstandards.

1996 war bereits klar, dass eine Möglichkeit, der begrenzten Belastbarkeit der Umwelt Rechnung zu tragen, darin bestand, den Marktmechanismus zu nutzen – das heißt neue Formen von Nutzungs- beziehungsweise Verfügungsrechten einzuführen (sogenannter Property-Rights-Ansatz). Ein erster Schritt in diese Richtung fand bereits zu Beginn der neunziger Jahre des 20. Jahrhunderts statt, als die US-Regierung den Stromversorgern erlaubte, mit bestimmten Schadstoffemissionsrechten zu handeln (solche Rechte also zu kaufen und zu verkaufen). Dieses Prinzip wurde 1995 ausgedehnt, als man staatlicherseits damit begann, Nutzungsrechte am elektromagnetischen Frequenzspektrum zu versteigern. Inzwischen muss man natürlich für praktisch jede umweltschädliche Tätigkeit eine saftige Summe entgelten. Man mag es heute kaum mehr glauben, dass die Durchschnittsfamilie noch 1995 ihr spritfressendes Wohnmobil für ein paar Dollar volltanken und dann in den kalifornischen Nationalpark abdonnern konnte. Inzwischen würde so eine Reise bestimmt das Fünfzehnfache kosten – inflationsbereinigt, wohlgemerkt.

Die wirtschaftlichen Konsequenzen der Übersetzung von Umweltbelastungsgrenzen in Preise und Verfügungsrechte hatte allerdings niemand so recht vorausgesehen. Als die Regierungen nämlich wirklich Ernst machten und die Bürger für die von ihnen verursachten Umweltschäden, Staus und dergleichen zur Kasse baten, entwickelten sich die Kosten von Umweltnutzungslizenzen (bzw. Umweltzertifikaten) zu einem zentralen Kostenfaktor in den Bilanzen der Unternehmen. Heute belaufen sich diese Lizenzgebühren auf über 30 Prozent des BIP und stellen damit die Haupteinnahmequelle des Staates dar. Die staatliche Einkommensteuer hingegen wurde nach mehrfachen Senkungen im Jahr 2043 schließlich ganz abgeschafft.

Die Wiedergeburt der Großstadt. In der zweiten Hälfte des 20. Jahrhunderts schien die traditionell dicht besiedelte, mit Hochbauten bepflasterte Stadt unaufhaltsam auf dem absteigenden Ast zu sein. Dank moderner Telekommunikation bestand ja keine zwingende Notwendigkeit mehr, die Angestellten des Routinebetriebs am selben Ort zu versammeln. Deshalb begannen die Firmen damit, diese Funktionen aus den zentralen Geschäftsvierteln in neu errichtete Büroparks am Rande der Städte auszulagern. Es hatte lange Zeit den Anschein, als ob die traditionelle Stadt völlig verschwinden würde, ersetzt durch ein wahllos sich ausbreitendes Gewirr niedriger Wohnsiedlungen, zwischen denen hin und wieder ein Komplex aus vielleicht zehnstöckigen Bürogebäuden emporragt.

Dies erwies sich jedoch als reine Übergangsphase. Erstens nämlich wurde der damalige Individualverkehr völlig unwirtschaftlich, bedingt durch die steigenden Benzinpreise und die Kosten von Umweltgenehmigungen. Heute sind die Straßen überwiegend von Kleinbus-Fahrgemeinschaften bevölkert, die von miteinander vernetzten Computern effizient zu ihrem Zielpunkt gelotst werden. Während dieses Massentransportsystem viel besser funktioniert, als sich dies die Individualpendler des 20. Jahrhunderts überhaupt vorstellen konnten (und zudem über vier Millionen Menschen als Fahrkräfte beschäftigt), hat sich die Situation am

Rande beziehungsweise außerhalb der Städte relativ gesehen verschlechtert. Da sich heute ja nicht mehr jeder sein eigenes Auto leisten kann, ist der dortige Nahverkehr – Einkaufsfahrten, Besuche – umständlicher und schwieriger geworden. Hinzu kommt, dass die Arbeitsplätze, die damals in den Vorstädten entstanden (typischerweise Routine-Bürotätigkeiten), genau jene waren, die ab Mitte der neunziger Jahre aufgrund der technischen Entwicklung systematisch eliminiert wurden. Ein Teil dieser Arbeitsplätze verlagerte sich in Niedriglohnländer; der Rest fiel dem Computer zum Opfer. Als »zukunftsfähig« erwiesen sich hingegen jene Tätigkeiten, bei denen der Mensch unentbehrlich ist – wo es also auf direkte Interaktion ankommt oder die Menschen in unmittelbarer räumlicher Nähe zueinander mit physischen Stoffen hantieren müssen. Es handelte sich also um Jobs, die am besten in eine dichtbesiedelte städtische Umgebung passen – dorthin, wo das effektivste Personen- und Güterbeförderungssystem, das je erfunden wurde, seine Heimat hat: der Aufzug.

Doch auch hier zeichneten sich früh Tendenzen ab. Zu Beginn der neunziger Jahre wurde noch viel darüber spekuliert, welche Region sich wohl zum Zentrum der aufstrebenden Multimediaindustrie entwickeln würde: Silicon Valley? Los Angeles? Um 1996 jedoch war die Antwort klar – Manhattan würde es sein. Manhattan mit seiner urbanen Dichte bot einfach die besten Voraussetzungen für jene direkte Interaktion, welche die Arbeitsverhältnisse entscheidend zu prägen begann. Heute gibt es in Manhattan natürlich fast so viele zweihundertstöckige Gebäude wie in St. Petersburg oder im indischen Bangalur.

Die Abwertung der Hochschulbildung. In den 1990er Jahren glaubte man allenthalben, Bildung sei der Schlüssel zum wirtschaftlichen Erfolg – für den Einzelnen ebenso wie für die Nation insgesamt. Ein Hochschulabschluss oder gar die Promotion war Pflicht, wollte man in den Kreis der »Symbolanalysten« gelangen und dort reüssieren.

Leider aber können die Computer besser mit Symbolen umgehen als der Mensch, während sie hingegen mit den Komplexitäten der realen Welt die größten Schwierigkeiten haben. Außerdem lassen sich Symbole jederzeit an jeden beliebigen Ort der Welt transportieren – also dorthin, wo die Kosten ihrer Bearbeitung niedrig sind. Folglich verschwanden im Verlaufe des 21. Jahrhunderts viele jener Jobs, für die ehedem ein Hochschulabschluss erforderlich war. Und bei den übrigen Arbeitsplätzen stellte sich heraus, dass auch jemand mit durchschnittlicher Bildung zur Ausübung einer solchen Tätigkeit in der Lage ist.

Diese Entwicklung hätte man bereits 1996 vorhersehen können, ja müssen. War nicht schon damals ein Schulversager – Bill Gates – der reichste Mann Amerikas? Ganz offenkundig erforderte es also auch damals schon nicht unbedingt eine formale Ausbildung, um den mächtigsten Informationstechnologiekonzern der Welt aufzubauen.

Oder nehmen wir das Schreckenswort »Downsizing« (Stellenabbau), das Mitte der neunziger Jahre alle Arbeitnehmer umzutreiben begann. Die Ökonomen wiesen freilich rasch nach, dass der Arbeitsplatzabbau der Neunziger im geschichtlichen Vergleich keineswegs besonders hoch war. Warum also plötzlich die Schlagzeilen? Nun, weil die Axt erstmals die Akademiker traf. Ihnen wurde in großer Zahl gekündigt, während Maschinenführer, gut ausgebildete Facharbeiter und so weiter stark gefragt waren. Dies war eigentlich ein ganz klares Signal, dass die Tage der immer weiter steigenden Lohnprämien für Beschäftigte mit Hochschulabschluss vorbei waren. Doch niemand schien die Botschaft hören zu wollen.

Irgendwann aber schlug der abnehmende Nutzen einer Hochschulausbildung zwangsläufig auf das Bildungswesen selbst durch; die Krise war da. Warum auch sollte sich jemand die Mühen eines mehrjährigen Studiums auferlegen, wenn die akademischen Lorbeeren anschließend nichts brachten? Heutzutage kann man mit einem Job, für den sechs, höchstens zwölf Monate Ausbildungszeit erforderlich sind – Pflegedienste, Zimmerhandwerk, Haushaltsführung (ein heute übrigens sehr gefragter Beruf, der viele jener Tätigkeiten umfasst, die früher von unbezahlten Ehefrauen verrichtet wurden) –, fast so gut verdienen wie mit dem Staatsexamen (und besser als mit einem »Dr.« vor dem Namen). Demzufolge sind die Studentenzahlen seit ihrem Höchststand um die Jahrhundertwende um fast zwei Drittel zurückgegangen. Viele Einrichtungen des höheren Bildungswesens kostete dies die Existenz. Die guten Universitäten überlebten zwar, doch nur, indem sie sich grundlegend wandelten beziehungsweise auf eine längst vergessene Rolle rückbesannen. Harvard ist heute (ähnlich wie schon im 19. Jahrhundert) eine eher gesellschaftliche denn wissenschaftlich-bildungsbürgerliche Einrichtung – ein Ort für die Kinder der Wohlhabenden, an dem sie soziale Umgangsformen lernen und innerhalb ihrer Schicht Kontakte knüpfen können.

Die Prominentenwirtschaft. Der letzte der großen Entwicklungstrends des 21. Jahrhunderts fiel scharfen Beobachtern in der Tat schon 1996 auf, ohne dass dieser Prozess in der breiten Öffentlichkeit jedoch richtig begriffen wurde. Noch während Managementgurus »Kreativität« und »Innovation« als Gegenleitbilder zu den simplen Routineabläufen predigten, war unter der Oberfläche bereits ein anderer Prozess in vollem Gang: Bedingt durch die immer einfachere Übermittlung und Reproduktion von Information wurde es für die Kreativen immer schwerer, von ihren Entwicklungen angemessen zu profitieren. Entwickelt man heute eine gute neue Software, kann sich morgen schon jeder Interessent seine Kopie kostenfrei aus dem Internet herunterladen. Nimmt heute jemand ein hervorragendes Konzert auf, geht nächste Woche schon die entsprechende CD in Shanghai über den Ladentisch. Und kaum ist irgendwo ein schöner neuer Film gedreht, gibt es kurze Zeit später bereits erstklassige Videos von dem Streifen.

Stellt sich die Frage: Zahlt sich denn Kreativität überhaupt noch aus – und wie? Die Antwort schälte sich bereits vor einem Jahrhundert heraus: Innovative Produkte müssen sich indirekt finanzieren – als »Zugpferd« beziehungsweise Umsatzförderer von anderweitigen, konventionellen Gütern oder Dienstleistungen. Ebenso wie Autofirmen früher Grand-Prix-Rennfahrer sponserten, um ihr Image aufzupolieren, sponsern Computerhersteller nun bekannte Softwareentwickler, die ihrer Hardware-Marke den richtigen Touch geben und sie im Bewusstsein der Öffentlichkeit verankern. Und Gleiches gilt für bekannte Persönlichkeiten. Die Tantiemen der »Vier Soprane« aus ihren Tonträgeraufnahmen sind überraschend niedrig; im Prinzip sind die Aufnahmen lediglich Werbemaßnahmen für die Saalkonzerte. Die Fans strömen ja in erster Linie nicht wegen der Musik ins Live-Konzert (die Musik lässt sich zu Hause viel besser genießen), sondern um ihrem Idol persönlich zu begegnen. Die Technologie-Futurologin Esther Dyson traf den Nagel schon 1996 auf den Kopf: »Freie Inhaltskopien werden das Werkzeug sein, mit dem man seinen Ruhm begründet. Dann geht man hin und melkt die Kuh.« Um es auf einen griffigen Nenner zu bringen: Statt einer Wissenswirtschaft haben wir heute eine Prominentenwirtschaft.

Glücklicherweise hat dieselbe Technologie, die es unmöglich gemacht hat, aus Wissen direkt Kapital zu schlagen, gleichzeitig auch viel mehr Möglichkeiten geschaffen, Berühmtheit (oder jedenfalls Bekanntheit) zu erreichen. Die 500-Kanal-Welt ist ein Ort vieler Subkulturen, und jede einzelne davon hat ihre Helden. Es gibt Leute, die sich den Kitzel einer Live-Begegnung etwas kosten lassen – nicht nur mit Film- oder Gesangsdiven, sondern auch mit Journalisten, Dichtern, Mathematikern, ja sogar Wirtschaftswissenschaftlern. Andy Warhol hatte Unrecht mit seiner Prognose einer Welt, in der jeder einmal für eine Viertelstunde berühmt sein werde. Heute hat tatsächlich eine erstaunlich große Zahl von Menschen einen ziemlich hohen Bekanntheitsgrad erreicht, aber nicht deshalb, weil Ruhm vergänglich ist, sondern weil es in einer so unglaublich heterogenen Gesellschaft wie heute extrem viele Möglichkeiten des Berühmtwerdens gibt.

Die »Prominentenwirtschaft« hat freilich für manche Kreise auch ihre Schattenseiten. Ich denke da vor allem an die Gelehrtenzunft. Vor einem Jahrhundert war es noch möglich, sich fast ausschließlich als Forscher und Lehrer den Lebensunterhalt zu verdienen: Jemand wie ich hätte als Universitätsprofessor vermutlich ein ganz gutes Einkommen erzielt, ergänzt noch durch Lehrbuchtantiemen. Heute hingegen sind die Stellen im Bildungswesen rar – und schlecht bezahlt obendrein. Und mit dem lukrativen Buchgeschäft ist es auch vorbei. Wer sich wissenschaftlich betätigen will, hat eigentlich nur noch drei Optionen (dieselben übrigens, die wir aus dem 19. Jahrhundert kennen, vor dem Aufkommen der institutionalisierten akademischen Forschung). Wie Charles Darwin kann man das Glück haben, reich geboren zu sein und vom Ererbten leben zu können. Wie Alfred Wallace, der weniger glückliche Mitentdecker der Evolution, kann man zur Sicherung des Lebensunterhalts einen anderweitigen Beruf ausüben und seine Forschung als Hobby betreiben. Oder man versucht – wie man das im 19. Jahrhundert häufig tat – aus seinem wissenschaftlichen Ruf Kapital zu schlagen, indem man auf Vortragsreise geht.

Doch ganz so leicht, wie es nun aussehen mag, ist Berühmtheit auch heute nicht zu erlangen. Eben deshalb ist ein Artikel wie dieser eine große Chance. Mein Job in der Tierklinik macht mir wirklich nichts aus, doch mein Herz gehört nun einmal der Ökonomie. Vielleicht erfüllt sich mein Traum ja doch noch.

Quellennachweise

Der exemplarische Schmalspur-Ökonom erschien ursprünglich unter dem Titel »The Accidental Theorist« in *Slate*, 23.1.1997.

Der Mythos vom Arbeitsplatzabbau erschien ursprünglich unter dem Titel »Downsizing Downsizing« in *Slate*, 26.6.1996.

Vulgärkeynesianismus erschien ursprünglich unter dem Titel »Vulgar Keynesians« in *Slate*, 6.2.1997.

Die etwas anderen Gallier: Liberté, Egalité, Inanité erschien ursprünglich unter dem Titel »Unmitigated Gauls: Liberté, Egalité, Inanité« in *Slate*, 5.6.1997.

Das Virus schlägt wieder zu erschien ursprünglich unter dem Titel »The Virus Strikes Again« in *Slate*, 15.8.1996.

Eine seltsame Kontroverse erschien ursprünglich unter dem Titel »An Unequal Exchange« in *Washington Monthly*, Oktober 1995.

Das verlorene Feigenblatt: Warum die »konservative Revolution« scheiterte erschien ursprünglich unter dem Titel »The Lost Fig Leaf: Why the Conservative Revolution Failed« in *Slate*, 27.9.1996.

Goldstandard und kein Ende: Warum die Rechten so goldversessen sind erschien ursprünglich unter dem Titel »Gold Bug Variations: Understanding the Right-Wing Gilt Trip« in *Slate*, 22.11.1996.

Wir sind nicht die Welt erschien ursprünglich unter dem Titel »We Are Not the World« in *New York Times*, 13.2.1997, Copyright 1997, New York Times Co.

Lob der billigen Arbeit: Schlechte Jobs sind besser als gar keine Jobs erschien ursprünglich unter dem Titel »In Praise of Cheap Labor: Bad Jobs at Bad Wages Are Better than No Jobs at All« in *Slate*, 20.3.1997.

Der Osten steckt im Defizit: Chinas Handel realistisch betrachtet erschien ursprünglich unter dem Titel »The East Is in the Red: A Balanced View of China's Trade« in *Slate*, 17.7.1997.

Die Wunder der Technologie – weit überschätzt erschien ursprünglich unter dem Titel »Technology's Wonders: Not So Wondrous« in *USA Today*, 12.12.1996.

Dem Beitrag *Die Vier-Prozent-Chimäre* liegt ein Vortrag vor dem Economic Club in Washington vom April 1996 zugrunde.

Bei dem Beitrag *Eine Lanze für die Inflation* handelt es sich um einen Auszug aus »Fast Growth and Stable Prices: Just Say No« in *Economist*, August 1996.

Woran Japan krankt erschien ursprünglich unter dem Titel »What Is Wrong with Japan?« in *Nihon Keizai Shimbun.*

Konjunkturschwankungen und ihre Ursachen wurde ursprünglich unter dem Titel »Seeking the Rule of the Waves« in *Foreign Affairs*, Mai/Juni 1997, veröffentlicht.

Der Tequila-Effekt erschien ursprünglich unter dem Titel »The Tequila Effect« in *USA Today*, 5.5.1997.

Bahtulismus erschien ursprünglich unter dem Titel »Bahtulism: Who Poisoned Asia's Currency Markets?« in *Slate*, 14.8.1997.

Was tun gegen George Soros? basiert auf einem Vortrag vor der G 30 in London, April 1997.

Die natürlichen Ressourcen und die Bilanz: Die Ökonomen entdecken die Natur erschienen ursprünglich unter dem Titel »Earth in the Balance Sheet: Economists Go for the Green« in *Slate*, 17.4.1997.

Steuern und Verkehrsstaus erschien ursprünglich unter dem Titel »Taxes and Traffic Jams«, Copyright 1996, New York Times Co., in *New York Times Magazine*, 7.4.1996.

Demokratie und Rationalität erschien ursprünglich unter dem Titel »Rat Democracy« in *Slate*, 15.5.1997.

Ein medizinisches Dilemma erschien ursprünglich unter dem Titel »Does Getting Old Cost Society Too Much?«, Copyright 1997, New York Times Co., in *New York Times Magazine*, 9.3.1997.

Der VPI und die Hetzjagd des Lebens erschien ursprünglich unter dem Titel »The CPI and the Rat Race« in *Slate*, 21.12.1996.

Eine fiktive Rückschau erschien ursprünglich unter dem Titel »White Collars Turn Blue«, Copyright 1996, New York Times Co., in *New York Times Magazine*, 29.9.1996.

Sagen Sie ja zum Erfolg! Wohl jeder Mensch will im Beruf und im Privatleben erfolgreich sein – und laut Jürgen Höller, von der Presse »Mr. Motivation« getauft, kann er das auch! Der europaweit berühmte Erfolgstrainer verrät in diesem Buch Wege, die zum Spitzenerfolg führen. Eine absolute Pflichtlektüre nicht nur für Führungskräfte, sondern für alle Menschen, die ihre persönlichen Ziele verwirklichen wollen! Mit praktischen Fallbeispielen und Übungen.

»Jürgen Höller ist Deutschlands Erfolgstrainer Nr. 1.«
ZDF, »Heute Nacht«

»Daß an der Erfolgsstrategie etwas sein muß, beweist er in eigener Person.«
FAZ

»Deutschlands Motivationspapst.«
Bild

Jürgen Höller

Sicher zum Spitzenerfolg
Motivationsstrategien und Praxistips

Econ | Ullstein | List

S25